Weckerle · 10 Schritte zum Unternehmenserfolg

10 Schritte zum Unternehmenserfolg

von

Dr. Helmut Weckerle

WRS VERLAG WIRTSCHAFT, RECHT UND STEUERN

CIP-Titelaufnahme der Deutschen Bibliothek

Weckerle, Helmut:
10 [Zehn] Schritte zum Unternehmenserfolg / von Helmut Weckerle. – Planegg/ München: WRS, Verl. Wirtschaft, Recht u. Steuern, 1988
(WRS-Reihe für den Chef)
  ISBN 3-8092-0453-6

ISBN 3-8092-0453-6   Bestell-Nr. 01.44

© 1988, WRS Verlag Wirtschaft, Recht und Steuern, GmbH & Co., Fachverlag, 8033 Planegg/München, Fraunhoferstraße 5, Postfach 1363, Tel. (089) 8577944.

Alle Rechte, auch die des auszugsweisen Nachdrucks, der fotomechanischen Wiedergabe (einschließlich Mikrokopie) sowie der Auswertung durch Datenbanken oder ähnliche Einrichtungen, vorbehalten.

Satz und Druck: J. P. Himmer GmbH & Co. KG, Augsburg.

Vorwort

Erfolg entsteht nicht durch Zufall, sondern ist das Ergebnis einer systematischen Planung und Chancenverwertung. Die permanenten Veränderungen unseres Marktes und unserer Umfeldbedingungen bedrohen jedoch immer wieder den von uns eingeschlagenen Erfolgspfad. Dieser Herausforderung können wir nur begegnen, wenn wir unser Wissen und unsere Fähigkeiten laufend erweitern, gemäß der alten chinesischen Weisheit:

> „Lernen ist wie Rudern gegen den Strom,
> wenn man damit aufhört,
> treibt es einen zurück."

Eines der wichtigsten Bedürfnisse eines Menschen ist es, erfolgreich zu sein. Wenn Sie Ihren Mitarbeitern zu Erfolg verhelfen, verbessern Sie nicht nur deren Motivation, sondern Sie helfen auch Ihrem Unternehmen. Mit diesem Buch haben wir uns deshalb das Ziel gesetzt, Ihnen Tips und Anregungen zu geben, wie Sie allen Beteiligten im Unternehmen zu größerem Erfolg verhelfen können.

Unser Wunsch ist es, daß Sie aus diesem Buch den größtmöglichen Nutzen ziehen. Der Schlüssel zum Erfolg liegt aber in Ihrer Hand. Sie müssen aktiv die einzelnen Arbeitsblätter entsprechend den Anleitungen ausarbeiten und sie dann mit Energie in Ihrem Unternehmen einführen. Machen Sie aber nicht den Fehler, alle vorgeschlagenen Schritte auf einmal durchführen zu wollen. Stellen Sie einen Terminplan auf, den Sie auf etwa 12 Monate ausrichten, und gehen Sie danach vor. In diesem Sinne hoffen wir, daß die vielen Anregungen, die Sie in diesem Buch erhalten werden, Sie und Ihr Unternehmen noch erfolgreicher machen.

Helmut Weckerle   Stuttgart, im Juni 1988

Inhaltsverzeichnis

	Seite
Vorwort	5
Der richtige Weg zu Ihrem Erfolg	11

1. Schritt:
Formulieren Sie Ihre Lebensziele ... 15
- 1.1 Warum Lebensziele formulieren? ... 15
- 1.2 Formulieren Sie als erstes Ihre Wünsche ... 17
- 1.3 Wünsche bleiben Träume, wenn sie nicht realisiert werden ... 23

2. Schritt:
Analysieren Sie sich als Unternehmer ... 27
- 2.1 Sinn und Zweck der Unternehmeranalyse ... 27
- 2.2 Kennen Sie die häufigsten Managementfehler? ... 27
- 2.3 Die Aufgabenanalyse ... 34
  - 2.3.1 Die Grundaufgaben des Unternehmers ... 34
  - 2.3.2 Die Aufgabenbeschreibung ... 37
  - 2.3.3 Erkennen Sie Ihre Erfolgschancen! ... 42
  - 2.3.4 Der Nutzen der Aufgabenbeschreibung und -analyse ... 42
- 2.4 Die Profilanalyse ... 45
  - 2.4.1 Die Fähigkeiten des Unternehmers ... 45
  - 2.4.2 Die Eigenschaften des Unternehmers ... 48
- 2.5 Die Aktionsliste ist Ihre Chancenliste ... 51

3. Schritt:
Analysieren Sie Ihr Angebot im Markt ... 55
- 3.1 Sinn und Zweck der Marktanalyse ... 55
- 3.2 Wer sind Ihre Kunden? ... 57
- 3.3 Was sind die Bedürfnisse Ihrer Kunden? ... 61
- 3.4 Wann wird Leistung zu Gewinn? ... 64
- 3.5 Wie liegt Ihr Angebot im Markt? ... 68

4. Schritt:
Analysieren Sie Ihr Unternehmen 71
- 4.1 Sinn und Zweck der Unternehmensanalyse 71
- 4.2 Was sind die Erfolgsfaktoren Ihres Unternehmens? 72
- 4.3 Die Vertriebsanalyse 75
- 4.4 Kennen Sie die Bedürfnisse Ihrer Mitarbeiter? 80
- 4.5 Welche Risiken und Gefahren gefährden den Bestand Ihres Unternehmens? 82
- 4.6 Welche externen und internen Probleme beeinträchtigen den Erfolg Ihres Unternehmens? 84
- 4.7 Die Bilanzanalyse – der Kompaß des Unternehmers ... 85
- 4.8 Die erkannten Mängel sind Ihre Erfolgschancen! 90

5. Schritt:
Formulieren Sie Ihre Unternehmensphilosophie 93
- 5.1 Der Zweck einer Unternehmensphilosophie 93
- 5.2 Inhalt einer Unternehmensphilosophie 94
- 5.3 Probleme bei der Durchsetzung der Unternehmensphilosophie 99
- 5.4 Unternehmensphilosophie der Firma Beispiel GmbH ... 105

6. Schritt:
Definieren Sie Ihre Unternehmensziele 111
- 6.1 Zweck und Bedeutung der Unternehmensziele 111
- 6.2 Die strategischen Unternehmensziele 114
- 6.3 Die operationalen Ziele 119
- 6.4 Hinweise zur Formulierung der operationalen Ziele ... 120
- 6.5 So planen Sie die Realisierung Ihrer Ziele 126

7. Schritt:
Legen Sie Ihre Unternehmensstrategien fest 133
- 7.1 Strategien – die Geheimnisse des Unternehmenserfolges . 133
- 7.2 Die Grundstrategien 135
  - 7.2.1 Die Strategie der Spezialisierung 135
  - 7.2.2 Die „Schuster-Strategie" 138
  - 7.2.3 Wachstum in die Tiefe 140
- 7.3 Die Wettbewerbsstrategien 146
  - 7.3.1 Die Strategie der Preisführerschaft 146
  - 7.3.2 Die Strategie der Differenzierung 152
  - 7.3.3 Die Strategie der Marktnischenpolitik 158
  - 7.3.4 Die Festlegung der Wettbewerbsstrategie 160

	7.4	Verschaffen Sie sich strategische Wettbewerbsvorteile!	163
	7.4.1	Das Wesen strategischer Wettbewerbsvorteile	163
	7.4.2	Der Aufbau strategischer Wettbewerbsvorteile	165
	7.5	Strategien aus der Portfolio-Analyse	169
	7.6	Ohne Innovation kein Erfolg	172
	7.7	Die operationalen Strategien	177

8. Schritt:
Schaffen Sie die Voraussetzungen einer ökonomischen Betriebsführung ... 179

8.1	Was sind die Voraussetzungen einer ökonomischen Betriebsführung?	179
8.2	Der Organisationsplan gibt Ihnen den Überblick über alle Funktionen im Unternehmen	180
8.3	Die richtige Arbeitsplatzmethodik für rationelles Arbeiten	184
8.4	Die betriebliche Planungsrechnung als Basis eines wirksamen Kostenmanagements	188
8.5	Das Controlling ist die Navigation des Unternehmers	192
8.6	Die Arbeitsplatzverbesserungsmethode	202

9. Schritt:
Ihr persönliches Zeitmanagement ... 209

9.1	Die Zeit – eine kostbare Ressource	209
9.2	Die praktische Arbeit mit der Zeitplanung	210

10. Schritt:
Führen und motivieren Sie Ihre Mitarbeiter ... 219

10.1	Grundsätze der Mitarbeiterführung	219
10.2	Die Aufgaben der Mitarbeiterführung	223
10.2.1	Organisieren	223
10.2.2	Informieren	226
10.2.3	Kontrollieren	233
10.2.4	Beurteilen	234
10.2.5	Weiterbilden	236
10.2.6	Motivieren	237
10.3	Die Analyse Ihrer Führungsqualität	241

Literaturhinweise ... 245

Stichwortverzeichnis ... 247

Der richtige Weg zu Ihrem Erfolg

Die wohl wichtigsten Bedürfnisse eines Menschen sind, erfolgreich zu sein und anerkannt zu werden. Nichts motiviert mehr, als Erfolg zu haben und Anerkennung zu finden. Das gilt sowohl für unseren beruflichen und geschäftlichen als auch für unseren privaten Bereich.

Der Begriff „Erfolg" ist dabei immer relativ zu sehen, es gibt keinen absoluten Erfolg. Den Erfolg eines Unternehmens kann man ausdrücken entweder als eine Leistung (z. B. Umsatz, Gewinn etc.) in Relation zu den Wettbewerbern oder als das Erreichen eines bestimmten Zieles (z. B. Gewinn, Marktanteil etc.), das sich das Unternehmen selbst gesetzt hat.

Als zentrales Erfolgskriterium für ein Unternehmen kann dessen Überlebensfähigkeit gesehen werden. Daraus folgt, daß der Erfolg eines Unternehmens um so größer ist, je größer dessen Überlebensfähigkeit ausgeprägt ist. Die Sicherung der Existenz des Unternehmens muß deshalb das oberste Ziel jeder Unternehmensführung sein.

Die Fähigkeit eines Unternehmens, langfristig zu überleben, d.h. erfolgreich zu sein, basiert nicht auf Glück oder Zufall, sondern ist das Ergebnis

1. *einer systematischen Ausschöpfung aller Erfolgspotentiale und*

2. *einer methodischen Planung und Vorgehensweise.*

zu 1:   **Ausschöpfung der Erfolgspotentiale**
Im Zentrum eines Unternehmens dürfen nicht die Fragen nach Gewinn oder Wachstum stehen, sondern die Erfolgspotentiale des Unternehmens. Die wichtigsten Erfolgspotentiale sind:
– *Produkte bzw. Dienstleistungen,* die den Bedürfnissen der Kunden entsprechen,
– eine *Unternehmensphilosophie* oder Leitsätze als Basis für die Unternehmensziele und alle Aktivitäten,
– *Strategien* zum erfolgswirksamsten Einsatz aller Kräfte,
– *Unternehmensziele,* die alle Mitarbeiter kennen und mit denen sie sich identifizieren,
– *Innovationen* in allen Bereichen, denn Stillstand bedeutet Rückschritt,
– eine *Betriebsführung,* die einen ökonomischen Einsatz aller Ressourcen sicherstellt,

Der richtige Weg zu Ihrem Erfolg

- *motivierte Mitarbeiter,* die unternehmerisch denken und eine hohe Leistung erbringen,
- *Zuverlässigkeit des Unternehmens* bei Qualität und Terminen etc.

zu 2: **Methodische Planung und Vorgehensweise**
Durch eine „effiziente Unternehmensführung" muß sichergestellt werden, daß die Erfolgspotentiale des Unternehmens durch eine methodische Planung möglichst weitgehend ausgeschöpft werden. Das vorliegende Buch zielt deshalb schwerpunktmäßig darauf ab, dem Leser eine Methodik aufzuzeigen, mit deren Hilfe der Unternehmer durch aktives, methodisches Handeln dieses Ziel bestmöglich erreichen kann.

Die Methodik der Unternehmensführung wird vielfach mit der Führung eines Schiffes oder eines Flugzeuges verglichen. Die Führung eines Schiffes setzt sich aus ganz bestimmten Aufgaben zusammen. So muß ein Kapitän, wenn er sein Schiff oder sein Flugzeug von einem bestimmten Standort zu einem genau definierten Zielhafen führen möchte, folgende Aufgaben ausführen:
- Er muß auf der Landkarte seinen genauen, aktuellen Standort bestimmen. Außerdem muß er analysieren, wie die Wetterverhältnisse seinen geplanten Kurs beeinflussen können. Weitere zahlreiche Analysen schließen sich an.
- Er muß planen, auf welchem Kurs das Ziel am besten zu erreichen ist, welchen Treibstoffvorrat das Schiff benötigt und welches Personal notwendig ist.
- Er muß dem Maschinisten und dem Steuermann Anweisung geben, das Schiff auf dem vorgesehenen Kurs in Fahrt zu setzen.
- Er muß laufend die Informationen des Navigators prüfen, inwieweit das Schiff noch auf dem geplanten Kurs läuft.
- Bei Abweichungen, beispielsweise durch unvorhergesehene Wettereinflüsse, muß der Kurs korrigiert und dem Steuermann neue Anweisungen gegeben werden.

Diese Aufgaben bilden einen Regelkreis. Werden sie automatisch durchgeführt, spricht man von einem sich selbst regelnden Regelkreis oder von einem sog. „kybernetischen Regelkreis" (nach dem griechischen Wort „kybernetes" = Steuermann). Die modernen Flugzeuge und Schiffe verfügen mit ihrer automatischen Steuerung über solch eine „kybernetische Regelung", mit der Pilot oder Kapitän diese Aufgaben – zumindest zeitweise – abgenommen werden.

Der Unternehmer oder Manager, der für die Führung eines Unternehmens verantwortlich ist, muß das Unternehmen auf die gleiche Weise führen wie ein Kapitän sein Schiff. Die einzelnen Aufgaben bilden dabei auch einen Regelkreis. Man kann von einem „kybernetischen Regelkreis der Unternehmensführung" sprechen, wenn die einzelnen Aufgaben so aufeinander abgestimmt sind, daß sie einen geschlossenen Regelkreis bilden. Dieser „kybernetische Regelkreis der Unternehmensführung" ist in Abbildung 1 schematisch dargestellt.

Zusammenfassung
Die Arbeitsschritte dieses Buches basieren auf diesem Regelkreis und bilden ein in sich geschlossenes System. Die einzelnen Arbeitsschritte sind die Grundaufgaben jedes Unternehmers, die − wie wir später noch zeigen werden − wahrgenommen werden müssen, um ein Unternehmen erfolgreich führen zu können. Die Anwendung nur einzelner Arbeitsschritte führt zu keinem geschlossenen Regelkreis und muß deshalb zwangsläufig zu Mißerfolgen führen.

Der kybernetische Regelkreis der Unternehmensführung

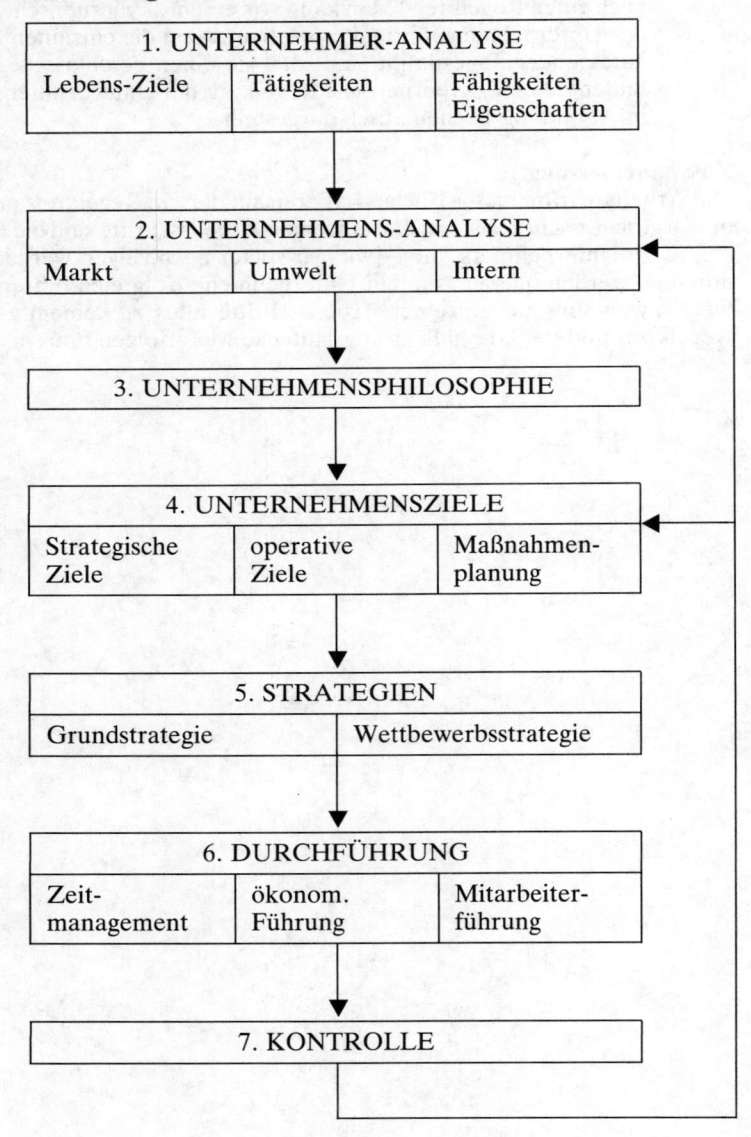

1. UNTERNEHMER-ANALYSE		
Lebens-Ziele	Tätigkeiten	Fähigkeiten Eigenschaften

2. UNTERNEHMENS-ANALYSE		
Markt	Umwelt	Intern

3. UNTERNEHMENSPHILOSOPHIE

4. UNTERNEHMENSZIELE		
Strategische Ziele	operative Ziele	Maßnahmen-planung

5. STRATEGIEN	
Grundstrategie	Wettbewerbsstrategie

6. DURCHFÜHRUNG		
Zeit-management	ökonom. Führung	Mitarbeiter-führung

7. KONTROLLE

Abb. 1

1. Schritt: Formulieren Sie Ihre Lebensziele

1.1 Warum Lebensziele formulieren?

Wenn Sie Ihren Freundeskreis in Gedanken vor Ihren Augen vorbeiziehen lassen, werden Sie wahrscheinlich feststellen, daß der eine oder andere mehr oder weniger unzufrieden, ja vielleicht sogar unglücklich ist. Wenn Sie diese Unzufriedenen nach dem Grund fragen würden, bekämen Sie mit Sicherheit nur ein Achselzucken zur Antwort. Die meisten dieser Menschen wissen gar nicht, warum sie unglücklich oder unzufrieden sind.

Dale Carnegy sagte einmal sinngemäß: Das wichtigste Bedürfnis eines Menschen ist, erfolgreich zu sein. Läßt sich aus dieser Aussage nicht ableiten, daß unzufriedene und unglückliche Menschen keine Erfolgserlebnisse kennen? Überlegen Sie sich einmal, ob dies für die Unzufriedenen in Ihrem Bekanntenkreis zutrifft.

Erfolg entsteht durch eine bestimmte Leistung, die wiederum erst aus dem Einsatz geistiger und materieller Kräfte resultiert. Sie können aber erst dann Ihre Kräfte mobilisieren, wenn Sie wissen, was Sie konkret erreichen wollen. Damit wird deutlich, daß Sie Erfolg immer nur in Verbindung mit einem zuvor festgelegten Ziel anstreben können. Ein konkretes Ziel ist auch notwendig, um einen Erfolg beurteilen zu können.

Für die Formulierung unserer Lebensziele, wie auch später der Unternehmensziele, ist es wichtig, daß wir den Begriff „Ziel" klar vom Begriff „Wunsch" unterscheiden. Ein Ziel ist das Erreichen eines ganz konkreten Zustandes oder das Eintreten eines bestimmten Ereignisses oder Erlebnisses zu einem genau festgelegten Zeitpunkt. Wir wollen dies an einem einfachen Beispiel verdeutlichen:

Wenn Sie sich vornehmen, eine schöne Urlaubsreise zu machen, so ist dies noch kein Ziel, sondern nur ein Wunsch. Erst wenn Sie den Ort und den Zeitpunkt der Reise definiert haben, können Sie von einem Ziel sprechen. Das Ziel für diesen genannten Wunsch könnte dann etwa folgendermaßen lauten: Ich möchte im nächsten Sommer eine dreiwöchige Rundreise quer durch die USA machen.

Ziele wirken motivierend und mobilisieren um so mehr unsere Kräfte, je größer der dem Ziel zugrundeliegende Wunsch ist. Die Attraktivität eines Zieles fördert unsere Kreativität und Zufriedenheit. Formulieren Sie sich deshalb immer möglichst attraktive Ziele. Beschreiben Sie z. B. das Ziel der zuvor zitierten USA-Reise in den schönsten Farben.

1. Schritt:

Im Koran finden wir den Satz: „Wo kein Ziel ist, ist kein Weg der richtige." Stellen Sie nicht auch immer wieder fest, daß viele Menschen gerade nach der Umkehrung dieses Satzes leben, nämlich nach dem Motto: „Wo kein Ziel ist, ist *jeder* Weg der richtige."?

Betreiben nicht viele, vielleicht auch Sie selbst, eine Art „Vogel-Strauß-Politik."? Bei fehlenden Zielen kann man nie feststellen, ob man auf dem falschen Weg ist, man schließt sogar daraus, daß man sich auf dem richtigen befindet. Bei realistischer Betrachtung muß man jedoch einsehen, daß diese Einstellung falsch und trügerisch ist.

Zugegeben, dies ist eine einfache und bequeme Art zu leben. Aber sie muß doch absolut unbefriedigend sein. Menschen, die sich keine Ziele setzen, lassen sich nämlich vom Alltagsgeschehen treiben und wundern sich, wenn im Beruf oder in der Familie über ihren Kopf hinweg bestimmt wird. Eine fehlende Zielplanung hat zur Folge, daß man Ereignisse passiv hinnehmen muß und Improvisation den Alltag bestimmt. Improvisation bedeutet, daß das Handeln durch Ereignisse und Situationen erzwungen wird und Aktionen durch Reaktionen ersetzt werden. Bei dieser Verhaltensweise gerät man stark unter Zeitdruck, so daß man oft nicht mehr in der Lage ist, eine optimale Entscheidung zu treffen. Obwohl zielorientiertes Handeln eigentlich selbstverständlich sein sollte, lassen sich nicht nur viele Menschen, sondern auch viele Unternehmen vom Tagesgeschehen einfach treiben.

Viele Menschen, darauf angesprochen, warum sie sich keine Lebensziele formuliert haben, antworten, daß dies zu zeitaufwendig und zu schwierig sei und es ja ohnehin immer anders kommt, als man gedacht hat. Es ist erwiesen, daß man ohne Ziele und ohne Planung viel länger braucht, um Erfolge (wenn überhaupt!) zu ernten. Die Tatsache, daß sich im Laufe der Zeit viele Voraussetzungen ändern, darf nicht als Beweis dienen, daß eine Zielplanung sinnlos ist. Wie Sie noch sehen werden, müssen Ziele immer wieder überprüft und ggf. überarbeitet werden.

Während der Ausbildung eignet man sich ein großes Wissen an und lernt viele Fähigkeiten, die man für den späteren beruflichen Erfolg benötigt. Das Wissen und die Fähigkeit, Lebensziele zu formulieren und damit auch das persönliche Glück zu planen, werden jedoch an keiner Schule gelehrt. Nachstehende Ausführungen sollen eine Anleitung sein und Ihnen gleichzeitig als Anregung dienen, damit Sie zu Ihren Lebenszielen finden und sie auch schriftlich formulieren können.

FAZIT *Ihr Lebensglück können Sie nur dann erreichen und Sie können nur dann erfolgreich sein, wenn Sie Ihr Handeln an konkreten Zielen orientieren. Die Ziele sind der wichtigste Orientierungsrahmen für all Ihre Handlungen und damit auch der Schlüssel für Ihren Erfolg, Ihr Glück und Ihre Zufriedenheit. Die Lebensziele sind aber nicht nur Richtschnur für Ihr Handeln, sondern gleichzeitig auch der Maßstab, an dem Sie Ihren Lebenserfolg messen können.*

1.2 Formulieren Sie als erstes Ihre Wünsche

Jede Handlung, die Sie vornehmen, wird durch einen bestimmten Motivationsfaktor ausgelöst. Diese Motivationsfaktoren sind vielfach Wünsche nach beruflichen oder privaten Erfolgen oder das Bedürfnis nach Anerkennung. Je größer diese Wünsche oder Bedürfnisse sind, um so größer ist ihre motivierende Wirkung.

Als Vorarbeit zur Formulierung Ihrer Lebensziele sollten Sie zuerst einmal alle Ihre noch nicht erfüllten Wünsche zusammentragen. Wenn Sie beginnen, dieser Aufforderung nachzukommen, werden Sie sicherlich große Probleme haben, denn Sie wissen bestimmt nicht, wo Sie anfangen sollen.

Um eine Ordnung in die Ihnen mehr oder weniger bewußten Wünsche zu bringen, müssen Sie diese in verschiedene Bereiche einteilen. Wir empfehlen Ihnen, Ihre Wünsche in folgende Lebensbereiche zu untergliedern (selbstverständlich können Sie diese Bereiche individuell verändern oder ergänzen):

1. Ehe
2. Kinder
3. Freundschaft
4. Gesundheit
5. Beruf, Einkommen
6. Wohnung
7. Vermögen
8. Sicherheit
9. Hobby
10. Wissen, Fähigkeiten

Stellen Sie nun Ihre vielen Wünsche in Stichworten in der *sog. Wunschübersicht* (Arbeitsblatt Nr. 1.01) zusammen. Dieses Arbeitsblatt ist in die zuvor genannten

1. Schritt:

zehn Bereiche unterteilt. Die nachstehenden Ausführungen und auch das Beispiel auf der nächsten Seite sollen Ihnen dabei als Anregung dienen.

zu 1: Im Bereich „Ehe" sollten Sie Ihre persönlichen Vorstellungen über die Beziehung zu Ihrem Ehepartner und das Zusammenleben mit ihm formulieren.

zu 2: In der Spalte „Kinder" notieren Sie die Beziehungen zu Ihren Kindern, so wie Sie sich diese gerne vorstellen.

zu 3: Da sicherlich Ihr Freundeskreis auch eine große Bedeutung für Ihr Glück hat, beschreiben Sie in dieser Spalte Ihre gewünschte Beziehung zu Ihrem Freundeskreis.

zu 4: Auch die Gesundheit ist eine wichtige Voraussetzung für Ihr Glück. Ihre Gesundheit ist nicht nur ein Gottesgeschenk, sondern Sie können auch viel zur Erhaltung Ihrer Gesundheit beitragen. Formulieren Sie deshalb, was Sie sich unter Gesundheit vorstellen.

zu 5: Ihr Beruf ist der Bereich, in dem Sie die größten Erfolgserlebnisse erwarten. Die beruflichen Erfolge sind vielfach erst die Voraussetzung zur Realisierung anderer Lebensziele. Aus diesem Grunde sollten Sie über Ihre beruflichen Lebensziele sehr präzise Vorstellungen haben.

zu 6: Ihre Wohnung mit ihrem Umfeld spielt für Ihr Wohlbefinden sicherlich eine große Rolle. Notieren Sie sich deshalb alle Wünsche aus diesem Bereich.

zu 7: In diesem Bereich notieren Sie alle Wünsche nach materiellen Besitztümern.

zu 8: Sicherheit ist ebenfalls ein sehr wichtiges Grundbedürfnis der Menschen. Denken Sie dabei an eine mögliche schwere Krankheit oder an die Zeit nach dem Ausscheiden aus Ihrem Berufsleben. Halten Sie deshalb im Bereich „Sicherheit" Ihre Überlegungen zu Ihrer finanziellen Absicherung fest.

zu 9: Die Hobbies sind für Ihr Leben „das Salz in der Suppe". In dieser Spalte formulieren Sie deshalb, wie Sie sich die Gestaltung Ihrer Freizeit vorstellen.

zu 10: Wissen und Fähigkeiten sind die Voraussetzungen für beruflichen Erfolg, aber auch für persönliche Ziele (z. B. aus dem Bereich „Hobby"). Die Erfüllung dieser Voraussetzungen muß deshalb auch Ihr Ziel sein.

Über diesen Voraussetzungen und Wünschen der einzelnen Lebensbereiche steht praktisch wie ein Fixstern Ihr oberstes Lebensziel. Ihr oberstes Lebensziel drückt den Sinn und Zweck Ihres Lebens aus. Der Sinn und Zweck Ihres Lebens ist die Motivation für all Ihr Handeln und Arbeiten. Versuchen Sie deshalb dieses oberste Lebensziel in wenigen Worten prägnant zu formulieren, und tragen Sie es in die Kopfzeile Ihrer Wunschübersicht ein.

Arbeitsblatt Nr. 1.01: Wunschübersicht

Bereich / Wunsch	
	Oberstes Lebensziel: *Ich möchte immer ein glückliches und zufriedenes Leben führen und mir durch entsprechenden Nutzen die Achtung meiner Familie, meiner Freunde und Geschäftspartner verdienen.*
1. Ehe/Partnerschaft	*Ich möchte mit meinem Partner eine harmonische und glückliche Beziehung auf der Basis gegenseitiger Achtung und Wertschätzung aufbauen.*
2. Kinder	*Ich möchte meinen Kindern immer Vorbild und verständnisvoller Kamerad sein, um so von ihnen immer geachtet und respektiert zu werden.*
3. Freundschaft	*Ich wünsche mir einen Freundeskreis, der durch gegenseitige Achtung und Offenheit geprägt ist und in dem das Prinzip von Geben und Nehmen praktiziert wird.*
4. Gesundheit	*Ich wünsche mir, immer von ernsthaften Krankheiten verschont zu bleiben und meine geistige und körperliche Fitness bis ins hohe Alter halten zu können.*
5. Beruf, Einkommen	*Ich wünsche mir einen Beruf, der mich von der Aufgabe her befriedigt und es mir erlaubt, meine Wünsche und Lebensziele zu befriedigen.*
6. Wohnung	*Ich möchte in einem schönen, eigenen Haus in der Nähe der Berge wohnen.*
7. Vermögen	*Ich wünsche mir ein Vermögen, das es mir erlaubt, einen gehobenen Lebensstandard zu führen.*
8. Sicherheit	*Ich möchte mich finanziell so absichern, daß ich bei Krankheit und im Alter keine Angst vor finanzieller Not haben muß.*
9. Hobby	*Ich möchte regelmäßig interessante Sportarten ausüben und mit meinem Ehepartner interessante Reisen durchführen.*
10. Wissen, Fähigkeiten	*Ich möchte, daß meine Fähigkeiten und mein Wissen immer meinen beruflichen Zielen und persönlichen Bedürfnissen angepaßt sind.*

1. Schritt:

Jeder kennt das Sprichwort: „Rom wurde nicht an einem Tag erbaut". So ist es auch mit der Auflistung Ihrer vielen Wünsche. Das Zusammentragen der Wünsche verlangt viel Kreativität und kann nur in mehreren Etappen zu einem befriedigenden Ergebnis geführt werden. Nehmen Sie sich deshalb diese Wunschliste so lange immer wieder vor, bis Sie mit dem Ergebnis Ihrer Formulierungen zufrieden sind.

Die Voraussetzungen, unter denen Sie Ihre Wünsche formuliert haben, ändern sich ständig. Auch Sie selbst unterliegen einem permanenten Wandlungsprozeß. Wünsche, die Ihnen gestern noch wichtig erschienen, sind heute nicht mehr aktuell oder neue Wünsche treten in den Vordergrund. Aus diesem Grunde sollten Sie die Aussagen und den Realisierungsgrad Ihrer Wünsche mindestens einmal jährlich mit dem Arbeitsblatt Nr. 1.02 überprüfen.

Bevor Sie mit dieser Analyse beginnen, tragen Sie in die Kästchen der linken Hälfte des Arbeitsblattes jeweils einen Ihrer Wünsche ein. Die rechte Hälfte dieses Arbeitsblattes ist für die eigentliche Analyse vorgesehen.

Es ist naheliegend, daß nicht alle Wünsche die gleiche Bedeutung für die Erreichung des obersten Lebenszieles haben. Aus diesem Grunde müssen auch nicht alle Wünsche vollständig erreicht werden. Sie müssen Ihre Anstrengungen vor allem auf die Realisierung der Ziele richten, die für Ihr oberstes Lebensziel sehr wichtig sind. Als ersten Arbeitsschritt dieser Analyse beantworten Sie sich deshalb die Frage:

– *Wie wichtig sind diese einzelnen Wünsche für die Erreichung meines obersten Lebenszieles?*

Diese Frage finden Sie im Arbeitsblatt Nr. 1.02. Die Antwort darauf stellen Sie graphisch dar, indem Sie mit einem farbigen Filzstift einen Balken entsprechend der unteren Bewertungsskala von rechts nach links zeichnen. Das Beispiel auf Seite 22 verdeutlicht Ihnen die Vorgehensweise.

Der zweite Arbeitsschritt ist die Beantwortung der Frage:

– *Wie gut sind diese einzelnen Wünsche bis heute erreicht?*

Die Antwort auf diese Frage stellen Sie ebenfalls wieder graphisch dar. Mit einem zweiten farbigen Filzstift zeichnen Sie bei jedem Wunsch einen Balken entsprechend der oberen Skala von links nach rechts.

Wenn Sie auf diese Weise den Stand der Realisierung aller Wünsche dargestellt haben, erhalten Sie ein Diagramm, in dem sich zwei Profile gegenüberstehen. Wenn ein Wunsch erreicht ist, treffen sich die Enden der beiden Balken. Lücken zwischen den Balken zeigen, für welche Ziele noch konkrete Maßnahmen geplant werden müssen.

Lebensziele

Der Auswertungsteil, in den Sie die farbigen Balken eintragen, ist in jedem Bereich in drei Zeilen unterteilt. Die einzelnen Zeilen sind für verschiedene Analysezeitpunkte gedacht. So tragen Sie in die Zeile „1" Ihr heutiges Analyseergebnis ein und in die Zeilen „2" und „3" die Analyseergebnisse der Folgejahre. Auf diese Weise erhalten Sie einen guten Überblick über die Veränderungen sowohl der Bedeutung als auch der Realisierung der einzelnen Wünsche. In der rechten schmalen Spalte halten Sie das Datum Ihrer Analyse fest.

FAZIT *Die Formulierung Ihrer Wünsche ist die Vorstufe zur Formulierung Ihrer Lebensziele. Wählen Sie die Formulierungen so, daß durch sie eine motivierende Wirkung ausgeht.*

Damit Sie sich bei der anschließenden Umsetzung der Wünsche in Ziele nicht verzetteln, müssen Sie wissen, welche Bedeutung jeder einzelne Wunschbereich hat und wie gut er bereits heute befriedigt ist.

1. Schritt:

Arbeitsblatt Nr. 1.02: Wunschanalyse

Wie gut sind die Wünsche und Vorstellungen bis zum heutigen Zeitpunkt erfüllt? →	überhaupt nicht	kaum	mittel	gut	sehr gut		Analyse-zeitpunkt
Wünsche — 1. Harmonische und glückliche Ehe/Partnerschaft	▨	▨	▨	▨	▨	1	
						2	
						3	
2. Gutes Verhältnis zu den Kindern	▨	▨	▨		▨	1	
						2	
						3	
3. Harmonischer Freundeskreis	▨	▨	▨		▨	1	3 = 19..
						2	
						3	
4. Gesundheit, geistige und körperliche Fitness	▨	▨	▨		▨	1	
						2	
						3	
5. Befriedigender Beruf mit entsprechendem Einkommen	▨	▨	▨		▨	1	
						2	
						3	
6. Schönes Haus in der Nähe der Berge	▨			▨	▨	1	
						2	2 = 19..
						3	
7. Vermögen für gehobenen Lebensstandard	▨	▨	▨		▨	1	
						2	
						3	
8. Finanzielle Sicherheit bei Krankheit und im Alter	▨	▨			▨	1	
						2	
						3	
9. Sportliche Betätigung und Reisen	▨	▨			▨	1	
						2	
						3	1 = 19..
10. Gute Fähigkeiten und Kenntnisse für den beruflichen und privaten Bereich	▨	▨			▨	1	
						2	
						3	
Wie gut sollten die Wünsche und Vorstellungen erfüllt sein, d. h., wie wichtig sind sie?	nicht wichtig	kaum	mittel	wichtig	sehr wichtig	←	

1.3 Wünsche bleiben Träume, wenn sie nicht realisiert werden

Wünsche bleiben Träume, wenn sie nicht realisiert werden, und nicht realisierte Wünsche wirken frustrierend. Umgekehrt gibt es nichts Motivierenderes als das Erreichen langersehnter Wünsche und Ziele.

Als ersten Schritt auf dem Weg zur Realisierung Ihrer Wünsche müssen Sie die einzelnen Wünsche, die in der Wunschanalyse eine „Lücke" aufweisen, in konkrete Ziele umformulieren. Diese Ziele tragen Sie dann in der entsprechenden Spalte des *Lebensziel-Maßnahmenplanes* (Arbeitsblatt Nr. 1.03) ein.

Ihre Ziele müssen so formuliert sein, daß Sie stolz sind, wenn Sie sie erreicht haben. Sie müssen so attraktiv sein, daß Sie für deren Realisierung kämpfen wollen. „Ein klares und begeisterndes Ziel gibt uns die Kraft, jede Leistung zu vollbringen. Was der menschliche Geist erfassen und glauben kann, das kann er auch vollbringen", sagt Napoleon Hill. Daraus könnte man auch ableiten: „Jeder ist seines Glückes Schmied", wie das bekannte Sprichwort sagt.

Die Realisierung eines Zieles erfolgt durch Planung und Durchführung einer mehr oder weniger großen Anzahl von konkreten Maßnahmen. Die konkreten Maßnahmen sind die Teilziele, die Meilensteine auf dem Weg zu Ihrer Wunschrealisierung. Ausgangspunkt für Ihre Maßnahmenplanung ist Ihre Wunsch-Analyse. Durch die graphische Darstellung haben Sie die Lücken der einzelnen Wünsche erkannt, die Sie nun durch konkrete Maßnahmen schließen müssen.

Als zweiten Schritt stellen Sie in der rechten Spalte des Lebensziel-Maßnahmenplanes alle Maßnahmen zusammen, die zur Realisierung der zuvor formulierten Ziele notwendig sind. Zu den Maßnahmen können auch Vorsätze zählen, die Sie einhalten müssen, um ein bestimmtes Ziel zu erreichen.

Bei der Zusammenstellung der notwendigen Maßnahmen lassen Sie zwischen den einzelnen Zielen zweckmäßigerweise einige Zeilen Abstand, damit Sie auch noch die Maßnahmen eintragen können, die Ihnen bei einer späteren Überarbeitung oder Nachbearbeitung der einzelnen Ziele einfallen.

Für komplexere Ziele empfiehlt es sich, jeweils ein separates Blatt zu verwenden, damit die notwendigen Maßnahmen unbegrenzt aufgelistet werden können. Bei der Behandlung der Unternehmensziele (Schritt 6) werden wir Ihnen noch die „Aktionsplanung" zeigen, eine Methode, mit deren Hilfe Sie auch Maßnahmen für komplexere Ziele planen können.

Für die Bearbeitung dieses Maßnahmenplanes trifft das gleiche zu, was wir schon bei der Zusammenstellung der Wunschanalyse gesagt haben: „Rom ist nicht an einem Tag erbaut worden". Sie müssen jeden Maßnahmenplan immer wieder überarbeiten und ergänzen. Sie müssen sich auch noch darüber Gedanken

1. Schritt:

Arbeitsblatt Nr. 1.03: Lebensziel-Maßnahmenplan

Lebensziel	Maßnahme/Vorsatz	Termin
1. Verbesserung meines Gesundheitszustandes in 1989	a) Durch Arzt Check-up durchführen lassen b) Gewicht auf 65 kg reduzieren c) Rauchen aufgeben d) Regelmäßig einmal wöchentlich Tennis spielen	89 89 89 89
2. Verbesserung meines Jahreseinkommens 1990 um TDM 20	a) Rhetorikseminar besuchen b) Aufstieg zum Hauptabteilungsleiter, wenn Herr Maier in Pension geht c) Alternativ Bewerbung bei anderen Unternehmen (Angebot als Druckmittel)	90 90 90
3. Hausbau	a) Erstellen eines Anforderungsprofils b) Bausparvertrag aufstocken c) Erstellen eines Hausentwurfs d) Makler für Grundstück beauftragen	91 89 92 93
4. Lebensversicherung für monatl. Rente von DM 5.000 abschließen	a) Angebote von Versicherungen einholen b) Versicherungsvertrag abschließen	89 89
5. 1990 Reise nach Nepal durchführen	a) Prospekte von Reiseunternehmen sammeln b) Film- und Diavorträge besuchen c) Bisherige Reiseteilnehmer nach Erfahrungen befragen	89 89 90
6. 1990 Golfspielen lernen	a) Mitgliedsantrag bei Golfclub stellen b) Golfausrüstung kaufen c) Trainerstunden nehmen d) Golfurlaub buchen	89 90 90 90

Lebensziele

machen, in welcher Zeit die einzelnen Maßnahmen zu realisieren sind. Zu diesem Zweck versehen Sie jede einzelne Maßnahme mit einem Termin, den Sie in der rechten, schmalen Spalte eintragen.

Da sich Ihr Umfeld und auch Ihre persönlichen Zielvorstellungen im Laufe eines Jahres immer wieder ändern können, ist es notwendig, nicht nur die Wunschübersicht, sondern auch die dazugehörenden Maßnahmenpläne vor dem Jahresende noch einmal zu überarbeiten. Die für das kommende Jahr zur Durchführung vorgesehenen Maßnahmen sind dann Ihre Jahresziele, die Sie stichwortartig in den *Jahreszielplan* (Arbeitsblatt Nr. 9.01) eintragen, den wir noch beim 9. Schritt erläutern werden.

FAZIT

1. **Die Erfüllung Ihrer persönlichen Wünsche ist die Basis für Ihren Erfolg und Ihre Zufriedenheit.**
2. **Stellen Sie sich für jeden Lebensbereich Ihre Wünsche zusammen, und formulieren Sie daraus ganz konkrete Ziele.**
3. **Überprüfen Sie jährlich den Stand der Realisierung Ihrer Wünsche.**
4. **Unterteilen Sie komplexere Ziele in einzelne Teilziele, und erarbeiten Sie sich einen ganz konkreten Maßnahmenplan mit genauer Festlegung der Termine, wann diese Maßnahmen durchgeführt werden sollen.**

2. Schritt: Analysieren Sie sich als Unternehmer

2.1 Sinn und Zweck der Unternehmeranalyse

Der Unternehmer bzw. Manager, d. h. der Mann an der Spitze des Unternehmens, ist für den Erfolg, aber auch für den Mißerfolg des Unternehmens verantwortlich. Seine Fähigkeiten, Kenntnisse und Stärken sind deshalb einige der wichtigsten Erfolgsfaktoren des Unternehmens.

Gerade in mittelständischen Unternehmen wird die Entwicklung des Unternehmens aber auch sehr stark von der Persönlichkeit des Unternehmers geprägt. Seine Eigenschaften spielen ebenso eine Rolle wie seine persönlichen Ziele. Die Ziele des Unternehmens sind sehr eng mit den Zielen des Unternehmers verflochten. Sie dürfen deshalb nicht konträr zueinander stehen, sondern müssen aufeinander abgestimmt sein. Ist dies nicht der Fall, kommt es logischerweise zu Konflikten. Aus diesem Grunde haben wir Ihnen empfohlen, als ersten Schritt erst einmal Ihre persönlichen Lebensziele zu formulieren.

Mit Hilfe der Unternehmeranalyse können Sie als Unternehmer ihre eigenen Erfolgspotentiale analysieren und so Ansatzpunkte gewinnen, wie Sie Ihre Arbeit noch erfolgreicher gestalten können, nach dem Motto, daß jeder Mangel ja auch eine Erfolgschance bedeutet. Die Unternehmeranalyse gibt Ihnen Antwort auf folgende Fragen:

1. Welche Aufgaben werden von Ihnen als Unternehmer wie wahrgenommen?
2. Was sind Ihre Eigenschaften, Fähigkeiten, Kenntnisse, Stärken und Schwächen?

Im ersten Teil der Unternehmeranalyse durchleuchten Sie die von Ihnen durchgeführten Aufgaben mit der *Aufgabenanalyse,* um dann anschließend mit der *Profilanalyse* ihre Fähigkeiten und Eigenschaften zu analysieren.

Damit die Erkenntnisse dieser Analyse ihren gewünschten Zweck erfüllen, ist es unbedingt notwendig, daß Sie die folgenden Arbeitsschritte gewissenhaft und selbstkritisch durchführen. Kein Dritter wird diese Analyse zu Gesicht bekommen, so daß es keinen Grund gibt, Schwächen zu vertuschen oder zu beschönigen.

2.2 Kennen Sie die häufigsten Managementfehler?

Die Sicherheit der Existenz eines Unternehmens hängt entscheidend von der Qualifikation der Unternehmensleitung ab. Viele Insolvenzen von Unterneh-

2. Schritt:

men sind auf Fehlentscheidungen des Managements zurückzuführen. Besonders die Gewerkschaften weisen immer wieder auf die Managementfehler hin, wenn ein Unternehmen den Weg zum Amtsgericht gehen mußte. Diese Managementfehler spiegeln sich auch in den nachstehend aufgelisteten Ergebnissen der jüngsten Insolvenzursachenforschung wider:

- Externe Faktoren
  - Ausfall eines Hauptkunden
  - Starker Nachfragerückgang
- Eigenkapitalmangel in Verbindung mit fehlerhafter Finanzpolitik
- Probleme im Führungsbereich
  - fehlendes betriebswirtschaftliches Know-how
  - Schwächen in der Mitarbeiterführung
  - Überlastung der Unternehmensführung
- Fehlende Planung, vor allem im Absatzbereich
- Fehlendes langfristiges Konzept

Unternehmen werden von Menschen geführt, nicht von „Supermenschen", sondern von Menschen mit Stärken aber auch mit Schwächen und Fehlern (wie uns auch der Fall „Neue Heimat" sehr deutlich gemacht hat). Ihr Ziel als verantwortungsvoller Unternehmer/Manager muß es sein, möglichst wenig Fehler zu begehen. Jeder Mensch macht aber irgendwann einmal einen Fehler. Fehler sind ein Teil unserer Erfahrung, denn bekanntlich lernt man aus Fehlern.

Auch aus den Fehlern anderer kann man lernen, deshalb wollen wir Ihnen im folgenden Abschnitt die häufigsten Managementfehler beschreiben. Wenn Sie ehrlich zu sich selbst sind, erkennen Sie sich vielleicht in dem einen oder anderen Fehler wieder. Bekanntlich wird nur derjenige weiterkommen, der seine Fehler erkennt und dann bemüht ist, diese abzustellen.

Managementfehler Nr. 1: Mangelnde Konzentration auf das Wesentliche

Der wohl gravierendste und auch am häufigsten begangene Managementfehler besteht darin, daß sich der Unternehmer/Manager von so vielen Routineaufgaben gefangennehmen läßt, daß sein Tagesablauf schon durch sie annähernd ausgefüllt ist. Dr. Wolfgang Schwetlick und Rainer Lessing von der Kienbaum-Unternehmensberatung stellten in diesem Zusammenhang fest: „In der Chefetage wird häufig die größte Verschwendung der Ressourcen betrieben. Die Unternehmensführung ist weitgehend im Tagesgeschäft und mit Detailentscheidungen gebunden. Sie vernachlässigt die eigentlichen Aufgaben der Unternehmensführung."

Die Beschäftigung mit vielen, oft unwichtigen Dingen hat zur Folge, daß man ständig in Zeitnot ist und wichtige Aufgaben nicht erledigt (was Ihre wichtigsten

Unternehmeranalyse

Management-Aufgaben sind, werden Sie sich im nächsten Arbeitsschritt zusammenstellen). Durch das Bewußtsein, wichtige Dinge nicht erledigt oder gar vergessen zu haben, entsteht dann leicht eine gereizte und mißmutige Stimmung.

Managementfehler Nr. 2: Fehlende Zielformulierungen

Die Ursache dieses ersten Managementfehlers liegt darin, daß der Unternehmer/Manager keine Unternehmensziele formuliert hat. Ziele, an denen sich all seine Entscheidungen und Aktivitäten orientieren sollten. Auf die Frage, warum sie keine Unternehmensziele formuliert haben, erhält man von vielen Unternehmern die Antwort: „Wir haben keine Zeit, Ziele zu formulieren." An dieser Aussage erkennen Sie, wie diese beiden Managementfehler einen „Teufelskreis" bilden.

Jeder unternehmerische Erfolg basiert auf einer methodischen Planung, die wiederum eine detaillierte Zielformulierung voraussetzt. Wer nur improvisiert, weil er keine Ziele hat, muß sich auf sein Glück verlassen, und das ist bekanntlich meist von kurzer Dauer.

Managementfehler Nr. 3: Mangelhafte Information der Mitarbeiter

Jeder Mitarbeiter trifft Entscheidungen oder löst Probleme auf der Basis von Informationen, die er erhalten hat. Vollständige und richtige Informationen sind für die Qualität der Arbeit aller im Unternehmen Beschäftigten mit verantwortlich. Wie kann ein Mitarbeiter zielorientierte Entscheidungen treffen und Aktivitäten ergreifen, wenn er nicht weiß, in welche Richtung sich das Unternehmen weiterentwickeln soll?

Viele Unternehmer/Manager gehen dabei immer von der Vorstellung aus, daß der Mitarbeiter die gleichen Informationen wie er selbst haben muß. Aus diesem Grunde kümmern sie sich nie um eine systematische Information. Sie glauben vielmehr, daß es richtig und zweckmäßig ist, wenn sich die Mitarbeiter die Informationen suchen und holen müssen.

Managementfehler Nr. 4: Zu geringe Kundenorientierung

Unternehmer/Manager wurden immer wieder enttäuscht, wenn sie glaubten, mit einem neuen Produkt einen großen Erfolg erringen zu können. Mißglückte Produkte können ein Vermögen kosten. Die Ursachen der meisten Flops liegen darin, daß sich die Entscheidungen im Zusammenhang mit der Einführung des neuen Produktes zu wenig an den Belangen und Bedürfnissen der Kunden orientiert haben. Vielfach war bei der Entwicklung des neuen Produktes noch nicht einmal die Zielgruppe bekannt.

2. Schritt:

Viele Unternehmer/Manager führen ihr Unternehmen zu wenig kundenorientiert. Basierend auf Erfahrungen aus den Zeiten mit dem gewaltigen Wirtschaftsaufschwung nach dem zweiten Weltkrieg werden auch noch heute Entscheidungen getroffen, die den umstrukturierten Marktverhältnissen von heute zu wenig Rechnung tragen. Da es letzten Endes aber immer der Kunde ist, der über den Erfolg eines Unternehmens entscheidet, ist eine *absolute Kundenorientierung* oberstes Gebot für die Führung jedes Unternehmens.

Diese Forderung möchten wir mit folgendem Beispiel unterstreichen: Aufgrund einer zu wenig kundenorientierten Produktpolitik fiel Anfang der sechziger Jahre der Marktanteil von FORD in den USA stark zurück. Daraufhin wurde Lee Iacocca mit der Entwicklung eines neuen Modells beauftragt. Bevor die Techniker an die Arbeit gingen, wurde unter der Leitung von Lee Iacocca von einem Marktforschungsteam eine ganz detaillierte Beschreibung des geplanten Modells angefertigt. Diese Beschreibung basierte einerseits auf einer genauen Definition der Zielgruppe und andererseits auf den Erkenntnissen aus zahlreichen Kundenbefragungen. Das Ergebnis dieser absolut kundenorientierten Entwicklung, das Modell MUSTANG, hat dann alle Erwartungen übertroffen.

Managementfehler Nr. 5: Mangel an Innovationen

Erfolge beweisen, daß man die richtigen Entscheidungen getroffen und die richtigen Maßnahmen durchgeführt hat. Erfolge können aber auch sehr trügerisch sein. Wie häufig erleben wir es in der heutigen schnellebigen Zeit, daß sich das Umfeld eines Unternehmens verändert und dann die Erfolge von gestern nicht mehr reproduzierbar sind.

Viele Unternehmer/Manager, die in den zurückliegenden Jahren sehr erfolgreich waren, sind z. B. der Ansicht, daß die Verkaufsmethoden oder Methoden der Mitarbeiterführung von früher auch heute noch optimal sind. Sie wollen oder können nicht erkennen, daß andere Zeiten andere Methoden verlangen.

Das Ausruhen auf den Erfolgen von gestern wirkt sich logischerweise auf die Innovationskraft eines Unternehmens aus. Die Produkte, die bisher verkauft wurden, waren ja erfolgreich, warum soll man sich da etwas Neues einfallen lassen? Was gestern gut war, wird auch morgen noch gut sein.

„Innovation ist der Motor eines fortschrittlichen Unternehmens, die Basis unternehmerischen Optimismus' und die Grundlage unternehmerischen Erfolges, da nachweislich eine Korrelation zwischen Innovationskraft und Unternehmensgewinn besteht", sagte Helmut Plettner als Vorstandsvorsitzender von Osram und BSHG.

Die Innovationstätigkeit darf sich dabei nicht nur auf die Produkt- oder

Dienstleistungsentwicklung beschränken, sondern sie muß in gleichem Maße alle Unternehmensbereiche wie Verkauf, Organisation, Einkauf oder Mitarbeiterführung umfassen.

In diesem Zusammenhang wollen wir noch auf einen weiteren Punkt hinweisen:

Auch Sie haben sicherlich schon diese oder ähnliche Aussagen gehört: „Das haben wir schon immer so gemacht" oder „das geht in unserer Branche nicht" usw. Häufig werden aus Bequemlichkeit oder Uneinsichtigkeit gute Ideen von Mitarbeitern mit diesen Ausreden abgewürgt. Dadurch wird nicht nur die Innovationskraft der Mitarbeiter ignoriert, sondern vor allem die Motivation der Mitarbeiter abgebaut.

Es ist eine Tatsache, daß es vielfach gerade die Mitarbeiter sind, die durch gute Ideen ein Unternehmen weiterbringen. Würde die Mehrzahl der Ideen, die in den Köpfen der Mitarbeiter stecken, realisiert werden, ließen sich die meisten Probleme der Unternehmen lösen.

Managementfehler Nr. 6: Mangelhafte Management-Qualifikation

Die Management-Qualifikation eines Unternehmers oder Managers setzt sich einerseits aus dessen Kenntnissen und Fähigkeiten und andererseits aus dessen persönlichen Eigenschaften zusammen. Wie wir schon erwähnt haben, verändern sich ständig die Umfeldbedingungen eines Unternehmers. Diesen sich verändernden Bedingungen muß ein Unternehmer auch seine Fähigkeiten immer wieder anpassen.

Geblendet durch die Erfolge der Vergangenheit haben es viele Unternehmer/ Manager nicht erkannt, daß sie auch selbst ihre Management-Qualifikation diesen neuen Bedingungen ständig anpassen müssen. Vielfach werden Unternehmer/Manager erst durch eine Unternehmensberatung auf diesen Fehler hingewiesen, wenn das Unternehmen in erhebliche Schwierigkeiten gekommen ist.

Managementfehler Nr. 7: Aufgeblähtes Management

Der Fehler einer aufgeblähten Organisation wird vielfach in Familienunternehmen begangen. Häufig besteht in diesen Unternehmen die Unternehmensleitung aus mehreren Familienmitgliedern. Auch relativ unbedeutende Unternehmensfunktionen wurden aufgewertet und mit Mitgliedern der Familie besetzt. Die Folgen dieser aufgeblähten Organisation sind relativ hohe Verwaltungskosten und lange, umständliche Entscheidungswege.

Dieser Zustand wird oft noch begleitet von der Tatsache, daß es innerhalb des „Familienclans" keine genaue Abgrenzung der Aufgaben und Verantwortlich-

2. Schritt:

keiten gibt, so daß ein häufiger Kompetenzstreit vorprogrammiert ist. Es muß wohl nicht besonders darauf hingewiesen werden, daß sich dieser Zustand nicht gerade motivierend auf die Mitarbeiter auswirkt.

Managementfehler Nr. 8: Falsche Versprechungen

Ist es in Ihrem Unternehmen auch häufig der Fall, daß Vertreter ihren Kunden einen Liefertermin zusagen, obwohl sie genau wissen, daß dieser Termin nur sehr schwer zu halten ist? Die Angst, den Auftrag und damit die Provision zu verlieren, veranlaßt sie oft zu dieser Zusage. Damit das Unternehmen die Kunden durch diese falschen Versprechungen nicht verliert, macht es innerbetrieblich die größten Anstrengungen, um die Aufträge ja rechtzeitig ausliefern zu können. Daß dabei erhebliche Mehrkosten, z. B. durch Überstunden, anfallen, liegt auf der Hand.

Nichts verärgert einen Kunden mehr als das Nichteinhalten einer Versprechung, sei es die Zusage einer bestimmten technischen Eigenschaft oder die Zusage einer Lieferzeit. Durch falsche Versprechungen kommt das Unternehmen in den Ruf, unzuverlässig zu sein. Dieses Image wirkt sich negativ bei der Akquisition neuer Aufträge aus.

Auch Mitarbeitern gegenüber werden von der Unternehmensleitung häufig falsche Versprechungen gemacht, beispielsweise, daß eine zugesagte Gehaltserhöhung nicht durchgeführt wird. Wie können Sie Ihre Mitarbeiter aber zu Zuverlässigkeit erziehen, wenn Sie selbst ihnen gegenüber sehr unzuverlässig sind? Im Einhalten von Zusagen und Versprechungen müssen Sie selbst immer ein Vorbild sein.

Managementfehler Nr. 9: Unnötiger Luxus

Unternehmen sind dazu da, Bedürfnisse der Kunden optimal zu erfüllen, das heißt auch mit geringstem Aufwand. Gegen diese Forderung verstoßen viele Unternehmer/Manager, indem sie durch unnötigen Luxus überhöhte Kosten produzieren.

Das ist beispielsweise eine zu große EDV-Anlage, die aus Prestigegründen angeschafft wurde, weil der Wettbewerber diese Anlage auch hat. Als Statussymbole der Eitelkeit werden Firmen-PKWs angeschafft, die einige „Hutnummern" zu groß sind und jeglicher wirtschaftlicher Vernunft widersprechen. Auch ein repräsentativer Konferenzraum, der nur selten genutzt wird, kann hier als weiteres Beispiel genannt werden. Viele Unternehmen leisten sich auch den Luxus, überqualifizierte Mitarbeiter einzustellen. Das ist z. B. der Fall, wenn die Versuchsabteilung mit einem „Dr. Ing." besetzt wird, obwohl ein Maschinenbautechniker sogar besser geeignet wäre.

Ein unnötiger Luxus kann vor allem in konjunkturell schwierigen Zeiten die Kostenstruktur eines Unternehmens unvertretbar stark belasten. Deshalb ist es sehr wichtig, den unnötigen Luxus in allen Unternehmensbereichen aufzudecken und abzuschaffen. Die Qualität der Produkte oder Dienstleistungen darf dabei jedoch nicht darunter leiden.

Managementfehler Nr. 10: Falsches Sparen

Um keine Mißverständnisse entstehen zu lassen, auch im unternehmerischen Bereich ist Sparen eine Tugend, die zum Erfolg eines Unternehmens beiträgt. Die Auswirkungen der unnötigen Aufwendungen haben wir am vorangehenden Punkt aufgezeigt.

Infolge des Managementfehlers Nr. 2 meinen viele Unternehmer/Manager, ihre Hauptaufgabe läge unter anderem darin, sich als großer „Sparkommissar" in allen Unternehmensbereichen zu betätigen. Kein Nagel darf in der Versandabteilung vergeudet werden, kein Licht am hellen Tage brennen, kein Wasserhahn tropfen und keine Maschine länger als notwendig laufen.

Durch diese „Kontrollaufgaben" kann ein Unternehmer/Manager so beschäftigt sein, daß er zwar durch diese „Sparsamkeit" vielleicht DM 10.000,– im Jahr sparen kann, auf der anderen Seite aber Gewinnchancen durch seine Überbeanspruchung nicht sieht, die dem Unternehmen vielleicht ein Vielfaches dieses eingesparten Betrages einbringen könnten.

Zum „falschen Sparen" sind auch die Maßnahmen zu zählen, die sich kurzfristig kostensenkend auswirken, langfristig aber unwirtschaftlich sind. Als Beispiel sei hier die Anschaffung einer Maschine genannt, deren Leistung zwar heute ausreicht, es jedoch schon absehbar ist, daß sie morgen gegen eine größere ausgetauscht werden muß.

Managementfehler Nr. 11: Mangelhafte Vorbereitung des Nachfolgers

Viele erfolgreiche Unternehmer bestätigen, daß sie ihre Erfahrungen in fremden Unternehmen gesammelt haben, bevor sie in das Familienunternehmen eingetreten sind oder ein eigenes Unternehmen gegründet haben.

Ein Unternehmer darf kein Spezialist sein, sondern er muß vielmehr alle Bereiche des Unternehmens überblicken und das Wesentliche erkennen können. Da die Ausbildung an den Hochschulen in diesem Punkt die Forderung der Praxis nur schlecht erfüllt, muß ein Unternehmer rechtzeitig darum bemüht sein, daß sich der Nachfolger alle notwendigen Fähigkeiten und Kenntnisse aneignet, bevor er die Führung des Unternehmens übernimmt.

2. Schritt:

Bei der Bestellung des Nachfolgers muß unbedingt der Grundsatz gelten, daß die zukünftige Führung des Unternehmens nur einem „Könner" übertragen werden kann. Wird dieser Grundsatz nicht befolgt, wird der Grundstock für den Managementfehler Nr. 6 gelegt.

FAZIT *Von jeder Unternehmensführung werden Fehler begangen, nur wer nichts tut, begeht keine Fehler (das ist aber auch schon ein Fehler). Allerdings treten diese aufgeführten Managementfehler selten offen zutage. Prüfen Sie an Hand des Arbeitsblattes Nr. 2.01 immer wieder und selbstkritisch, ob vielleicht der eine oder andere Managementfehler nicht auch von Ihnen begangen wird. Erst wenn Sie einen Fehler kennen, sind Sie in der Lage, diesen abzustellen.*

2.3 Die Aufgabenanalyse

Mit der Aufgabenanalyse untersuchen Sie alle Aufgaben, die Sie als Unternehmer/Manager selbst wahrnehmen. Hierbei interessiert nicht nur die Frage, *welche* Aufgaben durchgeführt werden, sondern auch *wie* sie durchgeführt werden. Mit der Aufgabenanalyse untersuchen Sie alle Aufgaben, die Sie durchführen. Dazu gehört auch eine Zusammenstellung aller Hilfsmittel und aller Personen, die Sie zur Durchführung jeder einzelnen Aufgabe benötigen. Sie erstellen damit eine exakte Beschreibung des Ist-Zustandes Ihrer Tätigkeiten.

2.3.1 Die Grundaufgaben des Unternehmers

Viele heute erfolgreiche, mittelständische Unternehmen haben sich von einstmals kleinen Einmann- oder Handwerksbetrieben zu Unternehmen entwickelt, die heute mehrere hundert Mitarbeiter beschäftigen. Während dieser Entwicklung haben sich für den Unternehmer sowohl die internen als auch die externen Voraussetzungen erheblich verändert. Vielfach hat auch die Unternehmensführung ein familienfremder Manager übernommen.

Der Erfolg eines kleinen Unternehmens ist immer auf besondere Fähigkeiten des Unternehmers zurückzuführen. Zu Beginn der Entwicklung eines Unternehmens sind dies meistens Fähigkeiten im Verkaufen oder bestimmte technische Kenntnisse. Solange das Unternehmen klein ist, spielen die anderen betrieblichen Funktionen wie z. B. Verwaltung oder Organisation nur eine untergeord-

Unternehmeranalyse

Arbeitsblatt Nr. 2.01: Analyse der Managementfehler

	Auftreten der Managementfehler →	nicht	kaum	mittel	stark	sehr stark
Managementfehler	1. Überlastung durch Routineaufgaben	▨	▨	▨		
	2. Keine oder lückenhafte Zielvorgaben	▨	▨			
	3. Mangelhafte Information der Mitarbeiter	▨	▨	▨		
	4. Zu geringe Kundenorientierung	▨	▨			
	5. Mangel an Innovation		▨	▨	▨	
	6. Mangelhafte Management-Qualifikation	▨	▨			
	7. Aufgeblähte Organisation	▨				
	8. Falsche Versprechungen	▨	▨	▨		
	9. Unnötiger Luxus	▨	▨	▨		
	10. Falsches Sparen	▨				
	11. Mangelhafte Vorbereitung des Nachfolgers	▨	▨	▨	▨	
	Weitere, selbst erkannte Managementfehler:					
	12.					
	13.					
	14.					
	15.					
	16.					
	17.					
	18.					
	19.					
	20.					
	21.					
	22.					
	23.					
	24.					

2. Schritt:

nete Rolle. Je größer aber ein Unternehmen wird, um so komplexer und wichtiger werden diese Funktionen, und es bedarf einer optimalen Koordination.

Häufig erlebt man, daß der Unternehmer seine Fähigkeiten nicht entsprechend den wachsenden Anforderungen der Aufgaben steigert. Zeitmangel und unzureichende Kenntnisse führen dann dazu, daß manche Aufgaben nur mangelhaft oder überhaupt nicht wahrgenommen werden, so daß es zu den im vorigen Abschnitt beschriebenen Managementfehlern kommt. Der Weg in die Krise bis hin zur Gefährdung der Existenz des Unternehmens ist dann vorprogrammiert.

Kennen Sie auch diese Frust und Streß erzeugende Situation? Wer nicht aus diesem Teufelskreis herausfindet, kann sein Unternehmen nur durch einen außerordentlich hohen eigenen persönlichen Einsatz und den der Mitarbeiter am Leben halten. Die Frage ist nur, wie lange?

Diesen Teufelskreis können Sie nur durchbrechen, wenn Sie Ihr Unternehmen durch ein *„strategisches Management"* führen. Strategisches Management bedeutet eine zielorientierte Unternehmensführung, bei der alle Elemente des *kybernetischen Regelkreises* eingesetzt werden.

In der Einleitung haben wir ein Unternehmen mit einem Schiff bzw. einem Flugzeug verglichen. Die Führungsaufgaben eines Unternehmers oder Managers entsprechen danach im Prinzip den Aufgaben eines Kapitäns. Die Führungsaufgaben, die zusammen einen kybernetischen Regelkreis bilden, bezeichnen wir als Grundaufgaben. Diese Grundaufgaben eines Unternehmers lassen sich folgendermaßen formulieren:

1. Analyse der das Unternehmen bestimmenden Einflußfaktoren
2. Formulierung der Unternehmensziele und Strategien
3. Planung der zur Zielrealisierung notwendigen Maßnahmen und Treffen der entsprechenden Entscheidungen
4. Durchführen der Maßnahmen (= Mitarbeiterführung)
5. Kontrolle, d. h. Soll-Ist-Vergleich
6. Steuerung, d. h. Einleiten von Korrekturmaßnahmen

Diese sechs *Grundaufgaben* sind „Mußaufgaben", die von Ihnen als Unternehmer/Manager wahrzunehmen sind. Das heißt nicht, daß Sie diese Aufgaben alle selber durchführen müssen. Es ist vielmehr zweckmäßig, daß Sie für die eine oder andere Aufgabe kompetente Mitarbeiter hinzuziehen. „Mußaufgabe" bedeutet, daß Sie für diese Aufgabe die volle Verantwortung tragen, eine Delegation ist nur in Teilbereichen möglich, wie wir später noch zeigen werden.

Natürlich sollen sich Ihre Aufgaben nicht nur auf diese Grundaufgaben beschränken. Je nach Unternehmensgröße und -struktur werden Sie entsprechend Ihren Fähigkeiten und Kenntnissen noch die eine oder andere Aufgabe wahrnehmen. In diesem Zusammenhang ist besonders auf die Bedeutung eines guten Kundenkontaktes hinzuweisen, denn ohne ein ständiges Feedback vom Markt können die Grundaufgaben Nr. 1 bis 4 nur ungenügend wahrgenommen werden. Eine falsche Einschätzung des Marktes führt zwangsläufig zu falschen Zielen und falschen Entscheidungen.

2.3.2 Die Aufgabenbeschreibung

Bevor Sie mit der Beschreibung Ihrer Aufgaben beginnen, sollten Sie sich zunächst einen Überblick über alle von Ihnen durchgeführten Aufgaben verschaffen. Zu diesem Zweck notieren Sie sich über einen Zeitraum von ca. vier Wochen auf einem Blatt alle Aufgaben, die Sie während dieser Zeit durchführen. Dazu zählen Besprechungen, bestimmte Telefonate, Reisen, das Durcharbeiten bestimmter Schriftstücke usw.

Bei genauerer Betrachtung dieser umfangreichen Liste werden Sie feststellen, daß sich einzelne Tätigkeiten zu Hauptaufgaben zusammenfassen lassen. Kriterium für das Bilden von Hauptaufgaben ist deren Zweck. Alle einer Hauptaufgabe zugeordneten Einzeltätigkeiten müssen den gleichen Zweck erfüllen. Wenn Sie so Ihre Hauptaufgaben zusammengestellt haben, übertragen Sie diese in die *Aufgabenliste* (Arbeitsblatt Nr. 2.02).

Nach dieser Vorarbeit fertigen Sie für jede Hauptaufgabe eine detaillierte *Aufgabenbeschreibung* an. Diese Aufgabenbeschreibung (Arbeitsblatt Nr. 2.03) setzt sich aus drei Fragen zusammen:

1. *Was muß ich machen?*
   In dieser Spalte führen Sie alle Einzeltätigkeiten auf, die zur Durchführung der Hauptaufgabe erforderlich sind.

2. *Was muß ich mit dieser Aufgabe erreichen?*
   Mit jeder Aufgabe müssen bestimmte Ergebnisse erzielt werden. Listen Sie deshalb auf, welche Kernergebnisse erreicht sein müssen, damit die Aufgabe erfüllt ist. Unter „Kernergebnissen" verstehen wir die wichtigsten Ergebnisse.

   Achten Sie darauf, daß diese Ergebnisse so konkret wie möglich formuliert werden. Wachsweiche Definitionen wie „optimal", „angemessen", „wenig/viel" oder ähnliches müssen Sie vermeiden. Eine Beurteilung des Arbeitsergebnisses ist nur möglich, wenn die Vorgaben *quantitativ* (Stück, DM, Prozent etc.), *qualitativ* (wie gut) und *terminlich* (wann) festgelegt sind.

2. Schritt:

Arbeitsblatt Nr. 2.02: Aufgabenliste

Meine Tätigkeit setzt sich aus folgenden Hauptaufgaben zusammen:

1. Durchführen der Unternehmensanalyse
2. Formulierung der Unternehmensziele
3. Planung der zur Zielrealisierung notwendigen Maßnahmen
4. Führung und Motivation der Mitarbeiter
5. Kontrolle, d. h. Soll-Ist-Vergleich der Ziele und des ökonomischsten Betriebsablaufs
6. Entscheidung und Überwachung der Korrekturmaßnahmen
7. *Kontakt zu den wichtigsten Kunden*
8. *Kontakt zu Banken und Verbänden*
9. *Leiten des 1. Sitzungskreises „Arbeitsplatzverbesserungsmethode"*
10. _____
11. _____
12. _____
13. _____
14. _____
15. _____
16. _____
17. _____
18. _____
19. _____
20. _____
21. _____
22. _____
23. _____
24. _____
25. _____
26. _____
27. _____
28. _____
29. _____
30. _____
31. _____
32. _____
33. _____
34. _____
35. _____
36. _____

Unternehmeranalyse

3. *Welche Mittel setze ich zur Durchführung dieser Aufgaben ein?*
In der unteren Spalte Ihrer *Aufgabenbeschreibung* erfassen Sie alle Hilfsmittel, die Sie bei der Durchführung der Aufgabe einsetzen. Dies sind z. B. Maschinen, die Sie benötigen (Rechner, Diktiergerät etc.), Auswertungen, Berichte, Zeitschriften, Formulare usw. In dieser Liste halten Sie auch Personen fest, wie Mitarbeiter, Lieferanten, Steuerberater etc., auf die Sie bei der Durchführung Ihrer jeweiligen Aufgabe angewiesen sind. Mittel, die Sie hier auflisten, sind materieller Natur, d. h., Sie können sie anfassen und sie kosten in der Regel auch Geld.

Neben einer detaillierten Ist-Beschreibung Ihrer Aufgaben erfüllt dieses Arbeitsblatt Nr. 2.03 noch drei weitere Funktionen; es gibt Ihnen Antwort auf folgende Fragen:

1) *Welche Aufgaben können delegiert werden?*
Damit Sie sich nicht von Routineaufgaben verschleißen lassen (s. Managementfehler Nr. 1), müssen Sie auch bereit sein, Aufgaben an qualifizierte Mitarbeiter zu delegieren. Die Frage, welche Aufgabe delegiert werden kann, wird mit Hilfe einer Prioritätenkennziffer beantwortet. Zu diesem Zweck hat das Arbeitsblatt Nr. 2.03 rechts eine Spalte, in die die Priorität der jeweiligen Aufgabe eingetragen wird. Die Prioritäten bilden Sie dabei nach folgenden Gesichtspunkten:

Die Priorität [1] besagt, daß diese Aufgabe für den Unternehmenserfolg sehr wichtig ist und von Ihnen unbedingt selbst durchgeführt werden muß.

Die Priorität [2] besagt, daß diese Aufgabe für den Unternehmenserfolg wichtig ist, sie jedoch an einen qualifizierten Mitarbeiter delegiert werden kann.

Die Priorität [3] besagt, daß diese Aufgabe delegiert werden kann (und sollte!).

2) *Welche Befugnis haben Sie bei der Durchführung der Aufgabe?*
An der Stelle „Befugnisse" tragen Sie Ihre Entscheidungsfreiheit ein, die Sie bei der Durchführung jeder Aufgabe haben. An dieser Stelle notieren Sie, wen Sie eventuell vor dem Treffen einer Entscheidung konsultieren müssen. Diese Frage ist vor allem wichtig bei der Aufgabenbeschreibung Ihrer Mitarbeiter.

3) *Wer vertritt Sie bei Abwesenheit?*
An der Stelle „STV" (Stellvertreter) tragen Sie jeweils das Kurzzeichen des Mitarbeiters ein, der Sie bei Abwesenheit vertritt. Damit Sie dieser Mitarbei-

2. Schritt:

ter auch qualifiziert vertreten kann, sollten Sie ihm für die jeweilige Aufgabe eine Kopie dieser Aufgabenbeschreibung geben.

Abschließend wollen wir Ihnen noch einige Hinweise für die Anfertigung Ihrer Aufgabenbeschreibung geben:

- Bei der Aufgabenbeschreibung des Unternehmers und des Mitarbeiters wird nie ein Endzustand erreicht. Durch die dynamische Entwicklung des Unternehmens ändern sich auch die Aufgaben von Unternehmer und Mitarbeiter. Aktualisieren Sie deshalb die Aufgabenbeschreibungen in periodischen Abständen von etwa einem Jahr.
- Damit der für die Erstellung und Überarbeitung notwendige Zeitaufwand nicht zu groß wird, müssen Sie sich vor jedem Perfektionismus bei der Erarbeitung der einzelnen Arbeitsschritte hüten.
- Wenn Sie im Rahmen ihrer Führungstätigkeiten neue Aufgaben übernehmen müssen, kann das Problem auftreten, daß Sie meinen, keine delegierbaren Aufgaben mehr zu haben. Um nicht in den Managementfehler Nr. 1 zu verfallen, müssen Sie dann aus Ihren Aufgaben Einzeltätigkeiten delegieren, die die Priorität [3] haben.

FAZIT

Ein Unternehmer/Manager, der sich mit dieser Aufgabenbeschreibung Klarheit über seine eigenen Aufgaben verschafft hat und sich auf die wichtigsten Aufgaben konzentriert, behält immer den Überblick und läßt sich nicht durch Routineaufgaben verschleißen. Es kann dann auch nicht zu dem zuvor zitierten „Teufelskreis" kommen.

Durch eine klare Festlegung der Befugnisse des Unternehmers oder Managers wird außerdem eine gute Beziehung zu den Mitarbeitern geschaffen, denn, das die Mitarbeiter so ärgernde „Dreinfunken" des Vorgesetzten wird mit Klarstellung der Befugnisse weitgehend unterbunden.

Auf der folgenden Seite zeigen wir das Beispiel einer Aufgabenbeschreibung, das als Anregung bei der Erstellung ihrer eigenen Überlegungen dienen soll.

Unternehmeranalyse

Arbeitsblatt Nr. 2.03: Aufgabenbeschreibung für Geschäftsführung

Bezeichnung der Aufgabe *Nr. 1: Analyse der Ist-Situation des Unternehmens* Befugnisse:	Stellvertr.	Priorität
Unteraufgaben Diese Aufgabe besteht aus folgenden Einzeltätigkeiten:		
1. Gespräche mit den wichtigsten Kunden mind. einmal pro Jahr	*AS*	*1*
2. Jahresgespräch mit Verkaufsleiter	*–*	*1*
3. Jahresgespräch mit Controller	*–*	*1*
4. Jahresgespräch mit Einkaufsleiter	*GB*	*1*
5. Durchsicht der Reklamationsprotokolle	*AS*	*1*
6. Laufende Durchsicht folgender Zeitschriften: MM, KI, IM		*2*
7. Monatliche Durchsicht der Verkäuferberichte	*AS*	*2*
8. Auswertung der Verbandsstatistik	*AS*	*3*
9. Jahresgespräch mit Produktionsleiter	*–*	*1*
10. Besuch der Fachmesse in D und N	*AS*	*2*
11. Jahresgespräch mit Personalleiter	*GB*	*1*
Ziele Diese Aufgabe ist erfüllt, wenn folgende Kernergebnisse erreicht wurden: *1. Überarbeitung aller Arbeitsblätter aus der Unternehmensanalyse bis Oktober* *2. Erstellung einer Absatzprognose für die nächsten 2 Jahre bis Oktober* *3. Diskussion und Analyse der Vorjahresbilanz bis September* *4. Jahresabschlußgespräche mit den Kunden X, Y und Z bis November*		
Mittel Für diese Aufgabe nehme ich die Unterstützung folgender Mitarbeiter in Anspruch und verwende folgende Hilfsmittel: *1. Jahresabschlußberichte der Vorjahre* *2. Fachzeitschriften A, B und C* *3. Nachkalkulationen der einzelnen Produkte* *4. Statistiken des Verbandes* *5. Monatsberichte der Verkäufer* *6. Monatsberichte der Einkäufer* *7. Reklamationsschreiben* *8. Monatliche GuV-Übersicht* *9. Liquiditätsberichtsblatt* *10. Monatliches Kostenkontrollblatt* *11. Kunde X, Y und Z* *12. Verkaufsleiter* *13. Controller* *14. Produktionsleiter* *15. Einkaufsleiter* *16. Personalleiter* *17. Kundendienstleiter*		

2. Schritt:

2.3.3 Erkennen Sie Ihre Erfolgschancen!

Aus der Beschreibung der erwarteten Kernergebnisse der Aufgabe und der Auflistung der verwendeten Mittel entsteht zwangsläufig ein Spannungspotential. Diese Spannungspotentiale sind die Mängel, die einer optimalen Zweckerfüllung der Aufgabe im Wege stehen. So stellen Sie z. B. fest, daß Ihnen für die Jahresgespräche mit Ihren wichtigsten Kunden detaillierte Aufzeichnungen über die zurückliegenden Geschäftsvorgänge fehlen.

Um diese Spannungspotentiale herauszufinden, erstellen Sie eine sog. *Aufgabenanalyse* (Arbeitsblatt Nr. 2.04). Das Sichtbarmachen der Spannungspotentiale erfolgt bei der Aufgabenanalyse durch eine Gegenüberstellung der beiden Fragen:

1) *Wie gut* wurden diese Aufgaben im abgelaufenen Jahr von Ihnen wahrgenommen, d. h., wie gut wurden die Kernergebnisse erreicht?
2) *Wie wichtig* sind die einzelnen Aufgaben für den Unternehmenserfolg?

Mit einem farbigen Filzstift beantworten Sie die erste Frage, indem Sie für jede Aufgabe entsprechend der oberen Benotungsskala einen Balken von links nach rechts bilden. Die Antwort auf die zweite Frage tragen Sie entsprechend der unteren Bewertungsskala von rechts nach links ein. Wenn Sie auf diese Weise diese beiden Fragen beantwortet haben, erhalten Sie zwei Profile. An den weißen Lücken erkennen Sie die Spannungspotentiale. Die Lücken zeigen Ihnen, wo Sie durch gezielte Maßnahmen (z. B. durch das Anlegen einer aussagefähigen Kundenkartei) Ihren persönlichen Erfolg steigern können und müssen.

Die Aufgabenanalyse hat bei jeder Aufgabe drei Bewertungszeilen. In die Zeile [1] tragen Sie Ihre erste Bewertung ein. Wenn Sie die Analyse in zeitlichen Abständen wiederholen, verwenden Sie die Zeilen [2] und [3]. Auf diese Weise erhalten Sie einen Überblick über den Erfolg Ihrer Bemühungen, Ihre Aufgaben erfolgreicher zu machen.

2.3.4 Der Nutzen der Aufgabenbeschreibung und -analyse

Häufig stellen wir bei Unternehmern und Managern fest, daß deren Aufgabenbeschreibungen und -analysen in den Anfängen steckengeblieben sind. Die Fragmente der Ausarbeitungen sind in einer Schublade verschwunden, und der mit diesen Arbeitsblättern bezweckte Nutzen wird nicht erreicht. Was sind hierfür die Gründe?

Unternehmeranalyse

Arbeitsblatt Nr. 2.04: Aufgabenanalyse

Wie gut werden diese Aufgaben wahrgenommen? →	sehr schlecht	schlecht	mittel-mäßig	gut	sehr gut		Analyse-zeitpunkt
Aufgaben 1. Analyse der internen und externen Ist-Situation des Unternehmens	/////	/////	/////	/////		\\\\\	1
							2
							3
2. Formulierung der lang-, mittel- und kurzfristigen Unternehmensziele und -strategien	/////	/////				\\\\\	1
							2
							3
3. Planung, d. h. Erarbeitung von Handlungsalternativen zur Zielerreichung	/////	/////				\\\\\	1
							2
							3
4. Entscheidung über den Einsatz der ökonomischsten Maßnahmen	/////	/////	/////	/////		\\\\\	1
							2
							3
5. Auswahl, Führung und Motivation der Mitarbeiter	/////	/////	/////			\\\\\	1
							2
							3
6. Kontrolle und Steuerung des Betriebsablaufs	/////	/////	/////			\\\\\	1
							2
							3
							1
							2
							3
							1
							2
							3
							1
							2
							3
							1
							2
							3
Wie wichtig sind diese Aufgaben für den Unternehmenserfolg?	unwichtig	teilweise	mittelmäßig	wichtig	sehr wichtig	←	

Analysezeitpunkte: 3 = 19.., 2 = 19.., 1 = 19..

2. Schritt:

- Die Anfertigung der Aufgabenbeschreibungen und der Aufgabenanalyse erfordert einen nicht unerheblichen Zeitaufwand, vor allem, wenn man diese Beschreibungen das erste Mal erstellt und mit dieser Arbeit noch nicht viel Erfahrung hat. Der Zeitaufwand in Relation zu dem zu erwartenden Nutzen scheint zu hoch zu sein, so daß diese Arbeiten von „wichtigeren" Tätigkeiten verdrängt werden.
- Die Aufgabenbeschreibung ist keine statische Soll-, sondern eine dynamische Ist-Zustandsbeschreibung Ihrer Tätigkeiten. Da sich die Bedingungen dieser Tätigkeiten laufend ändern, ist zur Pflege der Aufgabenbeschreibung ein gewisser Zeitaufwand notwendig.

FAZIT

1. *Die Aufgabenbeschreibung des Unternehmers in Verbindung mit der Aufgabenbeschreibung des Mitarbeiters (s. Abschnitt 8.2) schafft eine hervorragende organisatorische Ordnung aller Funktionen und Aufgaben im Unternehmen.*
2. *Durch diese Analyse werden organisatorische Schwachstellen aufgedeckt und Rationalisierungsreserven systematisch aufgezeigt. Der daraus resultierende Zeit- und Kostengewinn ist einer der größten Nutzen der Aufgabenbeschreibung.*
3. *Das Anfertigen und Auswerten der Aufgabenbeschreibung fördert die Kreativität.*
4. *Die Arbeitsgebiete, Stellvertretungen und Befugnisse des Unternehmers und der Mitarbeiter werden durch die Aufgabenbeschreibung eindeutig festgelegt. Arbeitsüberschneidungen und das demotivierende Einmischen durch den Vorgesetzten werden weitgehend vermieden.*
5. *Aufgaben werden sinnvoll delegiert und die Gefahr der „Rückdelegation" reduziert.*
6. *Erfolgreiche und bewährte Arbeitsabläufe werden festgehalten, was besonders beim Eintritt neuer Mitarbeiter wichtig ist.*
7. *Bei Ausfall des Unternehmers bzw. jedes Mitarbeiters kann sich der Nachfolger rasch und problemlos einarbeiten. Dies ist ein wesentlicher Faktor zur Sicherstellung der Kontinuität der Unternehmensführung.*
8. *Durch die Aufgabenbeschreibung wird der Unternehmer und Manager gezwungen, sich auf die für den Unternehmenserfolg wichtigsten Aufgaben zu konzentrieren (s. Managementfehler Nr. 1).*

9. *Wie wir später noch zeigen werden, ist die Aufgabenbeschreibung mit der Aufgaben- und Fähigkeitenanalyse ein sehr praktikables Hilfsmittel, um Mitarbeiter objektiv beurteilen zu können.*

2.4 Die Profilanalyse

In diesem Abschnitt wollen wir Ihnen zeigen, wie Sie die Faktoren untersuchen können, die die Qualität Ihrer Aufgabendurchführung bestimmen. Dies sind einerseits Ihre Fähigkeiten und andererseits Ihre persönlichen Eigenschaften. Während die persönlichen Eigenschaften teilweise angeborene Charaktermerkmale sind, die sich nur sehr schwer verändern lassen, sind die Fähigkeiten Fertigkeiten, die sich lernen und trainieren lassen.

2.4.1 Die Fähigkeiten des Unternehmers

Es ist eine Tatsache, daß ein Mensch das gut macht, was er gerne macht. Erinnern Sie sich an Ihre Schulzeit: Zwischen den Zeugnisnoten und der Sympathie für einzelne Fächer bestand ein enger Zusammenhang. Bei Ihren Lieblingsfächern hatten Sie sicherlich keine Probleme, gute Noten zu erzielen. Fächer, die Sie dagegen weniger mochten, waren Ihnen vielleicht lästig, und die Noten waren entsprechend.

Sicherlich haben Sie schon des öfteren festgestellt, daß Ihnen Tätigkeiten, die Ihnen Freude bereiten, nach kurzer Einarbeitungszeit recht gut gelingen. Daraus folgt, daß Sie für Tätigkeiten, die Sie gerne machen, auch die entsprechenden Begabungen besitzen und sich die notwendigen Fähigkeiten rasch aneignen. Auch führen diese Tätigkeiten nicht so schnell zu Ermüdungen, bzw. die Erholungsphase, z. B. nach einer anstrengenden sportlichen Betätigung, ist sehr kurz.

Das Ergebnis der Tätigkeit, die Sie ausführen, ist zwangsläufig das Resultat Ihrer Begabungen, Kenntnisse und Fähigkeiten. Diese Faktoren sind somit wesentlich für den Erfolg eines Unternehmens verantwortlich. Die Begabungen, Fähigkeiten und Kenntnisse, die ein Unternehmer/Manager besitzen sollte, lassen sich aus dessen Aufgaben und deren Zielsetzung ableiten. Da die Aufgaben bei jedem unterschiedlich sind, kann die folgende Auflistung notwendiger Fähigkeiten keinen Anspruch auf Vollständigkeit erheben. Wir wollen deshalb hier nur die allgemein erforderlichen Fähigkeiten skizzieren.

2. Schritt:

1) Ein Unternehmer/Manager muß zielorientiert vorgehen und methodisches Arbeiten und Planen beherrschen, um Maßnahmen zur Realisierung der Ziele entwickeln zu können.
2) Ein Unternehmer/Manager muß die Fähigkeit besitzen, seine Mitarbeiter zu führen und vor allem zu motivieren. Er muß sie so organisieren können, daß ein optimales Arbeitsergebnis entsteht. Diese Fähigkeit ist eine der wichtigsten, wir werden deshalb dieses Thema beim 10. Schritt ausführlich behandeln.
3) Von einem Unternehmer/Manager werden neben diesen Fähigkeiten vor allem Kenntnisse auf den Gebieten Betriebswirtschaft, Vertrieb und Technik verlangt, die je nach Branche und Unternehmensstruktur mehr oder weniger ausgeprägt sein müssen.
Ein Unternehmer/Manager benötigt in den meisten Fällen kein Detailwissen. Neben einem guten Überblick über die wirtschaftliche Situation des Unternehmens genügt es in der Regel, wenn sich der Unternehmer über die grundsätzlichen Sachverhalte der jeweils vorliegenden Probleme informiert und mit analytischem Denkvermögen zu Entscheidungen findet.

Mit der *Fähigkeitenanalyse* (Arbeitsblatt Nr. 2.05) analysieren Sie diese allgemeinen und die sonstigen Fähigkeiten und Kenntnisse, die für die Durchführung Ihrer Aufgaben notwendig sind. Nachdem Sie alle Fähigkeiten und Kenntnisse zusammengestellt haben, führen Sie eine Benotung durch. Entsprechend der auf dem Arbeitsblatt oben eingetragenen Beurteilungsskala markieren Sie mit einem farbigen Filzstift, wie gut Ihre Begabungen, Kenntnisse und Fähigkeiten ausgebildet sind.

Jede Fähigkeit und jedes Wissen trägt zum Unternehmenserfolg bei. Die eine ist dabei mehr, die andere weniger wichtig. Um gezielt die Fähigkeiten und Kenntnisse verbessern zu können, die für den Unternehmenserfolg wichtig sind, müssen Sie sich Klarheit über die Bedeutung Ihrer Fähigkeiten verschaffen. Entsprechend der unteren Bewertungsskala markieren Sie deshalb von rechts nach links die Bedeutung der einzelnen Fähigkeiten und Kenntnisse.

Wenn Sie die Auswertung auf diesem Arbeitsblatt mit zwei verschiedenfarbigen Filzstiften vorgenommen haben, erhalten Sie wieder zwei sich gegenüberstehende Profile: das Profil Ihrer Fähigkeiten und Kenntnisse und das Profil der Bedeutung dieser Fähigkeiten und Kenntnisse. Die Lücken zwischen diesen beiden Profilen zeigen Ihnen, wo Sie Ihr Können noch weiter steigern müssen.

Die Erkenntnis aus Ihrer Fähigkeitenanalyse könnte auch sein, daß Sie aufgrund Ihrer Begabung die eine oder andere Lücke nicht schließen können. In diesem Falle müßte dann Ihre Überlegung dahin gehen, wie Sie einen Partner mit einem entsprechend ergänzenden Profil finden. In dem Beispiel auf der folgenden Seite wäre dies ein Mitarbeiter mit ausgeprägten verkäuferischen Fähigkeiten.

Unternehmeranalyse

Arbeitsblatt Nr. 2.05: Fähigkeitenanalyse

Wie gut sind meine Fähigkeiten, Kenntnisse und Begabungen →		sehr schwach	schwach	mittel-mäßig	gut	sehr gut		Analyse-zeitpunkt
Fähigkeiten/Erfahrungen/Kenntnisse	1. Zielorientiertes, strategisches Denken und Planen						1	3 = 19..
							2	
							3	
	2. Methodisches Arbeiten						1	
							2	
							3	
	3. Fähigkeiten zu Motivation						1	
							2	
							3	
	4. Kontaktfähigkeit						1	
							2	
							3	
	5. Organisatorische Fähigkeiten						1	2 = 19..
							2	
							3	
	6. Verkäuferische Fähigkeiten						1	
							2	
							3	
	7. Kaufmännische Kenntnisse						1	
							2	
							3	
	8. Technische Kenntnisse						1	
							2	
							3	
	9. Rhetorische Fähigkeiten						1	1 = 19..
							2	
							3	
							1	
							2	
							3	
Welche Bedeutung haben meine Fähigkeiten, Kenntnisse und Begabungen für den Unternehmenserfolg?		keine	schwach	mittel-mäßig	stark	sehr stark	←	

47

2. Schritt:

FAZIT *Mit der Fähigkeitenanalyse erhalten Sie Hinweise, wo Sie durch konkrete Maßnahmen Ihr Können und damit Ihren Erfolg noch weiter erhöhen können.*

2.4.2 Die Eigenschaften des Unternehmers

Die Eigenschaften des Unternehmers/Managers prägen die Qualität seiner Arbeit ebenso, und damit letzten Endes auch den Erfolg des Unternehmens, wie seine Fähigkeiten. Die Eigenschaften sind die Persönlichkeitswerte und Charaktermerkmale, die teilweise angeboren sind und deshalb nur begrenzt durch eine systematische Weiterbildung verändert werden können. Trotzdem sollten Sie sich einmal darüber klarwerden, welche Eigenschaften Sie in der Funktion als Unternehmensführer besitzen sollten und wie gut diese bei Ihnen ausgeprägt sind.

Nachstehend haben wir die wichtigsten Eigenschaften zusammengestellt, die ein Unternehmer/Manager, ja eigentlich jede Führungskraft haben sollte.

1) Der Unternehmer/Manager muß sehr *kreativ* sein, denn er muß ja ständig etwas „unternehmen".
2) *Selbstsicherheit* auf der einen und eine gewisse Portion *Selbstkritik* auf der anderen Seite kennzeichnen das Handeln eines guten Unternehmers/Managers. Die freudige Bereitschaft, in Frage zu stellen, was man tut oder getan hat, die Bereitschaft, aufzugeben, was als richtig erachtet wurde, wenn es Wege gibt, es besser zu machen, das sollte zum Stil eines guten Unternehmers gehören.
3) Mitarbeiter müssen *konsequent* geführt und Entscheidungen konsequent getroffen werden.
4) *Zuverlässigkeit* ist eine Eigenschaft, die sowohl im Verkehr mit Kunden als auch im Umgang mit Mitarbeitern von großer Bedeutung ist. Von Mitarbeitern kann Zuverlässigkeit nur verlangt werden, wenn auch der Mann an der Spitze des Unternehmens diese Eigenschaft ständig vorlebt.
5) Nichts funktioniert ohne den richtigen Glauben an das, was man tut. Wenn man nicht *optimistisch* sein ganzes Herz und seine ganze Person einsetzt, geschehen keine Veränderungen, können keine Mitarbeiter motiviert werden. Pessimisten und Zweifler schaffen keine Werte.
Ernest Dichter sagt: „Optimismus zwingt uns zum Handeln, Pessimismus ist eine bequeme Entschuldigung, stillzusitzen. Gutes Management, besonders Spitzenleistungen, erfordern Hoffnung, Glauben an die Zukunft und dynamisches Handeln."

Unternehmeranalyse

6) Als Vorbild sollte ein Unternehmer oder Manager *nie launisch* sein.
7) Zu einem Unternehmer, der Verantwortung trägt, gehören auch die Bereitschaft und der *Mut zum Risiko*. „Heute ist der Manager gefragt, der bereit ist, mit kalkuliertem Risiko und gründlicher Vorbereitung neue Wege einzuschlagen", sagt Dietrich Strasser.
8) Wenn eine Entscheidung in die Tat umgesetzt werden soll, wird von jeder Führungskraft, und besonders vom Unternehmer, verlangt, daß die entsprechenden *Maßnahmen energisch durchgesetzt* werden. Dabei gilt es dann oft, sachliche Schwierigkeiten und persönliche Widerstände zu überwinden. Zur Durchsetzungsfähigkeit gehört auch eine Portion *Standfestigkeit,* damit nicht gleich bei den ersten auftretenden Schwierigkeiten die Entscheidungen umgestoßen werden. Das schließt natürlich eine *gewisse Kompromißbereitschaft* nicht aus, worauf wir schon in Punkt 2) hingewiesen haben.
9) Jeder Unternehmer und Manager muß bereit sein, seine *Fähigkeiten und sein Wissen ständig zu erweitern*. Ein permanenter Lernprozeß ist notwendig, um sich an die sich laufend verändernden Umfeldbedingungen leichter anpassen zu können.
10) Oberste Prinzipien im Umgang mit Mitarbeitern sind Gerechtigkeit und Achtung.

Warren Bennis, Professor für Management an der Schule für Betriebsführung der Universität Südkalifornien, hat fünf Thesen darüber aufgestellt, was erfolgreiche Manager gemein haben:

1) Sie wissen zu jeder Zeit, was sie erreichen wollen. Sie sind extrem zielorientiert.
2) Sie können gut mit Menschen kommunizieren.
3) Sie scheuen sich nicht, Fehler einzugestehen und aus ihnen zu lernen.
4) Sie bleiben geradlinig auf ihrem Kurs zum Ziel, sind stark engagiert und ausdauernd.
5) Sie haben ein ausgeprägtes Selbstwertgefühl, sie erkennen klar ihre Stärken und Schwächen.

Die Eigenschaften eines Unternehmers und Managers sind teilweise sehr eng mit dessen Fähigkeiten verbunden. So setzen gewisse Fähigkeiten ganz bestimmte Eigenschaften voraus. Ein Manager wird in der Motivation und Mitarbeiterführung nie gut sein, wenn er launisch, pessimistisch, inkonsequent oder ungerecht ist. Um wichtige Entscheidungen planen und durchsetzen zu können, muß ein Unternehmer kreativ, risikofreudig und durchsetzungsstark sein.

Ein Unternehmer/Manager, der bemüht ist, auch seine Führungsqualität ständig zu verbessern, wird sich auch seine Eigenschaften in ein Analyseformular (Arbeitsblatt Nr. 2.06) eintragen und dieses von Zeit zu Zeit selbstkritisch

2. Schritt:

Arbeitsblatt Nr. 2.06: Eigenschaftenanalyse

	Wie gut sind meine Eigenschaften ausgeprägt? →	sehr schwach	schwach	mittel- mäßig	gut	sehr gut		Analyse- zeitpunkt
Eigenschaften	1. Kreativität	▨	▨	▨	▨	▨	1	
							2	
							3	
	2. Bereitschaft zu Selbstkritik	▨	▨	▨			1	
							2	
							3	3 = 19..
	3. Konsequenz	▨	▨	▨		▨	1	
							2	
							3	
	4. Zuverlässigkeit	▨	▨	▨			1	
							2	
							3	
	5. Optimismus	▨	▨	▨			1	
							2	
							3	
	6. Ausgeglichenheit	▨	▨			▨	1	
							2	2 = 19..
							3	
	7. Mut zum Risiko	▨	▨	▨			1	
							2	
							3	
	8. Durchsetzungsvermögen und Standhaftigkeit	▨					1	
							2	
							3	
	9. Lernbereitschaft	▨	▨	▨	▨		1	
							2	
							3	
	10. Gerechtigkeit	▨	▨		▨	▨	1	1 = 19..
							2	
							3	
	Welche Bedeutung haben diese Eigenschaften für den Unternehmenserfolg?	keine	schwach	mittel- mäßig	stark	sehr stark	←	

Unternehmeranalyse

auswerten. Die Vorgehensweise dieser Analyse ist ähnlich wie bei der „Fähigkeitenanalyse".

FAZIT *Obwohl wir unsere Eigenschaften nur sehr schwer verändern können, sollten Sie sich auch in diesem Punkt Klarheit über Ihre Situation verschaffen. Erst eine genaue Analyse gibt Ihnen die Möglichkeit, vorhandene Schwächen abzubauen oder zu kompensieren.*

2.5 Die Aktionsliste ist Ihre Chancenliste

Wie Sie schon in der Einleitung gehört haben, sind Mängel Erfolgschancen. So ist es logisch, daß Sie Ihre Leistungsfähigkeit in dem Maße verbessern, wie Sie Mängel und Schwachstellen bei der Durchführung Ihrer Aufgaben und bei Ihren Fähigkeiten und Eigenschaften abstellen.

Die Kenntnis der Mängel alleine aber genügt nicht, um die Situation zu verbessern. Sie müssen ganz gezielte Aktivitäten einleiten und vor allem durchführen. (Eine Methode, mit der Sie Mängel abstellen und Probleme lösen können, werden Sie im Abschnitt 6.5 kennenlernen.) In einem weiteren Arbeitsschritt tragen Sie zunächst alle Mängel und Schwachstellen, die Sie bei Ihrer Tätigkeitsanalyse und bei der Analyse Ihrer Fähigkeiten und Eigenschaften ermittelt haben, auf der Aktionsliste (Arbeitsblatt Nr. 2.07) zusammen.

Damit Sie sich bei der Bearbeitung der Mängel und Probleme nicht festbeißen und dann resignieren, müssen Sie eine Rangfolge nach bestimmten Prioritäten bilden. Zu diesem Zweck hat die Aktionsliste am rechten Rand drei Spalten: [w] = wichtig, [s] = schnell und [p] = Priorität.

Zur Ermittlung der Prioritäten überlegen Sie sich als erstes, wie *wichtig* jeder dieser aufgelisteten Mängel für Ihren beruflichen Erfolg ist. Sie fragen sich bei jedem Punkt, wie stark er das Ergebnis Ihrer Aufgaben beeinträchtigt. In Abhängigkeit von der *Wichtigkeit* bilden Sie eine Kennziffer zwischen [1] und [3], die Sie in Spalte [w] am rechten Rand unserer Aktionsliste eintragen.

    [w] = „1" heißt, daß Sie durch diesen Mangel oder dieses Problem das erwartete Ergebnis nicht erreichen können,
    [w] = „2" heißt, daß Ihr Arbeitsergebnis durch diesen Mangel beeinträchtigt wird,
    [w] = „3" heißt, daß Ihr Arbeitsergebnis nicht von der Beseitigung dieses Mangels oder der Lösung dieses Problems abhängt.

2. Schritt:

Vielfach werden Sie feststellen, daß zur Beseitigung eines Mangels oder zur Lösung eines Problems erst eine Vielzahl von Voraussetzungen geschaffen werden muß. Entsprechend der Schwierigkeit oder Anzahl dieser Voraussetzungen kann deshalb ein Mangel unabhängig von seiner Wichtigkeit schnell oder weniger schnell abgestellt werden. Um eine Rangfolge entsprechend eindeutiger Prioritäten Ihrer Mängel und Probleme festlegen zu können, müssen Sie sich deshalb auch Gedanken darüber machen, wie *schnell* jeder Mangel beseitigt und jedes Problem gelöst werden kann. Sie bilden eine weitere Kennziffer [s]:

[s] = „1" heißt, daß dieser Mangel sehr schnell beseitigt werden kann,
[s] = „2" heißt, daß dieser Mangel oder dieses Problem in absehbarer Zeit nach Erfüllung bestimmter Voraussetzungen gelöst werden kann,
[s] = „3" heißt, daß dieser Mangel in absehbarer Zeit nicht beseitigt werden kann, weil erst noch eine Reihe von Voraussetzungen geschaffen werden müssen.

Die nach diesen Kriterien ermittelten Kennziffern tragen Sie in die entsprechende Spalte Ihres Arbeitsblattes ein. Das arithmetische Mittel aus diesen beiden Werten ergibt die Priorität. Diesen Prioritäten-Wert tragen Sie in die Spalte [p] der Aktionsliste ein.

Mängel oder Probleme mit der Gesamtpriorität [1] sind wichtig und schnell realisierbar. Sie werden sie deshalb bei der Planung Ihrer Aktionen als erste berücksichtigen. Umgekehrt sieht es bei den Mängeln und Problemen mit der Gesamtpriorität [3] aus.

FAZIT *Beginnen Sie bei Ihrer Aktionsplanung zur Abstellung von Mängeln zuerst mit den sehr wichtigen, aber auch sehr schnell abstellbaren Problemen.*

Unternehmeranalyse

Arbeitsblatt Nr. 2.07: Aktionsliste

lfd. Nr.	Kurzbeschreibung des Mangels (aus Analyse der Managementfehler, Aufgaben, Fähigkeiten und Eigenschaften)	Priorität		
		w	s	p
1	*Ich kümmere mich zu sehr um Kleinigkeiten und delegiere nicht gezielt Aufgaben*	*1*	*2*	*1,5*
2	*Ich informiere die Mitarbeiter nur sporadisch*	*1*	*1*	*1*
3	*Ich unterliege oft Gemütsstimmungen und zeige dies nach außen, d. h., ich bin manchmal launisch*	*2*	*2*	*2*
4	*Meine rhetorischen Fähigkeiten sind schwach*	*2*	*2*	*2*
5	*Die Mitarbeiter beteilige ich nicht an der Zielformulierung*	*1*	*1*	*1*
6	*Die Kontrolle des Betriebsgeschehens erfolgt an Hand veralteter Zahlen*	*1*	*2*	*1,5*
7	*Ich besuche die wichtigen Kunden zu wenig*	*1*	*1*	*1*
8				
9				
10				
11				
12				
13				
14				
15				
16				
17				
18				
19				

3. Schritt: Analysieren Sie Ihr Angebot im Markt

3.1 Sinn und Zweck der Marktanalyse

Jedes Unternehmen steht im Außenverhältnis in einem Spannungsverhältnis zu verschiedenen Interessengruppen, von denen jede unterschiedliche Interessen verfolgt. Gegenüber folgenden Gruppen muß sich auch Ihr Unternehmen täglich neu behaupten:
- gegenüber den Kunden,
- in der Auseinandersetzung mit Wettbewerbern und
- gegenüber Lieferanten, Banken usw.

Jede dieser drei Gruppen hat ihre ganz speziellen Interessen, die ein Spannungsverhältnis bilden, wie nachstehende Abbildung zeigt:

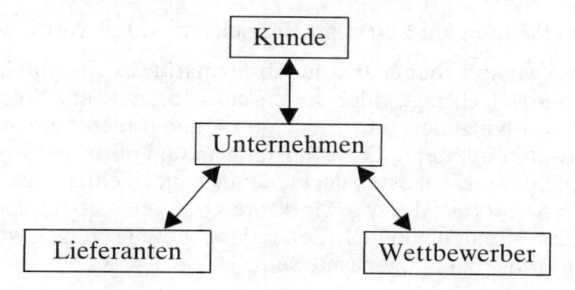

```
                    ┌─────────┐
                    │  Kunde  │
                    └────▲────┘
                         │
                         ▼
                 ┌──────────────┐
                 │ Unternehmen  │
                 └──────────────┘
                  ↙            ↘
        ┌────────────┐      ┌──────────────┐
        │ Lieferanten│      │ Wettbewerber │
        └────────────┘      └──────────────┘
```

Der Erfolg Ihres Unternehmens hängt davon ab, welchen Nutzen Sie diesen Gruppen bieten bzw. wie gut Sie sich gegenüber diesen Gruppen durchsetzen.

Im Mittelpunkt aller Bemühungen muß der *Kunde* stehen. Erst durch den Verkauf Ihrer Produkte oder Dienstleistungen sichern Sie die Existenz Ihres Unternehmens. Der Kunde ist somit für Ihr Unternehmen der wichtigste Faktor in diesem Spannungsfeld. Das Spannungsverhältnis zwischen dem Kunden und Ihrem Unternehmen entsteht dadurch, daß Sie einen möglichst hohen Preis erzielen wollen, der Kunde aber das günstigste Angebot sucht.

Ihre *Wettbewerber* haben das gleiche Ziel wie Ihr Unternehmen. Sie werben um die Gunst der Kunden, um von dem vorhandenen „Kuchen" ein möglichst großes Stück zu erhalten. Für jeden Anbieter geht es darum, sich durch aktives Handeln gegenüber den Wettbewerbern eine möglichst günstige Wettbewerbsposition zu verschaffen.

3. Schritt:

Ihre Lieferanten, Banken, Versicherungen usw. erwarten von Ihrem Unternehmen eine pünktliche Bezahlung ihrer Rechnungen, Zinsen und Prämien. Ihnen gegenüber befinden Sie sich in der Lage eines Kunden mit den zuvor geschilderten Interessen. Im Rahmen der Marktanalyse wollen wir auf diese Interessengruppe nicht weiter eingehen.

Die Marktanalyse ist zusammen mit der Unternehmensanalyse der wichtigste Ausgangspunkt für die Formulierung Ihrer Unternehmensziele. Sie ist nicht nur eine detaillierte Erfassung der momentanen Situation des Marktes und Ihrer Position, sondern sie schließt auch die Betrachtung der Zukunft mit ein. Aus diesem Grunde ist gerade eine vorausschauende Analyse besonders wichtig.

Mit der Marktanalyse untersuchen Sie im einzelnen folgende Fragen:

1. Wer sind Ihre Zielgruppen?
2. Was sind die Bedürfnisse Ihrer Zielgruppen?
3. Wie befriedigen Ihre Angebote diese Bedürfnisse im Vergleich zu Ihren Wettbewerbern?
4. Wie ist Ihre Position am Markt im Vergleich zu Ihren Wettbewerbern?

Der Markt, und wir sprechen hier vom Absatzmarkt, ist ein Aufeinandertreffen von Angebot und Nachfrage oder anders ausgedrückt, ein Wechselspiel von Nutzenbieten und Nutzenernten. Ein Unternehmen bietet einem Kunden ein bestimmtes Produkt oder eine Dienstleistung an und hofft, dafür einen Preis zu erzielen, der nicht nur die Kosten deckt, sondern noch einen Gewinn übrigläßt. Auf einem freien Markt ist der sog. Marktpreis der Maßstab für den Nutzen, den das Angebot dem Kunden bietet. Je höher der gebotene Nutzen ist, um so höher kann auch der Erlös, die Nutzenernte sein.

Obwohl die Marktanalyse mit zu den Grundaufgaben des Unternehmers/Managers gehört, heißt das nicht, daß diese Aufgabe von ihm alleine durchgeführt werden muß. Vielmehr müssen sich alle Mitarbeiter, die im Unternehmen Verantwortung tragen, an dieser umfangreichen Aufgabe beteiligen. Nur wenn Sie diese Analysearbeit gemeinsam mit Ihren Mitarbeitern erstellen, können Sie sie auch mitverantwortlich an der Formulierung der Unternehmensziele beteiligen.

FAZIT *Da der Markt für Ihr Unternehmen von allergrößter Bedeutung ist, ist eine genaue Kenntnis der Zielgruppen und deren Bedürfnissen sowie eine Kenntnis Ihrer Position am Markt eine wichtige Voraussetzung. Da sich der Markt in einem permanenten Wandlungsprozeß befindet, muß die Marktanalyse jedes Jahr wiederholt werden.*

3.2 Wer sind Ihre Kunden?

Die erste Frage, die Sie sich im Rahmen Ihrer Marktanalyse beantworten müssen, ist die, wer eigentlich Ihre Kunden sind. Diese Frage ist doch banal, werden Sie sicherlich sagen. Aus unserer Beratungspraxis wissen wir aber, daß die meisten Unternehmen zuerst an ihr Produkt oder an ihre Fertigung denken und erst in zweiter Linie überlegen, wer eigentlich die Kunden sind, denen sie ihre Produkte anbieten wollen.

Viele Unternehmen geben zwar in ihren Leitsätzen an, daß sie „kundenorientiert" arbeiten wollen. Wenn man diesen Unternehmen aber die Frage stellt, was sie machen, erhält man Antworten dieser Art: „Wir stellen das Produkt X und das Produkt Y her." Welche Kunden mit diesen Produkten aber beliefert werden, geht aus diesen Antworten nicht hervor. Ist das „Kundenorientierung"? Im Abschnitt 2.2 haben wir darauf hingewiesen, daß gerade die mangelnde Kundenorientierung einer der größten Managementfehler ist.

Die genaue Kenntnis, wer die Produkte benutzt oder die Dienstleistungen in Anspruch nimmt, ist aber von entscheidender Bedeutung bei der Überlegung, wie die Angebote ausgestattet sein müssen, um vom Markt akzeptiert zu werden. Bei dem heute in der Regel vorherrschenden *Käufermarkt* ist der Kunde bei der großen Auswahl unter den Anbietern nicht bereit, Kompromisse einzugehen. Die Unternehmen sind deshalb gezwungen, ihre Angebote optimal an die Bedürfnisse der Kunden anzupassen.

Um den von Ihrem Unternehmen angebotenen Nutzen optimal auf die Bedürfnisse Ihrer Kunden ausrichten zu können, müssen Sie diese erst einmal genau kennen. Dazu müssen Sie als erstes Ihren Kundenkreis in einzelne Zielgruppen unterteilen. Eine Zielgruppe ist ein Segment aus Ihrem Kundenkreis, das dadurch gekennzeichnet ist, daß alle Kunden dieser Gruppe gleiche oder mindestens ähnliche Probleme und Bedürfnisse haben. Wir wollen dies am Beispiel eines Bauunternehmens zeigen. Dessen Kundenkreis kann sich z. B. aus folgenden Zielgruppen zusammensetzen:

1. Bauherrn für Einfamilienhäuser
2. Industrie
3. Hochbauamt
4. Tiefbauamt

Wenn Sie diese Zielgruppen betrachten und deren Bedürfnisse zu definieren versuchen, werden Sie feststellen, daß es notwendig ist, diese Zielgruppen weiter zu unterteilen. Die Bedürfnisse der ersten Zielgruppe z. B. sind noch sehr heterogen: Es gibt Bauherrn mit geringem Einkommen und entsprechend

3. Schritt:

geringen Ansprüchen an ein Eigenheim oder solche, die sich auch exklusive Ansprüche leisten können. Bei der Industrie unterscheiden sich die Bedürfnisse entsprechend der Umsatzgröße. Die Bauleistungen für einen kleinen Gewerbebetrieb sehen ganz anders aus wie die für einen großen Industriebetrieb.

Erst wenn man die Bauherrn in Gruppen einteilt, z. B. nach sozialen Gesichtspunkten wie Einkommen oder Beruf, erkennt man, daß die Bedürfnisse dieser einzelnen Zielgruppen viel homogener sind. Je weiter man den Kundenkreis unterteilt, um so homogener werden die Bedürfnisse und Probleme der einzelnen Zielgruppen.

Bei der Formulierung der Zielgruppe ist es wichtig, stets den Personenkreis anzugeben, der darüber entscheidet, welches Angebot den Zuschlag erhält. Um bei dem Beispiel des Bauunternehmens zu bleiben: Hier genügt es nicht, wie oben geschehen, als Zielgruppe „Industrie" oder „Hochbauamt" zu formulieren. Man muß sich vielmehr darüber im klaren sein, wer die Entscheidungsträger sind. Das können z. B. im Falle „Industrie" der *Einkäufer* und im Falle „Hochbauamt" der *Stadtbaumeister* sein.

Die genaue Kenntnis der Entscheidungsträger ist deshalb wichtig, weil Sie sich nämlich speziell auf die Bedürfnisse dieser Personen konzentrieren müssen. Nehmen sie z. B. den Einkäufer der Industrie, der von den Technikern seines Unternehmens ein genaues Pflichtenheft für das Produkt erhält, das er einkaufen soll. Sein Bedürfnis ist es, dieses Produkt nicht nur zum günstigsten Preis und zum richtigen Zeitpunkt zu beschaffen, sondern er erwartet sich von seiner Tätigkeit darüber hinaus auch andere persönliche Erfolgserlebnisse.

Alle Kaufentscheidungen werden von Menschen getroffen, die aufgrund von Überlegungen ganz bestimmte Vorstellungen von einem Produkt oder einer Dienstleistung haben. Nicht nur die Ratio bestimmt die Entscheidungen der Menschen, sondern vielfach auch die jeweilige Stimmung. Menschen können sich freuen und ärgern, sie finden Produkte oder Menschen sympathisch oder unsympathisch. Aus diesen Ausführungen folgt, daß Sie die kaufentscheidenden Personen genau kennen müssen, um sich auf deren Gewohnheiten und Eigenheiten einstellen zu können. Ein guter persönlicher Kontakt ist hierzu eine notwendige Voraussetzung.

Ein Produkt wird in der Regel selten vom Hersteller direkt an den Endverbraucher verkauft. Die Produkte gelangen vielmehr erst über einen langen Vertriebsweg zum Endverbraucher. Jede Station auf diesem Vertriebsweg bildet für sich eine Zielgruppe, die aus der Weiterleitung des Produktes einen Nutzen haben will. Für ein Unternehmen ist es deshalb wichtig, diese einzelnen Stationen zu kennen, damit es seine Produkt- und Vertriebspolitik entsprechend ausrichten kann.

Angebotsanalyse

Vielfach ist es so, daß ein Produkt nicht nur über einen Vertriebsweg verkauft wird. Ein und dasselbe Produkt kann für verschiedene Zielgruppen über entsprechend unterschiedliche Vertriebswege abgesetzt werden. Entsprechend lassen sich die Zielgruppen eines Unternehmens *horizontal* und *vertikal* gliedern:

- eine horizontale Zielgruppengliederung für Bauunternehmen sind z. B. die schon erwähnten Zielgruppen wie „Bauherr mit hohem Einkommen" und „Bauherr mit mittlerem Einkommen", „Stadtbaumeister", „Industrieeinkäufer" usw.
- eine vertikale Zielgruppengliederung setzt sich aus Zielgruppen zusammen, die das gleiche Produkt mit oder ohne Veränderung weiterverkaufen. Eine vertikale Zielgruppengliederung kann z. B. nach folgendem Schema vorgenommen werden: Hersteller – Weiterverarbeiter – Großhändler – Einzelhändler – Endverbraucher.

Nach diesen Ausführungen sollten Sie nun Ihre Zielgruppen zusammenstellen. Das Arbeitsblatt Nr. 3.01 hilft Ihnen, einen Überblick über Ihre horizontalen und vertikalen Zielgruppen zu erhalten. Beginnen Sie mit der Auflistung Ihrer horizontalen Zielgruppen, indem Sie in die unterste Zeile dieses Arbeitsblattes alle möglichen Endverbraucherzielgruppen eintragen. Denken Sie dabei daran, daß die Kunden jeder Zielgruppe homogene Bedürfnisse haben müssen.

Als nächstes tragen Sie dann die Position Ihres Unternehmens in den jeweiligen vertikalen Spalten ein, indem Sie es in der Zeile „Hersteller" oder „Weiterverarbeiter" usw. positionieren.

Anschließend tragen Sie in dieses Arbeitsblatt die Zielgruppen ein, die zwischen Ihrem Unternehmen und den Zielgruppen am Ende der vertikalen Gliederung liegen. Im einen Fall werden Ihre Produkte vielleicht über den Großhandel und Einzelhandel abgesetzt, im anderen Fall vielleicht über Weiterverarbeiter direkt an die Endverbraucher.

Für Ihren Verkaufserfolg ist es wichtig, daß Sie vor allem die Bedürfnisse Ihrer nächstliegenden Zielgruppe kennen. Für ein Unternehmen, das den Einzelhandel beliefert, ist es entscheidend, daß es primär die Bedürfnisse und Probleme des Einzelhandels kennt. Da das primäre Bedürfnis des Einzelhandels in der Regel das erfolgreiche und problemlose Verkaufen ist, müssen Sie natürlich auch die Bedürfnisse der Endverbraucher ermitteln. Ihre Verkaufsaktivitäten müssen sich aber primär immer auf die nächstliegende Zielgruppe richten.

In vielen Unternehmen ist der Vertrieb nach Produkten organisiert, wie z. B. in einer Brauerei nach Flaschenbier und Faßbier. Das Flaschenbier wird dann unter anderem über den Lebensmittelhandel und die Gastronomie und das Faßbier ausschließlich über die Gastronomie vertrieben. Die Folge dieser produktorien-

3. Schritt:

tierten Organisation ist, daß der Gastronomiekunde sowohl vom Flaschenbierverkäufer als auch vom Faßbierverkäufer bedient werden muß. Daß dabei unnötige Kosten entstehen, ist einleuchtend.

Damit Sie in Ihrem Unternehmen diesen Nachteil vermeiden, sollten Sie sog. *strategische Geschäftsfelder (SGF)* bilden und Ihren Vertrieb entsprechend organisieren. Unter einem Geschäftsfeld versteht man die Kombination aus Produkt und Zielgruppe wie z. B. Bier für die Gastronomie oder Bier für den Lebensmittelhandel.

Arbeitsblatt Nr. 3.01: Zielgruppengliederung
(Beispiel: Hersteller von Wärmepumpen)

Vertikale Zielgruppengliederung ↓	Horizontale Zielgruppengliederung →			
Hersteller	eigenes Unternehmen	eigenes Unternehmen	eigenes Unternehmen	eigenes Unternehmen
Weiterverarbeiter				*Hersteller von Kunststoffspritzmaschinen*
Großhändler	*Heizungsgroßhandel*	*Planungsbüro*	*Planungsbüro*	
Einzelhändler	*Heizungsbauer*	*Installationsfirma*	*Installationsfirma*	
Endverbraucher	*Bauherren von Einfamilienhäusern*	*Bauherren von Industriehallen und Verwaltungsgebäuden*	*Gärtnereien*	*Kunststoffspritzereien*

Die Organisation nach Geschäftsfeldern bedeutet, um bei dem Beispiel der Brauerei zu bleiben, daß das SGF 1 bei der Gastronomie sowohl Flaschenbier als auch Faßbier verkauft und das SGF 2 beim Lebensmittelhandel alle Biersorten. Das Produktsortiment könnte bei beiden Geschäftsfeldern noch erweitert werden, z. B. durch alkoholfreie Getränke usw. Der Vorteil dieser Organisation liegt auf der Hand: Die Wege der Verkäufer sind kürzer, und der Einkäufer muß mit weniger Verkäufern verhandeln.

Angebotsanalyse

Nachstehend zeigen wir Ihnen auszugsweise eine Produkt-Zielgruppen-Matrix am Beispiel einer Druckerei. Diese Druckerei stellt die verschiedensten Produkte für ganz unterschiedliche Zielgruppen her. Ursprünglich war der Vertrieb dieser Druckerei nach Produkten organisiert wie
- Werbedrucksachen
- Endlosformulare für die EDV
- Buchdruck
- Formulare für das Rechnungswesen.

Mit dieser produktorientierten Organisation hatte diese Druckerei immer wieder Probleme bei der Formulierung ihrer Unternehmensziele. Erst als die Verkäufer eindeutig auf die genau definierten Zielgruppen angesetzt wurden, konnten eindeutige Ziele formuliert werden, und die Produktivität, sprich der Umsatz, dieser Verkäufer stieg schlagartig (vgl. Sie dazu auch unsere späteren Ausführungen zur „Strategie der Spezialisierung").

Zielgruppe Produkt	Kranken- haus	Werbe- agentur	Mittelst. Industrie	EDV-Softw. Haus
Prospekt		x	x	
Briefbogen			x	x
Endlos- formulare			x	x
Organisations- formulare	x		x	

FAZIT *Um Ihr Unternehmen kundenorientiert führen zu können, müssen Sie in Zielgruppen denken und Ihre Organisation nach strategischen Geschäftsfeldern (SGF) und nicht nach Produkten organisieren.*

3.3 Was sind die Bedürfnisse Ihrer Kunden?

Jedes menschliche Handeln und jeder Antrieb entsteht aus dem Zustand eines Mangels, den wir als störend empfinden und deshalb abstellen wollen. Das

3. Schritt:

Empfinden eines Mangels ist ein Bedürfnis, ein Wunsch, diesen Mangel zu beseitigen.

Ein Bedürfnis wird erst dann als solches erkannt, wenn ein Mangel vorliegt. Jede technische Entwicklung, die langfristig am Markt Erfolg hat, basiert auf einem Mangel. Wäre es z. B. Edison gelungen, mit der Erfindung der Glühbirne so erfolgreich zu sein, wenn das Hantieren mit der Gas- oder Petroleumlampe nicht so umständlich gewesen wäre? Wäre der Kühlschrank erfunden worden, wenn die Lebensmittel auch ohne Kühlung frisch blieben? Diese beiden Beispiele zeigen, daß es ohne Mangel keine erfolgreichen Erfindungen oder Verbesserungen gibt. *Jeder Mangel ist somit auch eine Erfolgschance!* Zentraler Ansatzpunkt Ihrer Bedürfnisanalyse ist deshalb das Erkennen und Aufspüren von Mängeln bei Ihren jetzigen, aber auch bei Ihren potentiellen Kunden.

Erst wenn Sie die Bedürfnisse bzw. Mängel Ihrer Kunden kennen, können Sie Produkte oder Dienstleistungen neu entwickeln oder bestehende mit Eigenschaften ausstatten, die den Kunden den höchsten Nutzen bieten. Die Höhe Ihres Nutzenangebotes entscheidet über die Höhe des Preises, den Sie am Markt erzielen können, und damit über Ihren Gewinn.

Die Eigenschaften Ihres Produktes oder Ihrer Dienstleistung müssen das *dringendste Bedürfnis,* d. h. den *größten Mangel bzw. das größte Problem* der Zielgruppe, befriedigen bzw. lösen. Mit Angeboten, die diesen Punkt nicht treffen, landet ein Unternehmen unweigerlich im Abseits, seine Angebote werden vom Markt nicht angenommen.

Zu den wichtigsten Bedürfnissen eines Menschen gehören:

- Essen und Trinken
- Wohnen
- Kleidung
- Soziale Bedürfnisse (Zuneigung, Geborgenheit, Anerkennung)
- Gesundheit
- Mobilität (Auto)
- Erlebnis (Urlaub, Hobby usw.)
- Bequemlichkeit
- Sicherheit

Wenn Sie einmal die Werbeanzeigen oder die Werbespots im Rundfunk oder Fernsehen analysieren, werden Sie feststellen, daß sie immer auf eines dieser Bedürfnisse abgestellt sind. Durch diese Ansprache möchte man dem Kunden zeigen, daß man sein Bedürfnis oder sein Problem kennt und es auch befriedigen bzw. lösen kann.

Angebotsanalyse

Diese Bedürfnisse sind von Mensch zu Mensch individuell verschieden, und sie lassen sich auch noch weiter auffächern. Auf diese einzelnen Bedürfnisse näher eingehen zu wollen, würde den Rahmen dieses Buches sprengen. Dieses Thema wird in der psychologischen Literatur sehr ausführlich behandelt.

Sie werden jetzt sicherlich einwenden, daß den Kunden diese Bedürfnisse vielfach gar nicht bewußt sind, sondern diese durch eine entsprechende Werbung erst geweckt werden. Das ist zweifellos richtig. Dieser Einwand zeigt, wie schwierig es ist, gerade die latenten Bedürfnisse bei der Gestaltung der Produkte und Dienstleistungen zu berücksichtigen.

Wenn Sie überlegen Nutzen bieten wollen, müssen Sie alle Bedürfnisse, Probleme oder Ziele Ihrer Kunden und alle möglichen, an Sie gerichteten Anforderungen genau kennen. Nur wer die Bedürfnisse, Ziele, Probleme und Erwartungen seiner Kunden kennt, kann sein Angebot mit entsprechendem Nutzen ausstatten und erfolgreiche Verkaufsargumente formulieren.

Wenn Sie die einzelnen Bedürfnisse, Ziele, Probleme und Erwartungen betrachten, werden Sie unterschiedliche Prioritäten erkennen. Das heißt, einzelne sind mehr, andere weniger kaufentscheidend. Aufgabe der Bedürfnisanalyse ist es, die Bedeutung der Bedürfnisse, Ziele, Probleme und Erwartungen aus der Sicht der Kunden zu ermitteln und sie sichtbar darzustellen.

Zu diesem Zweck tragen Sie in das Arbeitsblatt Nr. 3.02 alle Bedürfnisse, Ziele, Probleme und Erwartungen ein, die bei Ihrer zu analysierenden Zielgruppe kaufentscheidend sein können. Verwenden Sie dabei für jede Zielgruppe ein separates Blatt. Um ein aussagefähiges Bedürfnisprofil zu erhalten, dürfen Sie Zielgruppen mit heterogenen Bedürfnissen nicht zusammenwerfen.

Wenn Sie alle Bedürfnisse in wahlloser Reihenfolge in die linke Spalte des Arbeitsblattes eingetragen haben, markieren Sie bei jedem einzelnen Bedürfnis die Bedeutung für den Kunden mit einem farbigen Filzstift entsprechend der unten angeführten Bewertungsskale von rechts nach links. Auf diese Weise erhalten Sie ein aussagefähiges und übersichtliches Bedürfnisprofil Ihrer Zielgruppen.

Wie können Sie die Bedürfnisse Ihrer Zielgruppe ermitteln?

Die beste und erfolgreichste Methode ist das *Gespräch mit dem Kunden*. In persönlichen Gesprächen lassen sich am sichersten nicht nur die Art der Bedürfnisse ermitteln, sondern vor allem auch deren Gewichtung. Es empfiehlt sich, diese Gespräche mit mehreren Kunden zu führen, denn die Gewichtung der einzelnen Bedürfnisse differiert logischerweise von Kunde zu Kunde. Aus den verschiedenen Gesprächen bilden Sie dann den Durchschnitt.

3. Schritt:

Auch Ihre Außendienstmitarbeiter müssen Sie zur Ermittlung der Bedürfnisse der Kunden mit einsetzen. Versehen Sie zu diesem Zweck deren Monatsberichtsbogen mit entsprechenden Fragen, und werten Sie diese regelmäßig aus.

Prospekte von Wettbewerbern und Fachaufsätze sind weitere hilfreiche Quellen der Analyse der Bedürfnisse Ihrer Zielgruppen. Zu diesen Informationsquellen zählen auch die *Fachmessen*.

Wenn eine Zielgruppe sehr groß ist und das Produkt in großer Stückzahl hergestellt wird, ist das Risiko bei einer falschen Einschätzung der Bedürfnisse und deren Gewichtung groß. Eine falsche Einschätzung läßt ein neues Produkt leicht zu einem Fehlschlag werden. In diesem Fall empfiehlt es sich, eine umfassende Marktforschung evtl. mit Hilfe einer Unternehmensberatung durchzuführen.

Wenn Sie die Bedürfnisse, Ziele, Probleme und Erwartungen Ihrer Zielgruppe kennen, wissen Sie, wie Sie Ihre Produkte oder Dienstleistungen qualitativ gestalten müssen. Um jedoch eine personelle und maschinelle Kapazität planen zu können, benötigen Sie auch Angaben über den quantitativen Bedarf jeder Zielgruppe, evtl. unterteilt in Teilmärkte. Wenn Informationen des statistischen Bundesamtes, der Verbandsveröffentlichungen und Aussagen der Kunden nicht ausreichen, um genügend abgesicherte Erkenntnisse zu liefern, empfiehlt es sich auch hier, spezialisierte Marktforschungsunternehmen mit dieser Analyse zu beauftragen. Viele aufwendige Investitionen hätten gespart werden können, wenn eine gründliche Analyse der Bedürfnisse und des Bedarfs vorausgegangen wäre.

FAZIT *Nur wenn Sie sich mit Ihren Produkten oder Dienstleistungen an den Bedürfnissen Ihrer Kunden orientieren, laufen Sie nicht Gefahr, mit Ihrem Angebot im Abseits zu landen. Suchen Sie die Mängel und Probleme Ihrer Kunden, und nutzen Sie sie als Erfolgschance!*

3.4 Wann wird Leistung zu Gewinn?

Schon in der Bibel steht, „säet, dann werdet ihr ernten", oder ein altes Sprichwort sagt, „ohne Fleiß, kein Preis". Das heißt in der Marketingsprache, daß man zuerst eine Leistung, einen Nutzen, schaffen muß, bevor man einen Lohn erwarten kann. Jedes Unternehmen muß mit seinen Produkten oder Dienstleistungen erst einmal in Vorleistung treten, bevor es dafür eine materielle Gegenleistung erhält.

Angebotsanalyse

Je höher der Nutzen ist, den Sie bieten, um so höher ist der Gegenwert, den Sie erwarten können. Ihre Bedeutung, Ihre Anerkennung und Wertschätzung steigt mit der Höhe des Nutzens, den Sie Ihren Kunden oder Mitmenschen durch ein Produkt, eine Dienstleistung oder eine Hilfestellung bieten. Wenn Sie Ihren Erfolg steigern wollen, müssen Sie immer überlegen, wie Sie Ihr Nutzenangebot verbessern können. Sie müssen sich immer wieder fragen, wie gut Sie mit den Ressourcen und Fähigkeiten Ihres Unternehmens die Bedürfnisse Ihrer Kunden befriedigen können.

Eine Antwort auf diese Frage bekommen Sie, wenn Sie dem Bedürfnisprofil auf dem Arbeitsblatt Nr. 3.02 bildlich Ihre Stärken, d. h. Ihr Nutzenprofil, gegenüberstellen. Dieses Profil erhalten Sie, indem Sie sich bei jedem einzelnen Bedürfnis fragen, wie gut Sie dieses mit Ihrem Angebot befriedigen. Die Antwort kennzeichnen Sie wieder mit einem farbigen Balken von links nach rechts entsprechend der oberen Skala. Es ist einleuchtend, daß der Verkaufserfolg Ihres Unternehmens davon abhängt, wie gut sich das Bedürfnisprofil der Kunden mit Ihrem Nutzenprofil deckt. Die Bedürfnis- und Angebotsprofile müssen nach Möglichkeit zueinander passen wie ein Schlüssel zum Schloß.

Wie wichtig dieses Zueinanderpassen von Bedürfnis- und Nutzenprofil ist, wollen wir Ihnen an Hand der Erfahrungen eines Unternehmens erläutern, das Kühlmöbel für Lebensmittelmärkte herstellt, also Theken, Kühlregale und Tiefkühltruhen:

Die Kälte in den Kühlmöbeln wird durch einen Kühlkörper erzeugt, der auf dem Innenboden des Kühlmöbels liegt. Durch Kondensation der Luftfeuchtigkeit und durch auslaufende Flüssigkeiten der eingelagerten Waren können aggressive Säuren entstehen, die den Innenboden des Kühlmöbels zerfressen. Das von uns zitierte Unternehmen hatte einen korrosionsbeständigen Boden aus glasfaserverstärktem Kunststoff (GfK) eingeführt, während die Konkurrenz verzinktes Blech verwendete, das nach fünf bis sieben Jahren durch die aggressiven Flüssigkeiten zerfressen wird.

Die Kühlmöbel mit dem GfK-Bauteil hatten eine wesentlich höhere Lebensdauer als die Produkte der Wettbewerber. Es wurden deshalb Überlegungen angestellt, ob als zusätzliches Verkaufsargument die Garantie für dieses Bauteil von zwei auf zehn Jahre ausgedehnt werden sollte. Man versprach sich davon einen überzeugenden Wettbewerbsvorteil. Bevor man hierüber die endgültige Entscheidung fällte, wurden mehrere Gespräche mit kooperativen Kunden geführt. Dabei hat man jedoch erfahren, daß ein Kühlmöbel nur ca. sieben Jahre im Einsatz ist und dann bei einer turnusmäßigen Ladenrenovierung ersetzt wird. Eine Garantie von zehn Jahren wäre also in diesem Falle auf kein echtes Bedürfnis gestoßen.

3. Schritt:

Als kaufentscheidendstes Argument hat sich bei diesen Gesprächen der *Preis* herausgestellt. Diese Tatsache hatte das Unternehmen bei seiner früheren Entscheidung für dieses Bauteil nicht beachtet. Durch das qualitativ hochwertige und damit auch teure Bauteil hat sich das Unternehmen nicht einen Vorteil, sondern einen Wettbewerbsnachteil eingehandelt, denn die höheren Kosten mußten wieder durch einen höheren Preis gedeckt werden.

Der Kunde kann im allgemeinen aus einem breiten Angebot die Produkte oder Dienstleistungen auswählen, die nach seiner Überzeugung seine Bedürfnisse am besten befriedigen. Für Sie als Mitanbieter ist es deshalb sehr wichtig, daß Sie möglichst viel über Ihre Mitbewerber wissen. Die Erkenntnisse aus Ihrer Bedürfnis-/Nutzen-Analyse können erst dann in erfolgreiche Aktionen umgesetzt werden, wenn Sie auch die Stärken und Schwächen der Produkte oder Dienstleistungen Ihrer Wettbewerber kennen.

Aus Gesprächen mit Kunden, durch das Studium von Prospekten der Wettbewerber und durch Besuche von Messen müssen Sie versuchen, die Stärken und Schwächen Ihrer Wettbewerber herauszufinden. In diesem Zusammenhang weisen wir nochmals auf die Auswertung der Monatsberichte der Außendienstmitarbeiter hin, die die entsprechenden Fragen beinhalten müssen.

Wenn die Stärken und Schwächen Ihrer Wettbewerber vorliegen, erstellen Sie in bekannter Weise in den Zeilen [2] und [3] des Arbeitsblattes Nr. 3.02 deren Nutzenprofil. Damit ist die Bedürfnis-/Nutzen-Analyse abgeschlossen.

Durch die bildliche Gegenüberstellung der Bedürfnisse Ihrer Kunden mit Ihrem eigenen Leistungsangebot im Vergleich zu Ihren wichtigsten Wettbewerbern erkennen Sie die Ansatzpunkte, wo Sie Ihr Produkt oder Ihr Dienstleistungsangebot noch verbessern können. Die Lücken zeigen Ihnen die Chancen, wo Sie durch gezielte Maßnahmen in Zukunft erfolgreicher als Ihre Konkurrenz sein können. Erfolg entsteht nicht durch Zufall, sondern ist das Ergebnis einer methodischen Mangelverwertung.

FAZIT *Erst wenn Ihr Angebot zu den Bedürfnissen Ihrer Kunden paßt wie der Bart eines Schlüssels zu dem dazugehörenden Schloß, haben Sie eine der wichtigsten Voraussetzungen für den Verkaufserfolg geschaffen.*

Angebotsanalyse

Arbeitsblatt Nr. 3.02: Bedürfnis-/Nutzen-Analyse

Wie gut sind die Bedürfnisse der Kunden befriedigt? →	unge- nügend	aus- reichend	befriedi- gend	gut	sehr gut		Wett- bewerb
1. Lebensdauer						1	
						2	
						3	3 = Wettbewerber B
2. Geringer Energieverbrauch						1	
						2	
						3	
3. Gute Warenpräsentation						1	
						2	
						3	
4. Geringe Wartungskosten						1	
						2	
						3	2 = Wettbewerber A
5. Preisgünstiges Angebot						1	
						2	
						3	
6. Vorrätigkeit						1	
						2	
						3	
7. Gutes Design						1	
						2	
						3	
8. Flexibilität bei Sonder- wünschen						1	1 = eigenes Unternehmen
						2	
						3	
9. Zuverlässiger Kundendienst						1	
						2	
						3	
10. Schnelle Auslieferung						1	
						2	
						3	
Welche Bedeutung haben die Bedürf- nisse für die Kunden?	keine	geringe	mittel- mäßige	starke	sehr starke	←	

(Zeile „Bedürfnisse der Kunden" links am Rand)

3. Schritt:

3.5 Wie liegt Ihr Angebot im Markt? (Die Portfolio-Analyse)

Die Portfolio-Analyse ist eine in den USA entwickelte Methode zur Entwicklung bestimmter operativer Markt-Strategien. Kern der Portfolio-Analyse ist die sog. Portfolio-Matrix, mit deren Hilfe sich die Position und der Markt eines Produktes oder auch einer Dienstleistung darstellen läßt.

Die Rentabilität eines Produktes bzw. einer Dienstleistung hängt neben der Kostensituation vor allem von den zwei folgenden Faktoren ab:
- Von der Attraktivität des Marktes
- Vom Marktanteil des Produktes

Auf einem Markt mit sinkendem Volumen, z. B. dem Baumarkt, lassen sich nur sehr schwer Gewinne erzielen. Umgekehrt ist es auf einem Wachstumsmarkt, wie z. B. dem Elektronikmarkt, relativ leicht, eine zufriedenstellende Rentabilität zu erwirtschaften. Auf die Bedeutung des Marktanteils für die Rentabilität werden wir noch bei der Behandlung des 7. Schrittes näher eingehen. Bei der Portfolio-Matrix bilden diese beiden Faktoren die Koordinaten für die Positionierung eines Produktes. Nachstehende Abbildung enthält vier Positions-Felder, die sich folgendermaßen charakterisieren lassen:

Marktattraktivität

	niedrig	hoch
hoch	Fragezeichen	Stars
niedrig	arme Hunde	Melkkühe

relativer Marktanteil

Angebotsanalyse

"Stars"
Produkte, die in diesem Sektor plaziert sind, befinden sich auf einem Wachstumsmarkt und zeichnen sich weiter durch einen hohen Marktanteil aus. Diese Produkte erzielen in der Regel auch eine überdurchschnittliche Rentabilität. Man bezeichnet sie deshalb auch als „Stars".

"Melkkühe"
Einen hohen Marktanteil, aber eine wenig attraktive Marktentwicklung kennzeichnen die Situation der Produkte dieses Feldes. Bei sinkendem Wachstum oder gar zurückgehendem Marktvolumen sind die langfristigen Gewinnerwartungen nicht sehr gut. Diese Produkte sind meistens die ältesten Produkte eines Unternehmens, die sich auf der Lebenskurve bereits in dem absteigenden Bereich befinden. Sie waren einst die „Stars" des Unternehmens und sind jetzt zu den sog. „Melkkühen" geworden.

"Fragezeichen"
Produkte dieses Feldes befinden sich auf einem Wachstumsmarkt, haben aber keinen hohen Marktanteil. Neue Produkte nehmen meistens diese Position ein, sie werden als sog. „Fragezeichen" bezeichnet, weil man noch nicht weiß, ob diese Produkte zu den „Stars" werden oder wieder vom Markt verschwinden.

"Arme Hunde"
Die Produkte, die sich in dieser Position befinden, bezeichnet man als „arme Hunde". Sie erwirtschaften weder kurz- noch langfristig einen Gewinn und verschwinden deshalb früher oder später vom Markt.

In der Portfolio-Matrix ist die horizontale Achse mit „relativer Marktanteil" bezeichnet. Der relative Marktanteil drückt dabei aus, wie groß der Marktanteil Ihres Unternehmens im Verhältnis zum größten Wettbewerber ist. Sind Sie Marktführer, liegt Ihr Produkt rechts von der Marke „1", ansonsten liegt Ihr Produkt links von dieser Marke. Den relativen Marktanteil ermitteln Sie, indem Sie den Umsatz Ihres Produktes durch den Ihres größten Wettbewerbers dividieren.

Als letzten Arbeitsschritt Ihrer Marktanalyse bestimmen Sie nun mit Hilfe des Arbeitsblattes Nr. 3.03 für jedes Ihrer Produkte bzw. für jede Ihrer Dienstleistungen die genaue Marktposition. Welche Strategien und Maßnahmen Sie aus dieser Erkenntnis ableiten können, werden wir Ihnen im Abschnitt 7.5 aufzeigen.

3. Schritt:

FAZIT
Mit der Portfolio-Matrix können Sie die Marktposition Ihrer Produkte oder Dienstleistungen bestimmen und daraus dann ganz konkrete Strategien zur Verbesserung Ihres Unternehmensergebnisses ableiten.

Arbeitsblatt Nr. 3.03: Portfolio-Analyse

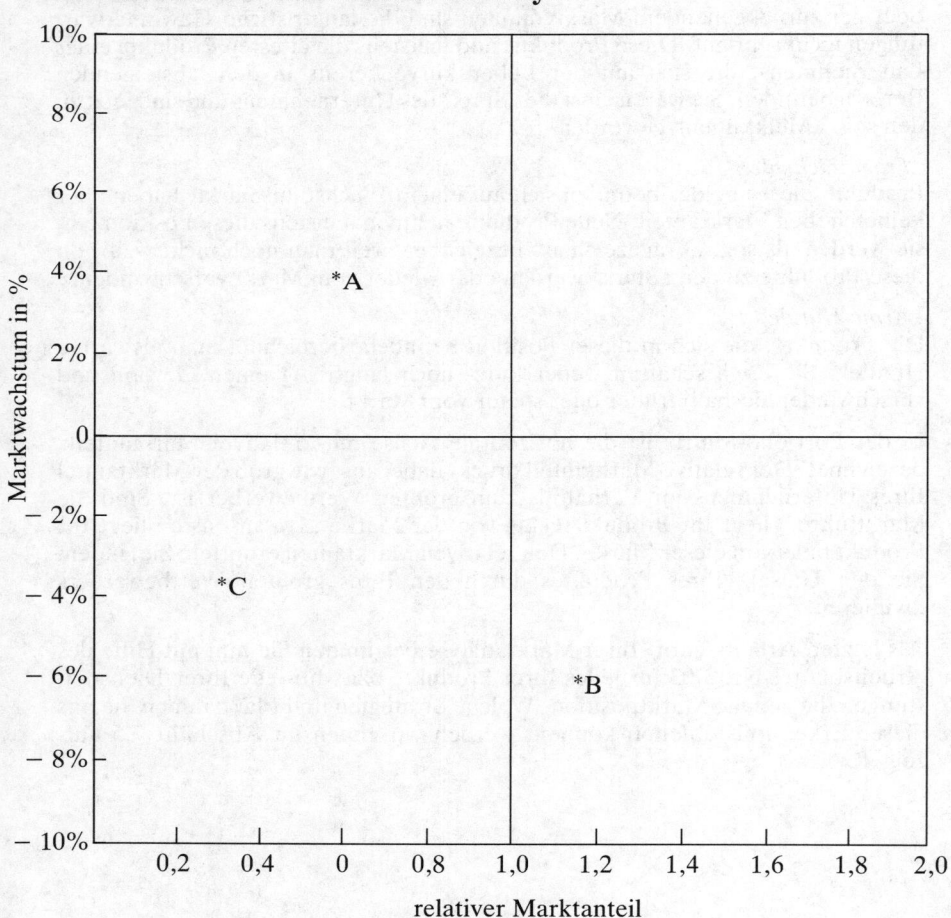

(Portfolio-Matrix: Marktwachstum in % (y-Achse, −10% bis 10%) gegen relativen Marktanteil (x-Achse, 0,2 bis 2,0). Produkt A bei ca. (0,8; 4%), Produkt C bei ca. (0,3; −4%), Produkt B bei ca. (1,2; −6%).)

70

4. Schritt: Analysieren Sie Ihr Unternehmen

4.1 Sinn und Zweck der Unternehmensanalyse

Mit der Marktanalyse haben Sie die Faktoren bestimmt, die Ihr Unternehmen *berücksichtigen muß, damit es am Markt bestehen kann.* Mit der *Unternehmensanalyse* untersuchen Sie im folgenden die innerbetrieblichen Faktoren, die den Erfolg Ihres Unternehmens außerdem noch beeinflussen. Erst eine umfassende Kenntnis der Situation Ihres Unternehmens ermöglicht es Ihnen, durch entsprechende Maßnahmen Ihre Stärken weiter auszubauen und Ihre Schwächen abzustellen, so daß Sie sich in diesem Spannungsfeld behaupten können. Zu diesem Zweck führen Sie mit der Unternehmensanalyse folgende Arbeitsschritte durch:

1. Ermittlung der bisherigen Stärken und Schwächen (Erfolgsfaktoren) Ihres Unternehmens
2. Analyse Ihres Vertriebes
3. Ermittlung der Bedürfnisse Ihrer Mitarbeiter
4. Analyse der Organisation Ihres Unternehmens
5. Feststellen und Bewerten der Risiken und Gefahren sowie der Probleme Ihres Unternehmens
6. Zusammenstellen und Analysieren Ihrer Bilanz-Kennzahlen

Aus den Erkenntnissen sowohl der Marktanalyse als auch dieser Unternehmensanalyse formulieren Sie dann die Unternehmensphilosophie, die Strategien und die Unternehmensziele. Die Unternehmensanalyse hat die Priorität [1] innerhalb Ihrer Grundaufgaben. Da Sie mit der Unternehmensanalyse viele Bereiche Ihrer Mitarbeiter tangieren, ist es unbedingt notwendig, daß Sie diese auch an dieser Analyse mitwirken lassen.

FAZIT *Bevor Sie alljährlich die Formulierung der Unternehmensziele in Angriff nehmen, ist die Unternehmensanalyse neu zu erstellen. Durch organisatorische oder personelle Veränderungen im Unternehmen sowie externe Veränderungen, z. B. neue Vorschriften oder tarifvertragliche Bestimmungen, ergibt sich für Ihr Unternehmen permanent eine neue Situation, auf die es sich einstellen muß.*

---

4. Schritt:

4.2 Was sind die Erfolgsfaktoren Ihres Unternehmens?

Als zentrales Erfolgskriterium für ein Unternehmen kann dessen Überlebensfähigkeit gesehen werden. Daraus folgt, daß der Erfolg eines Unternehmens um so größer ist, je stärker dessen Überlebensfähigkeit ausgeprägt ist.

Die Fähigkeit Ihres Unternehmens, langfristig zu überleben, basiert nicht auf Glück oder Zufall, sondern ist das Ergebnis einer systematischen Ausschöpfung aller Erfolgspotentiale. Im Zentrum Ihres Unternehmens dürfen deshalb nicht die Fragen nach Gewinn oder Wachstum stehen, sondern die Erfolgspotentiale Ihres Unternehmens. Die wichtigsten Erfolgspotentiale eines Unternehmens sind:

- *Produkte/Dienstleistungen,* die die Bedürfnisse der Kunden besser befriedigen als die der Wettbewerber
- *Ziele und Strategien,* die allen Mitarbeitern bekannt sind
- *Innovationen* bei den Angeboten und in der Organisation
- *ökonomische Betriebsführung* durch Organisation, Planung und Kontrolle
- *Motivierte Mitarbeiter* durch einen entsprechenden Führungsstil
- *Rationelle Fertigung* durch eine optimale Ablauforganisation und moderne Maschinen
- *Positives Image* durch Zuverlässigkeit des Unternehmens (Qualität, Termintreue)

Diese Erfolgspotentiale sind erst dann voll wirksam, wenn eine Vielzahl von Faktoren und Voraussetzungen geschaffen ist. Der bisherige Erfolg Ihres Unternehmens basiert darauf, daß Sie sicherlich eine Vielzahl dieser Erfolgspotentiale teilweise bereits ausgeschöpft haben. Da der Wettbewerb aber auf allen Märkten in Zukunft noch härter werden wird, müssen Sie sich überlegen, welche Faktoren zur vollen Ausschöpfung möglichst aller Erfolgspotentiale führen.

Im Arbeitsblatt Nr. 4.01 haben wir eine Reihe dieser Faktoren zusammengestellt. Wenn Sie aufgrund Ihrer eigenen Überlegungen und Erfahrungen diese Auflistung vervollständigt haben, überlegen Sie:

1. Wie wichtig werden diese Faktoren in Zukunft für unser Unternehmen sein? Das Ergebnis dieser Überlegung tragen Sie mit einem Filzstift von rechts nach links in das Arbeitsblatt ein.
2. Wie stark sind diese Erfolgsfaktoren (Fähigkeiten, Ressourcen) in unserem Unternehmen ausgeprägt?
   Mit je einem farbigen Balken von links nach rechts halten Sie dann die Antworten auf diese Fragen fest.

Unternehmensanalyse

Arbeitsblatt Nr. 4.01: Erfolgspotentialanalyse

Wie stark sind unsere Erfolgsfaktoren (Fähigkeiten, Ressourcen)? →		sehr schwach	schwach	mittel-stark	stark	sehr stark
Fähigkeiten und Ressourcen unseres Unternehmens	1. Motivierender Führungsstil des Managements					
	2. Eindeutige Ziele, die jedem im Unternehmen bekannt sind					
	3. Einfache, effiziente Organisation					
	4. Gute Information und Kommunikation					
	5. Hohes Eigenkapital					
	6. Straffes Kostenmanagement					
	7. Aussagefähiges Controlling					
	8. Gute Vertriebsorganisation					
	9. Gute Kundenberatung					
	10. Guter Kundendienst					
	11. Wirksame Werbung					
	12. Guter Kundenkontakt					
	13. Große Sortimentsbreite/-tiefe					
	14. Hohe Lieferbereitschaft (kurze Lieferzeiten)					
	15. Große Termintreue (Zuverlässigkeit)					
	16. Nützliche Kundenschulungen					
	17. Technisches Know-how					
	18. Schutzrechte (Patente, Gebrauchsmuster, Warenzeichen)					
	19. Attraktives Produktdesign					
	20. Gute Verpackung					
Wie wichtig werden diese Erfolgsfaktoren in Zukunft für unser Unternehmen sein? ←		nicht wichtig	kaum wichtig	mittel-wichtig	wichtig	sehr wichtig

4. Schritt:

Erfolgspotentialanalyse (Fortsetzung)

	Wie stark sind unsere Erfolgsfaktoren (Fähigkeiten, Ressourcen)? →	sehr schwach	schwach	mittel-stark	stark	sehr stark	
	21. Kostengünstige Konstruktionen (z. B. Baukastenprinzip)						
	22. Hohe Innovation						
	23. Rationelle Produktionsanlagen (= günstige Fertigungskosten)						
	24. Gute Arbeitsorganisation (Fertigungssteuerung, Materialdisposition)						
	25. Hohe Produktivität						
Fähigkeiten und Ressourcen unseres Unternehmens	26. Hohe Kapazitätsauslastung						
	27. Große Flexibilität						
	28. Hohe Qualität						
	29. Gutes Betriebsklima						
	30. Motivierendes Entlohnungssystem						
	31. Gezielte Weiterbildung						
	32. Besondere Einkaufsquellen Verhandlungsmacht als Abnehmer						
	33. Produkte und Dienstleistungen, die die Bedürfnisse der Kunden optimal treffen						
	Wie wichtig werden diese Erfolgsfaktoren in Zukunft für unser Unternehmen sein? ←	nicht wichtig	kaum wichtig	mittel-wichtig	wichtig	sehr wichtig	

Wenn Sie die beiden Profile einander gegenübergestellt haben, erkennen Sie, welche Faktoren Sie mit Ihren Fähigkeiten und Ihren Ressourcen noch nicht abdecken. Die Lücken zeigen Ihnen, wo Sie durch gezielte Aktivitäten Ihren Unternehmenserfolg absichern müssen.

FAZIT *Ihr Ziel muß es sein, Ihr Unternehmen vor allem für die Zukunft stark zu machen. Erst wenn Sie die Faktoren, die die Erfolgspotentiale bilden, und die Stärken und Schwächen Ihres Unternehmens kennen, sind Sie in der Lage, durch gezielte Maßnahmen den zukünftigen Erfolg Ihres Unternehmens zu planen. Stimmen Sie Ihre Fähigkeiten und Ressourcen immer wieder auf die Erfolgspotentiale ab.*

4.3 Die Vertriebsanalyse

Die Deckung des Bedürfnisprofils Ihrer Kunden mit dem Nutzenprofil Ihres Unternehmens reicht für einen Verkaufserfolg allein nicht aus. So muß der Kunde durch Werbung auf Ihr Angebot aufmerksam gemacht werden, und Ihr Angebot muß über entsprechende Vertriebswege dem Kunden verkauft werden.

Nachdem sich der Markt wohl aller Branchen von einem *Verkäufermarkt* in den ersten Nachkriegsjahren zu einem *Käufermarkt* gewandelt hat und dieser Trend sich in Zukunft noch verstärkt, kommt den Vertriebsaktivitäten eine immer größere Bedeutung zu. Mit der Vertriebsanalyse sollen Sie deshalb die Ansatzpunkte ermitteln, wo Sie die Effizienz Ihres Verkaufs noch weiter verbessern können.

Zu diesem Zweck haben wir im Arbeitsblatt Nr. 4.02 eine Reihe von Fragen zusammengestellt, die den gesamten Vertriebsbereich betreffen. Dieser Fragebogen, der unternehmenspezifisch noch von Ihnen korrigiert und ergänzt werden sollte, ist eine Art Checkliste. Die Fragen, die Sie mit „nein" beantworten müssen, zeigen Ihnen, wo Sie Schwachstellen haben, die durch gezielte Maßnahmen in Erfolgschancen umgewandelt werden müssen. Die einzelnen Fragen wollen wir nachstehend noch kurz erläutern:

zu 1: *Ist die Verkaufsleistung in den einzelnen Verkaufsgebieten gleich gut?*
Jedes Verkaufsgebiet hat ein bestimmtes Kaufkraftpotential. Je nach Branche ermittelt man das Kaufkraftpotential z. B. aus dem Einkom-

4. Schritt:

Arbeitsblatt Nr. 4.02: Vertriebsanalyse

Beurteilungsfragen	ja	nein
1. Ist die Verkaufsleistung in den einzelnen Verkaufsgebieten gleich gut?		
2. Ist die numerische Distribution in den einzelnen Verkaufsgebieten ausreichend?		
3. Hat jeder Verkäufer klare und realistische Ziele?		
4. Werden die Außendienstmitarbeiter regelmäßig geschult?		
5. Ist unser jetziger Vertriebsweg optimal?		
6. Ist die Entwicklung unseres Wachstums gleich oder besser als die allg. Marktentwicklung?		
7. Ist unser Marktanteil zufriedenstellend?		
8. Haben wir unser Unternehmen auf die zukünftige Marktentwicklung schon eingestellt?		
9. Ist unser jetziges Angebot sicher vor Substitutionsprodukten?		
10. Bieten wir den Kunden ein volles Sortiment bzw. eine komplette Systemlösung an?		
11. Haben wir den Vertrieb nach einzelnen Geschäftsfeldern organisiert?		
12. Haben wir eine schriftlich festgelegte Marketingkonzeption?		
13. Beurteilen die Kunden unser Unternehmen so, wie wir es wünschen (Image)?		
14. Ist unser Bekanntheitsgrad optimal?		
15.		
16.		

Unternehmensanalyse

men (bei Verkauf an Endverbraucher) oder dem Umsatz (bei Verkauf an Händler oder Weiterverarbeiter) der Zielgruppe. Wenn man den erzielten Umsatz in Relation zum Kaufkraftpotential setzt und diese Kennziffer mit anderen Gebieten vergleicht, erkennt man, ob ein Verkaufsgebiet noch Reserven hat. Die Kennziffer aus Umsatz und Kaufkraftpotential ist auch ein Beurteilungskriterium für die Leistung eines Verkäufers.

zu 2: *Ist die numerische Distribution in den einzelnen Verkaufsgebieten ausreichend?*
Den Markt Ihres Unternehmens haben Sie sicherlich auch in einzelne Verkaufsgebiete unterteilt, in denen Händler oder Verkäufer die Kunden bearbeiten. Die Frage nach der numerischen Distribution fragt nach der zahlenmäßigen Besetzung eines Verkaufsgebietes mit Händlern, Verkaufsstellen (z. B. Fachgeschäfte) oder Vertretern. Die Frage, ob nun die Anzahl der Händler, Vertreter oder Verkaufsgeschäfte ausreichend ist, sollte pro Verkaufsgebiet beantwortet werden. Ein Beurteilungskriterium hierfür ist das Kaufkraftpotential, das wir bei der vorigen Frage erläutert haben.

zu 3: *Hat jeder einzelne Verkäufer klare und realistische Ziele, und werden sie regelmäßig kontrolliert?*
Klare und realistische Ziele sind nicht nur für die Motivation, sondern auch für die Planung unumgänglich. Dazu gehört, daß alle Ziele z. B. monatlich zu kontrollieren sind. Zu den Zielen eines Verkäufers gehören nicht nur quantitative Ziele wie z. B. Umsatz oder Marktanteil, sondern auch qualitative Ziele wie z. B. das Erstellen eines Berichtes oder der Besuch einer Schulungsveranstaltung.

zu 4: *Werden unsere Außendienstmitarbeiter regelmäßig geschult?*
Schulen heißt, neues Wissen und neue Kenntnisse vermitteln, und *Trainieren* heißt, vorhandenes Wissen und vorhandene Kenntnisse weiter vertiefen. Der Erfolg eines Verkäufers hängt nicht nur vom Produkt und seiner Motivation ab, sondern vor allem auch von seinem Wissen und seinen Kenntnissen, und diese müssen ständig erweitert und vertieft werden. Die Verkäuferschulung ist ein wichtiger Erfolgsfaktor eines Unternehmens. Diese Aufgabe gehört deshalb zu den wichtigsten Aufgaben eines Verkaufsleiters.

zu 5: *Ist unser jetziger Vertriebsweg optimal?*
Die Vertriebsformen sind einem ständigen Wandel unterworfen, so daß auch Sie Ihren Vertriebsweg immer wieder in Frage stellen müssen. Direktvertrieb oder Vertrieb über Großhandel und Fachhandel, Vertrieb über angestellte oder selbständige Vertreter? Diese und ähnliche

4. Schritt:

Fragen müssen Sie sich immer wieder stellen. Nicht nur der Markt, sondern auch die Produkte erfordern vielfach eine Änderung des Vertriebsweges.

zu 6: *Ist die Entwicklung unseres Wachstums besser als die allgemeine Marktentwicklung?*
Ein Unternehmen, das hinter dem Wachstum der Branche zurückbleibt, verschlechtert seine Wettbewerbsposition. Aus diesem Grunde hat auch IBM schon seit vielen Jahren einen seiner vier Leitsätze folgendermaßen formuliert: „Wir wollen mindestens in gleichem Maße – wenn möglich sogar schneller – wachsen wie die Branche."

zu 7: *Ist unser Marktanteil zufriedenstellend?*
Wie wir noch später darstellen werden, verbessert sich mit steigendem Marktanteil die Wettbewerbsfähigkeit. Aus diesem Grunde sollten Sie Überlegungen anstellen, ob und wie Ihr Marktanteil noch gesteigert werden kann.

zu 8: *Hat sich unser Unternehmen auf die zukünftige Marktentwicklung schon ausreichend eingestellt?*
Jeder Markt ist ständig in Bewegung. So geht z. B. auf dem Markt für Werkzeugmaschinen der Trend weg von den Spezialmaschinen und hin zu flexiblen Fertigungsautomaten. Diese Trendentwicklung erfordert von den Werkzeugmaschinenherstellern nicht nur aufwendige Maßnahmen im Entwicklungsbereich, sondern auch im Vertrieb und in anderen Bereichen. Das rechtzeitige Erkennen von Trendentwicklungen ist deshalb für jedes Unternehmen von existenzentscheidender Bedeutung.

zu 9: *Ist unser jetziges Angebot sicher vor Substitutionsprodukten?*
Immer wieder kommt es vor, daß Produkte durch neue Technologien ersetzt werden. So wurden z. B. viele Produkte aus Stahl oder Holz durch Produkte aus Kunststoff (Beispiel: Bierfässer aus Holz durch Aluminiumfässer) oder gänzlich neue Technologien ersetzt (Beispiel: Kohledurchschreibpapier durch den Fotokopierer). Wenn Sie die Bedeutung von Substitutionsprodukten erkennen, können Sie sich rechtzeitig auf diese Entwicklung einstellen.

zu 10: *Bieten wir unseren Kunden ein volles Sortiment bzw. eine komplette Systemlösung an?*
Um die Einkaufskosten zu senken, bevorzugt der Kunde immer mehr die Lieferanten oder Einkaufsstellen, die ihm ein volles Sortiment bieten. Aus demselben Grund sind die Systemlösungen, z. B. bei den Werkzeugmaschinen, immer mehr gefragt. Entspricht Ihr Angebot bereits diesem Trend?

Unternehmensanalyse

Für Ihr Unternehmen hat diese Entwicklung den Vorteil, daß Sie Ihren Auftragsumfang bei einzelnen Kunden vergrößern können. Wie wir bei der Behandlung der Strategien noch ausführen werden, ist es für Sie auch leichter, bei einem bekannten Kunden ein zusätzliches Produkt zu verkaufen, als für Ihr bisheriges Produkt einen neuen Kunden zu gewinnen.

zu 11: *Haben wir den Vertrieb nach einzelnen Geschäftsfeldern organisiert?*
Im Abschnitt 3.2 haben wir schon darauf hingewiesen, wie wichtig es für ein kundenorientiertes Denken ist, den Vertrieb nach strategischen Geschäftsfeldern zu organisieren. Im Rahmen dieser Analyse sollten Sie sich deshalb die Frage beantworten, ob Sie bereits diese Organisationsform haben, oder ob sie sich in Ihrem Unternehmen einführen läßt.

zu 12: *Haben wir eine schriftlich festgelegte Marketingkonzeption?*
Unter Marketing versteht man alle unternehmerischen Tätigkeiten, deren Ziel und Zweck es ist, den Absatz zu erhalten und zu fördern. Dazu gehören alle Maßnahmen der Marktforschung, der Produktgestaltung, des Vertriebs, der Werbung, der Verkaufsförderung und der Öffentlichkeitsarbeit.
Die Maßnahmen des Marketing greifen in beinahe alle Unternehmensbereiche hinein. Damit die einzelnen Maßnahmen nicht zu einem Flickwerk werden, müssen sie genau aufeinander abgestimmt sein. Diese Aufgabe ist nur durch eine exakte schriftliche Fixierung des Ziels und der einzelnen Maßnahmen möglich.

zu 13: *Beurteilen die Kunden unser Unternehmen so, wie wir es wünschen?*
Der Erfolg Ihrer Verkäufer hängt in großem Maße auch davon ab, welches Vertrauen der Kunde zu Ihrem Unternehmen hat. Der Aufbau eines Vertrauensverhältnisses ist deshalb sehr wichtig. Bevor Sie jedoch vertrauensbildende Maßnahmen einleiten können, müssen Sie wissen, wie der Kunde heute über Ihr Unternehmen denkt, und vor allem müssen Sie definieren, wie Ihr Unternehmen draußen bei den Kunden erscheinen soll. Im späteren Abschnitt über den Aufbau einer Corporate Identity gehen wir auf diesen Punkt noch einmal ein.

zu 14: *Ist unser Bekanntheitsgrad optimal?*
Wir kennen das Sprichwort: „Tue Gutes und sage es allen". Wenn Sie Ihrer Zielgruppe nicht mitteilen, wie gut Ihr Unternehmen ist, wird niemand auf Sie aufmerksam und Sie bleiben auf Ihren Angeboten sitzen. Deshalb müssen Sie kontrollieren, wie groß Ihr Bekanntheitsgrad ist, und sich überlegen, wie er durch geeignete Werbemaßnahmen gesteigert werden kann.

4. Schritt:

FAZIT

Eine Leistung wird erst dann zu Gewinn, wenn sie verkauft ist. Ein gutes Produkt oder eine nützliche Dienstleistung alleine sind noch keine Garantie für einen Verkaufserfolg. Vom Vertrieb müssen eine Vielzahl von Aufgaben durchgeführt und organisiert werden, bevor sich der Erfolg einstellt. Stellen Sie sich deshalb jedes Jahr die Frage, ob in Ihrem Unternehmen alle Erfolgsvoraussetzungen optimal erfüllt sind.

4.4 Kennen Sie die Bedürfnisse Ihrer Mitarbeiter?

Es ist bekannt, daß zufriedene Mitarbeiter motivierter und leistungsfähiger sind als unzufriedene Mitarbeiter. Diese Tatsache sollten Sie auch bei der Formulierung Ihrer Führungsgrundsätze in Ihrer Unternehmensphilosophie berücksichtigen. Um jedoch ganz konkrete Maßnahmen zur Verbesserung der Zufriedenheit Ihrer Mitarbeiter planen zu können, müssen Sie wissen, welche Mängel im Unternehmen der Zufriedenheit Ihrer Mitarbeiter im Wege stehen. In diesem Abschnitt wollen wir deshalb aufzeigen, wie man Störfaktoren aufdeckt, die das Verhältnis Unternehmen – Mitarbeiter belasten.

Die Zufriedenheit der Mitarbeiter wird im wesentlichen davon bestimmt, wie deren Bedürfnisse durch ihre Tätigkeit und durch den Arbeitsplatz befriedigt werden. Um die Frage beantworten zu können, welche Bedürfnisse die Mitarbeiter Ihres Unternehmens haben und wie diese befriedigt werden können, werden Sie wie beim Abschnitt 3.3 eine *Bedürfnis-/Nutzen-Analyse* erstellen. Durch die bildliche Darstellung des Bedürfnisprofils Ihrer Mitarbeiter und des Nutzenprofils Ihres Unternehmens können Sie leicht die Lücken erkennen, die es durch gezielte Maßnahmen zu schließen gilt.

Sie untersuchen bei dieser Analyse folgende Fragen:

a) Was sind die Bedürfnisse Ihrer Mitarbeiter?
b) Welche Bedeutung haben diese Bedürfnisse für Ihre Mitarbeiter?
c) Wie gut werden deren Bedürfnisse von Ihrem Unternehmen befriedigt?

Damit Sie individuell auf die Bedürfnisse Ihrer Mitarbeiter eingehen und gezielte Motivationsmaßnahmen durchführen können, empfiehlt es sich, wenn Sie gemeinsam mit jedem Mitarbeiter dessen Bedürfnis-Nutzen-Analyse anfertigen. Schon die Tatsache, daß Sie mit Ihren Mitarbeitern über deren Bedürfnisse sprechen, wirkt enorm motivierend. Bei größeren Unternehmen muß diese Arbeit vom jeweiligen Vorgesetzten durchgeführt werden.

Unternehmensanalyse

Arbeitsblatt Nr. 4.03: Mitarbeiter-Bedürfnis-/Nutzen-Analyse

Wie gut werden die Bedürfnisse der Mitarbeiter befriedigt? →	mangel-haft	aus-reichend	befriedi-gend	gut	sehr gut		Analyse-zeitpunkt
1. Sicherheit des Arbeitsplatzes	▨	▨	▨	▨		▨	1
							2
							3
2. Hohes Einkommen	▨	▨	▨		▨		1
							2
							3
3. Gutes Betriebsklima	▨	▨	▨	▨	▨		1
							2
							3
4. Angenehmer Arbeitsplatz	▨	▨	▨	▨			1
							2
							3
5. Altersversorgung	▨				▨		1
							2
							3
6. Fahrgeldzuschuß	▨				▨		1
							2
							3
7. Flexible Arbeitszeit	▨				▨		1
							2
							3
8. Übernahme von Verantwortung	▨	▨	▨		▨		1
							2
							3
9. Abwechslungsreiche Tätigkeit	▨	▨	▨	▨	▨		1
							2
							3
10. Aufstiegsmöglichkeit	▨	▨	▨	▨			1
							2
							3
Welche Bedeutung haben die Bedürfnisse für die Mitarbeiter?	keine	kaum	mittel-mäßig	stark	sehr stark	←	

Bedürfnisse der Mitarbeiter

3 = 19..
2 = 19..
1 = 19..

4. Schritt:

Wenn Sie bei einem Interview erkennen, daß Sie nicht imstande sind, die eine oder andere Lücke durch eine bestimmte Maßnahme zu schließen, versuchen Sie dies gleich Ihrem Mitarbeiter zu erklären. Sie müssen auf jeden Fall vermeiden, daß bei den Mitarbeitern eine zu hohe Erwartungshaltung erzeugt wird, die nicht befriedigt werden kann. Dies hätte eine Frustration zur Folge, die auf jeden Fall vermieden werden muß.

FAZIT *Die Bedürfnisanalyse der Mitarbeiter ist ein wirkungsvolles Motivations-Instrument, dessen Wirkung aber erst dann zum Tragen kommt, wenn die Bedürfnisse der Mitarbeiter nach und nach auch erfüllt werden.*

4.5 Welche Risiken und Gefahren gefährden den Bestand Ihres Unternehmens?

Jeder kennt die Situation beim Autofahren: Sie sehen nachts plötzlich vor sich am Straßenrand ein Warndreieck oder ein Blinklicht und werden dadurch auf eine Gefahr vor Ihnen aufmerksam gemacht. Der Zweck dieser Warnzeichen ist es, Sie darauf hinzuweisen, Ihre Fahrweise so einzurichten, daß Sie jederzeit anhalten oder die Gefahrenstelle gefahrlos passieren können.

Das Führen eines Unternehmens läßt sich mit dem Steuern eines Autos vergleichen. Auch auf ein Unternehmen kommen immer wieder Situationen zu, die ihm Schaden zufügen oder gar seine Existenz bedrohen können. Zur Kunst der Unternehmensführung gehört es, diese Gefahrensituationen rechtzeitig zu erkennen und ihnen wirkungsvoll zu begegnen, so daß das Unternehmen keinen Schaden leidet oder der Schaden wenigstens in seiner Wirkung durch entsprechende Maßnahmen begrenzt wird. Denken Sie zum Beispiel an den Abschluß einer Betriebsunterbrechungsversicherung, die Sie vor den größten Folgen eines Brandes schützt.

Als ersten Schritt der *Risikenanalyse* tragen Sie in das Arbeitsblatt Nr. 4.04 alle möglichen Gefahren und Risiken ein, die den Bestand Ihres Unternehmens bedrohen können. Der Bogen möglicher Gefahren und Risiken kann sich von der politischen Entwicklung bis hin zu innerbetrieblichen Gefahren spannen. Die auf der folgenden Seite als Beispiel zusammengestellte Liste möglicher Risiken und Gefahren muß selbstverständlich für jedes Unternehmen individuell erstellt werden.

Unternehmensanalyse

Arbeitsblatt Nr. 4.04: **Risikenanlayse**

Risiko	Wie groß ist die Auswirkung und die Wahrscheinlichkeit des Eintretens des jeweiligen Risikos? →	sehr groß	groß	mittel	klein	null			Analyse-zeitpunkt
	1. Konjunkturentwicklung nach unten	░	░	░	▨	▨		1	
								2	
								3	
	2. Zinsentwicklung nach oben	░	░	▨				1	
								2	
								3	
	3. Substitution unseres Produktes durch neue Technologien	░	░	░		▨		1	
								2	3 =
								3	
	4. Marktverhalten d. Wettbewerbers XY (z. B. Rabatt- u. Spannenpolitik, Werbeaktionen etc.)	░	░		▨			1	
								2	
								3	
	5. Betriebsunterbrechung durch Brand oder Arbeitskampf	░			▨			1	
								2	
								3	
	6. Ausfall der EDV-Anlage	░	░		▨			1	
								2	
								3	
	7. Ausfall des Unternehmers	░	░			▨		1	2 =
								2	
								3	
	8. Ausfall wichtiger Mitarbeiter	░	░		▨			1	
								2	
								3	
	9. Abspringen des Kunden YZ	░			▨			1	
								2	
								3	
	10. Ausfall von Forderungen	░	░	▩		▨		1	1 = 19..
								2	
								3	
	Wie gut ist unser Unternehmen gegen das Eintreten des jeweiligen Risikos gerüstet?	sehr gut	gut	mittel	schlecht	über-haupt nicht		←	

83

4. Schritt:

Um die richtigen Maßnahmen ergreifen zu können, ist es notwendig, die Tragweite und die Wahrscheinlichkeit jedes Risikos und jeder Gefahr abzuschätzen. Je größer die Gefahr oder das Risiko ist, um so besser müssen Sie sich auf den Eventualfall einstellen. Bei jedem Punkt, den Sie auf dem Arbeitsblatt Nr. 4.04 notiert haben, tragen Sie wieder als Balken die Wahrscheinlichkeit und die mögliche Auswirkung entsprechend der oberen Skala von links nach rechts ein. Anschließend prüfen Sie, wie gut Ihr Unternehmen gegen das Eintreten bzw. die Auswirkung jedes einzelnen Risikos oder jeder einzelnen Gefahr gerüstet ist. Die Antworten auf diese Frage kennzeichnen Sie wiederum durch einen farbigen Balken entsprechend der unteren Skala von rechts nach links.

Bei Gefahren oder Risiken, bei denen zwischen den einzelnen Balken eine Lücke offenbleibt, müssen Sie gezielte Vorsorgemaßnahmen treffen, damit Sie auf den Eventualfall vorbereitet sind und dadurch den Schaden so gering wie möglich halten können. Selbstverständlich ist es notwendig, auch diese Analyse jedes Jahr zu wiederholen. Da praktisch in allen Bereichen des Unternehmens diese Gefahren und Risiken auftreten, ist es zweckmäßig, auch die Führungskräfte an dieser Analysearbeit mitwirken zu lassen.

FAZIT

Es gibt ein altes Sprichwort: „Gefahr erkannt – Gefahr gebannt". Je besser und je früher Sie die Gefahren und Risiken erkennen, um so besser können Sie Ihr Unternehmen vor deren Auswirkungen durch entsprechende Maßnahmen schützen.

4.6 Welche externen und internen Probleme beeinträchtigen den Erfolg Ihres Unternehmens?

Vielfach hört man von Unternehmern und Führungskräften, daß das letzte Jahresergebnis trotz größter Anstrengung aller höchst unbefriedigend ausgefallen ist. Als Gründe werden immer eine mehr oder weniger große Anzahl interner oder externer Probleme genannt.

Die internen Probleme entstehen teilweise aus Mängeln, die Sie durch Ihre Aufgabenanalyse und die bisherigen Arbeitsschritte der Unternehmensanalyse erkannt haben. Aber es gibt auch Mängel, die durch die bisherigen Analysearbeiten noch nicht aufgedeckt wurden. Denken Sie zum Beispiel an bestimmte unbefriedigende Zustände in der Produktion oder an das schlechte Betriebsklima in der Abteilung XY. Um diese Probleme aufzudecken, müssen Sie jede Führungskraft anhalten, alle Mängel in ihrem Verantwortungsbereich aufzuzeigen und sie, wie das umseitige Beispiel zeigt, in einer *„Problemliste"* (Arbeits-

Unternehmensanalyse

blatt Nr. 4.05) zu sammeln. Wie diese Mängel und Probleme dann abgestellt werden, zeigen wir im Abschnitt 6.5.

Die externen Probleme sind oft eine Folge der

– Eingriffe und Bestimmungen des Staates oder der Tarifparteien,
– Veränderungen bei den Lieferanten oder Banken, usw.

Die externen Probleme sind deshalb besonders gravierend, weil sie nur schwer durch Aktivitäten des Unternehmens beseitigt werden können. Viele externe Probleme können nur durch einen langen, strukturellen Anpassungsprozeß des Unternehmens kompensiert werden. Aus diesem Grunde müssen Sie sich diesen Problemen ganz besonders widmen.

Als fünften Arbeitsschritt der Unternehmensanalyse tragen Sie deshalb mit Ihren Mitarbeitern alle Probleme, die evtl. den Erfolg Ihres Unternehmens gefährden könnten, auf dem Arbeitsblatt Nr. 4.05 zusammen.

Auf der folgenden Seite haben wir als Beispiel einige typische Probleme zusammengestellt, mit denen viele mittelständische Unternehmen zu kämpfen haben. Vielleicht erhalten Sie daraus die eine oder andere Anregung.

FAZIT *Sehen Sie jeden Mangel, jedes bisher ungelöste Problem als Erfolgschance für Ihr Unternehmen. Stellen Sie mit Ihren Mitarbeitern jedes Jahr die aktuellen Probleme zusammen, um sie dann anschließend durch gezielte Maßnahmen in Erfolge umzuwandeln.*

4.7 Die Bilanzanalyse – der Kompaß des Unternehmers

Die Bilanz ist der Gesamtabschluß des Rechnungswesens eines Unternehmens für ein Geschäftsjahr in Form einer Gegenüberstellung von Vermögen und Kapital bzw. Mittelverwendung und Mittelherkunft. Durch die Gegenüberstellung von Vermögen (Aktiva) und Kapital (Passiva) wird ein Bilanzsaldo gebildet, der den Erfolg des Unternehmens in der zurückliegenden Periode ausdrückt. Die Bilanz ist praktisch der Kompaß des Unternehmers, der ihn über den Stand und die Entwicklung seines Unternehmens informiert.

Aus dem Zweck der Bilanz geht hervor, daß dieses „Informationsinstrument" so aktuell, aber auch so genau wie möglich sein sollte. Zweckmäßig ist eine monatliche Ermittlung des Erfolges, um rechtzeitig bei auftretenden Schwierigkeiten reagieren zu können.

4. Schritt:

Arbeitsblatt Nr. 4.05: Problemliste

lfd. Nr.	Welche Probleme hindern eine optimale Durchführung meiner Aufgaben oder gefährden den Unternehmenserfolg?
1.	Die Produktionskosten sind zu hoch
2.	Der Auftragsdurchlauf ist zu lange
3.	Die Produktivität ist im Vergleich zum Wettbewerb zu gering
4.	Die Reklamationsquote für Produkt A ist zu hoch
5.	Die Qualifikation der Mitarbeter im Z-Büro ist zu gering
6.	Die Mitarbeiter in der Abteilung Y arbeiten relativ lustlos, ihre Leistung ist entsprechend gering
7.	Anweisungen werden nicht kontrolliert und deshalb auch oft nicht durchgeführt
8.	Die Kreativität der Mitarbeiter allgemein läßt zu wünschen übrig. Es werden kaum Verbesserungsvorschläge gemacht
9.	Das Image des Unternehmens ist nicht gut im Vergleich zum Wettbewerb
10.	Das Verhältnis Angestellte : Arbeiter ist zu hoch
11.	Die Umsatzpläne werden selten eingehalten
12.	Die Zusammenarbeit mit dem Betriebsrat ist nicht optimal
13.	Die EDV-Anlage ist sehr störanfällig
14.	Die monatlichen Berichtszahlen liegen zu spät vor
15.	Unsere Kunden A, B und C haben sich im Einkauf zusammengeschlossen und drücken unseren Preis
16.	Der diesjährige Tarifabschluß verschlechterte unsere Wettbewerbssituation gegenüber unserem französischen Wettbewerber
17.	
18.	
19.	
20.	
21.	
22.	
23.	

Unternehmensanalyse

Mit der *Bilanzanalyse* werden die einzelnen Positionen der Bilanz durchleuchtet mit dem Ziel, durch Plan- oder Betriebsvergleiche Ansatzpunkte für Maßnahmen zur Verbesserung der Unternehmenssituation zu finden. Die Bilanzanalyse ist die Basis des jährlich zu erstellenden Gewinnplanes und gibt Ihnen außerdem Entscheidungsgrundlagen z. B. für die Finanz- oder Investitionsplanung.

Bei der Bilanzanalyse werden die einzelnen Bilanzpositionen ins Verhältnis zu einem bestimmten Basiswert gesetzt. Die so gewonnenen Kennziffern haben aber erst dann eine Aussagekraft, wenn sie mit den Werten vergleichbarer Unternehmen oder mit den durchschnittlichen Branchenwerten verglichen werden. Wenn Sie keinen Zugriff auf derartige externe Werte haben, können Sie auch Werte aus zurückliegenden, guten Jahren als Vergleichszahlen nehmen.

Im Arbeitsblatt Nr. 4.06 haben wir die für ein mittelständisches Unternehmen wohl wichtigsten Bilanzkennzahlen zusammengestellt, die Sie nun als sechsten Arbeitsschritt der Unternehmensanalyse für Ihr Unternehmen ermitteln sollten. Diese Bilanzkennzahlen sind:

1. Die *Materialaufwandsquote* setzt den Materialaufwand (MAUF) in Relation zur Gesamtleistung (GL) oder zum Umsatz in einer Periode. Da das Material in einem Produktions- und Handelsunternehmen den größten Kostenblock bildet, kommt einer Analyse dieser Position große Bedeutung zu.
   Wenn die Materialaufwandsquote zu hoch ist, kann man Maßnahmen z. B. bei der Einkaufsquelle oder aber bei dem eingesetzten Material ansetzen. Auch eine schlechte Preissituation auf dem Absatzmarkt kann die Ursache einer zu hohen Materialaufwandsquote sein.
2. Bei der Ermittlung der *Personalaufwandsquote* wird der Personalaufwand (PAUF) auch in Relation zur Gesamtleistung (GL) gesetzt.
   Eine zu hohe Personalaufwandsquote weist entweder auf ein zu hohes Lohn- bzw. Gehaltsniveau hin oder aber auf eine nicht optimale Produktivität (zu viel Personal bezogen auf die Leistung).
3. Die *Umsatzrendite* ist die wohl wichtigste Kennziffer zur Beurteilung der Leistung eines Unternehmens. Sie ist das Verhältnis von Betriebsergebnis (BERG) zur Gesamtleistung (GL) in einer Rechnungsperiode.
   Diese Kennziffer ist von Branche zu Branche sehr verschieden. Sie schwankt von 1% bei Handelsunternehmen bis zu 20% bei Unternehmen der Hochtechnologie oder der Mode. Grundsätzlich kann man sagen, daß die Umsatzrendite um so höher sein muß, je höher das Risiko ist, wie z. B. bei Unternehmen, die sehr stark von Modetrends abhängig sind. Da die Modetrends sehr schwer auszumachen sind, besteht für ein Unternehmen ein sehr hohes Risiko, da es mit seiner Kollektion leicht daneben liegen kann.

4. Schritt:

4. Mit der Ermittlung der *Debitorenlaufzeit* erhält man Aufschluß darüber, wie lange man im Durchschnitt seinen Kunden einen zinslosen Kredit gewährt. Die Kennzahl erhält man, indem man den durchschnittlichen Forderungsbestand (FORD) in Relation zum Umsatz (UMS) der Periode setzt.

Durch gezielte Maßnahmen kann nicht nur die Liquidität des Unternehmens, sondern auch die Ergebnisseite verbessert werden. Häufig wird dieser Punkt in der Praxis zu wenig beachtet. In diesem Zusammenhang sollten sich Ihre Überlegungen auch darauf konzentrieren, wie Sie sicherstellen können, daß die Rechnungen möglichst schnell nach der Leistungserbringung gestellt werden.

5. Eine weitere Kennziffer zur Beurteilung der Leistung eines Unternehmens ist die *Rentabilität*. Die Rentabilität ist das Verhältnis von Betriebsergebnis (BERG) einer Rechnungsperiode zu eingesetztem Gesamtkapital (GK). Bei der Ermittlung der Unternehmensrentabilität werden zum Gewinn noch die Fremdkapitalzinsen addiert. Die Eigenkapitalrentabilität ist dagegen das Verhältnis aus Gewinn zu Eigenkapital (EK).

Die Eigenkapitalrentabilität sollte mindestens so hoch sein, daß der Kapitalgeber eine kapitalmarktadäquate Verzinsung plus einen Inflationsausgleich erhält. Diese Mindestquote reicht aber noch nicht aus, um Investitionen oder ähnliche Aufwendungen zu finanzieren.

6. Die *Eigenkapitalquote* wird als Verhältnis von Eigenkapital inkl. eigenkapitalähnlichem Darlehen (EK) zur Bilanzsumme (BS) ausgedrückt. Da die Eigenkapitalquote eines der wichtigsten langfristigen strategischen Unternehmensziele ist, wie wir noch im Abschnitt 6.2 zeigen werden, muß diese Kennziffer laufend überwacht werden.

7. und 8. Die *lang- und kurzfristige Verschuldung* gibt ähnlich wie die Eigenkapitalquote Auskunft über die Kapitalsituation des Unternehmens. Diese beiden Kennziffern werden gebildet, indem man entweder das langfristige Kapital (LFK) oder das kurzfristige Kapital (KFK) in Relation zur Bilanzsumme (BS) setzt.

9. Das *Liquiditätsverhältnis* ist eine Kennzahl, die durch Gegenüberstellung des Umlaufvermögens (UV) mit dem kurzfristigen Fremdkapital (KFK) gebildet wird. Das Umlaufvermögen ist für den Umsatz bestimmt und steht deshalb dem Unternehmen im allgemeinen nur kurze Zeit zur Verfügung. Zum Umlaufvermögen gehören vor allem das Vorratsvermögen (Warenbestände), Forderungen, Guthaben und Kassenbestände. Das kurzfristige Fremdkapital setzt sich im wesentlichen aus den Lieferanten- und den kurzfristigen Bankkrediten zusammen.

Zur Sicherstellung der Liquidität sollte das Umlaufvermögen immer größer sein als die kurzfristigen Verbindlichkeiten. Die Kennziffer sollte deshalb nach Möglichkeit über 100% liegen.

Unternehmensanalyse

Arbeitsblatt Nr. 4.06: Bilanzanalyse

Beurteilungskriterien	Branchen-durchschnitt	eigener Betrieb	Jahr	
1. Materialaufwandsquote MAUF x 100 : GL	36%	32%	1	
			2	
			3	
2. Personalaufwandsquote PAUF x 100 : GL	39%	41%	1	
			2	
			3	
3. Umsatzrendite BERG x 100 : GL	3,5%	4,2%	1	
			2	
			3	
4. Debitorenlaufzeit in Tagen FORD x 360 : NUMS	42	50	1	
			2	3 = 19..
			3	
5. Eigenkapitalrendite BERG x 100 : EK	56	51	1	
			2	
			3	
6. Eigenkapitalquote EK x 100 : BS	18%	25%	1	
			2	2 = 19..
			3	
7. Langfristige Verschuldung LFK x 100 : BS	20%	15%	1	
			2	
			3	
8. Kurzfristige Verschuldung KFK x 100 : BS	62%	60%	1	
			2	1 = 19..
			3	
9. Liquiditätsverhältnis UV x 100 : KFK	73%	95%	1	
			2	
			3	
10. Lagerumschlagshäufigkeit NUMS x 100 : DLB	7,1	6,5	1	
			2	
			3	
11. Pro-Kopf-Umsatz UMS : MANZ	250 TDM	220 TDM	1	
			2	
			3	

4. Schritt:

10. Da die Lagerhaltung auch einen erheblichen Kostenblock verursacht, ist der Lagerbestand so gering wie möglich zu halten. Der Lagerbestand steigt in der Regel proportional zum Umsatz. Die Häufigkeit, mit der das Lager umgeschlagen wird, können Sie ermitteln, indem Sie den Nettoumsatz (NUMS) ins Verhältnis zum durchschnittlichen Lagerbestand (DLB) setzen. Je höher die *Lagerumschlagshäufigkeit* ist, um so geringer ist die Kapitalbindung (Zinsaufwand) und um so größer ist der Liquiditätsspielraum.
11. Die Kennziffer des *Pro-Kopf-Umsatzes* gibt ähnlich wie die Personalaufwandsquote Auskunft über die Produktivität des Unternehmens. Diese Kennziffer schwankt sehr stark zwischen den einzelnen Branchen (z. B. Produktion oder Handel) und ist auch stark abhängig von der Fertigungstiefe. Aus diesem Grunde sollte man nur wirklich ähnlich gelagerte Unternehmen miteinander vergleichen.

FAZIT *Nutzen Sie die Bilanzanalyse als Kompaß für die Kontrolle des Betriebsgeschehens Ihres Unternehmens. Wenn Sie Abweichungen zu den Vergleichszahlen feststellen, müssen Sie diese analysieren und evtl. notwendige Maßnahmen in Ihre Zielformulierungen aufnehmen.*

4.8 Die erkannten Mängel sind Ihre Erfolgschancen!

Wenn Sie bei den bisher durchgeführten Analysearbeiten auf keine Schwachstelle gestoßen sind, können wir Sie beglückwünschen, Sie können beruhigt einen vierwöchigen Urlaub auf den Bahamas antreten. Wenn Sie aber zahlreiche Mängel oder nicht ausreichend abgesicherte Gefahren ausgemacht haben, haben Sie die Chance, durch eine methodische Mängelbehebung den Erfolg Ihres Unternehmens weiter zu steigern.

Damit Sie einen Überblick über die Erkenntnisse aus diesen Analysearbeiten erhalten, tragen Sie alle festgestellten Mängel und Probleme, alle erkannten Gefahren und Risiken stichwortartig in das Arbeitsblatt Nr. 4.07 ein. Diese *Aktionsliste* ist dann einer der Ausgangspunkte für die Formulierung Ihrer operationalen Unternehmensziele.

Wenn Sie die Unternehmensanalyse zum ersten Mal durchführen, werden Sie eine so große Anzahl von Mängeln aufdecken, daß sie Sie in ihrer Vielzahl zu erschlagen drohen. Ähnlich wie bei der Tätigkeitsanalyse müssen Sie Ihre Kräfte konzentrieren. Dazu müssen Sie wieder jeden Mangel mit einer Priorität versehen, um dadurch zu einer Reihenfolge zu kommen, in der die Mängel ausgeräumt werden.

Die Ermittlung der Prioritäten erfolgt wieder auf die Weise, daß Sie sich zwei Fragen stellen:
1. *Wie wichtig ist die Beseitigung des Mangels für den Unternehmenserfolg?*
2. *Wie lange brauchen wir, um diesen Mangel zu beseitigen?*

zu 1: Bei dieser Frage müssen Sie sich zuerst überlegen, welche Unternehmensziele durch diesen Mangel nicht erreicht werden können. Des weiteren ist zu klären, welche Einsparung Sie durch die Beseitigung dieses Mangels erzielen oder wie hoch der Schaden durch das Eintreten des Risikos sein könnte.

zu 2: Auch über die Realisierbarkeit eines Mangels müssen Sie sich Klarheit verschaffen. Es hat wenig Sinn, sofort seine Kräfte auf einen Mangel zu konzentrieren, zu dessen Beseitigung zuerst eine Vielzahl von Voraussetzungen geschaffen werden muß.

Für jeden Mangel bilden Sie wieder eine Rangziffer zwischen 1 und 3, wie Sie es schon beim zweiten Arbeitsschritt bei der Aufgabenanalyse kennengelernt haben. Die Ziffer [1] bei der ersten Frage besagt, daß der Mangel sehr wichtig ist. Bei der zweiten Frage besagt die Ziffer [1], daß der Mangel sehr schnell realisierbar ist. Die festgelegten Rangziffern tragen Sie in die Spalten [w] und [s] der Aktionsliste ein. Die Priorität für die Reihenfolge der Behandlung der Mängel und Risiken ermitteln Sie wieder, indem Sie das arithmetische Mittel aus den Rangziffern [w] und [s] bilden und das Ergebnis in die Spalte [p] eintragen.

Ein Mangel, der die Priorität p = [1] erhält, ist der wirkungsvollste Mangel. Er ist nicht nur sehr wichtig, sondern er ist auch sehr schnell abzustellen. Er ist zuerst in Angriff zu nehmen, denn er trägt schnell und wirkungsvoll zur Verbesserung Ihres Unternehmenserfolges bei. Umgekehrt ist es bei den Mängeln mit der Priorität p = [3].

FAZIT

Wenn Sie zum ersten Mal die Unternehmensanalyse durchführen, dürfen Sie nicht den Fehler begehen, daß Sie zu viele Mängel auf einmal abstellen wollen. Die Aufstellung der Prioritäten hilft Ihnen, die gravierendsten Mängel herauszufinden. Wenn Sie zu viele Mängel in die Jahreszielplanung übernehmen, laufen Sie Gefahr, viele Ziele nicht zu erreichen. Enttäuschung macht sich dann unwillkürlich bei Ihnen und Ihren Mitarbeitern breit. Beginnen Sie deshalb am Anfang lieber mit kleinen Schritten!

4. Schritt:

Arbeitsblatt Nr. 4.07: Aktionsliste

lfd. Nr.	Aktionen	Priorität		
		w	s	p
1	Senkung des Energieverbrauches von Produkt A	1	2	1,5
2	Senkung der Herstellkosten von Produkt B	1	2	1,5
3	Verbesserung der Kundendienstorganisation	1	3	2
4	Einführung einer Altersversorgung	2	2	2
5	Verkaufsleitung für Produkt A einstellen	1	3	2
6	Technische Auftragsbearbeitung beschleunigen	2	2	2
7	Kapazität auf rückläufige Konjunktur einstellen	1	2	1,5
8	Maßnahmen gegen Umsatzrückgang erarbeiten	1	1	1
9	Maßnahmen erarbeiten gegen Billigangebote von Fa. Y	1	1	1
10	Abhängigkeit von Kunde Z reduzieren	1	3	2
11	Nachfolger für Unternehmer aufbauen	1	3	2
12				
13				
14				
15				
16				
17				
18				
19				
20				
21				
22				
23				
24				
25				
26				
27				
28				
29				
30				
31				
32				
33				
34				

5. Schritt: Formulieren Sie Ihre Unternehmensphilosophie

5.1 Der Zweck einer Unternehmensphilosophie

Wenn man Unternehmer nach ihrer Unternehmensphilosophie oder nach ihrem Unternehmensleitbild fragt, erlebt man meistens ein mitleidiges Lächeln. „Für so etwas haben wir keine Zeit" oder „wir können uns nicht festlegen, der Markt zwingt uns zu höchster Flexibilität". Diese oder ähnliche Ausreden hört man immer wieder.

IBM ist als eines der ersten Unternehmen bekannt geworden, das schon vor mehr als 60 Jahren die grundlegende Philosophie ihres Geschäftes schriftlich formulierte und dies allen Mitarbeitern bewußtmachte. Thomas Watson, der legendäre Präsident der IBM, sagte schon vor 60 Jahren: „Die Grundphilosophie eines Unternehmens hat mehr Einfluß auf seine Leistungsfähigkeit als technologische Ressourcen, Kapitalbasis und Organisationsstruktur zusammen." Daß diese Grundphilosophie bei diesem Unternehmen nicht leere „Sonntagsreden" blieben, wird heute jeder IBM-Mitarbeiter bestätigen.

Ziel der Unternehmensphilosophie muß es sein, alle Aktivitäten im Unternehmen in eine Richtung zu lenken, um damit die Anstrengungen aller wie durch einen Hohlspiegel zu verstärken. Eine Unternehmensphilosophie muß alle unternehmensbezogenen Maßstäbe und Richtlinien enthalten, die die Handlungen und das Verhalten der Mitarbeiter von oben bis unten prägen.

Eine gute Unternehmensphilosophie zeichnet sich dadurch aus, daß sie eine klare und ethisch fundierte Zwecksetzung des Unternehmens beschreibt. Eine Unternehmensphilosophie, die den Unternehmenszweck im reinen Gewinnerwirtschaften sieht, dürfte kaum motivierend sein. Vielmehr geht es darum, darzustellen, daß das Unternehmen eine sinnvolle und überzeugende Leistung zu erbringen hat.

Eine Unternehmensphilosophie als Zweckbeschreibung des Unternehmens schafft bei den Mitarbeitern ein gemeinsames Verständnis für die Tätigkeitsgebiete des Unternehmens und für das Verhältnis des Unternehmens zu seinen Mitarbeitern, zu den Kunden und zur Gemeinschaft. Eine Unternehmensphilosophie, die diese Aufgabe erfüllt, ist ein wirkungsvolles Motivationsinstrument, das besonders in Krisenzeiten eine unwahrscheinliche Eigendynamik entwickelt.

5. Schritt:

In zweiter Linie wendet sich die Unternehmensphilosophie auch an die Kunden, die sonstigen Geschäftspartner (Banken, Lieferanten usw.), die Öffentlichkeit und evtl. sogar an die Mitbewerber. Hier fällt ihr dabei die Aufgabe zu, bei diesen Partnern ein Vertrauensverhältnis zu schaffen. Dieses Vertrauensverhältnis wird besonders in Krisenzeiten zu einem Erfolgsfaktor.

Das Tätigkeitsgebiet und damit auch der Zweck eines Unternehmens lassen sich nicht ohne weiteres von heute auf morgen verändern. Aus diesem Grunde müssen auch die Aussagen einer Unternehmensphilosophie mindestens mittelfristig, d. h. für einen Zeitraum von ca. 5 Jahren, gültig sein.

Die Aussagen einer Unternehmensphilosophie legen den Rahmen für die Formulierung der Unternehmensziele und der Strategien fest. Die Erarbeitung bzw. Überprüfung sollte deshalb der Ausgangspunkt für alle langfristigen Überlegungen sein. Langfristig bedeutet, daß bei der Formulierung möglichst alle zukünftigen internen und externen Entwicklungen mit einzubeziehen sind und die festgelegten Leitlinien genügend Spielraum für zukünftige Anpassungen enthalten. Mit dieser Langfristigkeit wird auch eine Kontinuität in bezug auf die beteiligten Personen und deren Arbeit sichergestellt.

FAZIT *Unter einer Unternehmensphilosophie verstehen wir alle im Unternehmen geltenden Wertvorstellungen, Richtlinien und Meinungen, an denen sich das Verhalten des Unternehmers und das der Mitarbeiter ausrichten muß. Sie sollten Ihre Unternehmensphilosophie so gestalten, daß sie für Ihre Mitarbeiter ein Motivationsfaktor ist und bei Ihren Geschäftspartnern ein Vertrauensverhältnis schafft.*

5.2 Inhalt einer Unternehmensphilosophie

Jeder Mensch verfolgt mit jeder seiner Handlungen einen bestimmten Zweck. Sei es, daß er sich von einer bestimmten Handlung einen unmittelbaren Nutzen für sich selbst (z. B. die Nahrungsbeschaffung) verspricht oder für einen Dritten, um sich dadurch indirekt wieder einen Nutzen für sich selbst zu verschaffen (z. B. Dank oder Anerkennung – materiell oder immateriell). Der Zweck menschlichen Daseins oder unternehmerischen Handelns ist, einem Dritten in irgendeiner Form Nutzen zu bieten. Wer keinen Nutzen bietet, lebt ohne Zweck, seine Existenz ist sinnlos.

Unternehmensphilosophie

Der Zweck eines Unternehmens besteht darin, die Bedürfnisse einer bestimmten Zielgruppe entweder mit einem ganz bestimmten Warenangebot oder mit einer bestimmten Dienstleistung zu befriedigen. Die für den gebotenen Nutzen erhaltene „Nutzenernte" bildet die Grundlage für die Existenz des Unternehmens.

Durch den Unternehmenszweck wird festgelegt, wem das Unternehmen Nutzen bieten möchte. Ein privatwirtschaftliches Unternehmen muß mit einem entsprechenden Nutzenangebot die Bedürfnisse folgender Gruppen berücksichtigen (auf den Nutzen staatlicher oder gemeinnütziger Unternehmen wollen wir hier nicht eingehen):

1. Kunden
2. Mitarbeiter
3. Gemeinschaft
4. Unternehmer und Gesellschafter

Um existieren zu können, muß ein Unternehmen jeder dieser Gruppen Nutzen bieten. Das Problem dabei ist, daß jede dieser vier Gruppen anders gelagerte Ziele und Bedürfnisse hat, die sich zum Teil konträr gegenüberstehen.

Wir empfehlen Ihnen, den Aufbau Ihrer Unternehmensphilosophie nach diesen vier Gruppen vorzunehmen:

1. Der Kunde

Das oberste Ziel eines Kunden ist es, für sein Geld eine optimale Bedürfnisbefriedigung zu erzielen. Bei erfolgreichen Unternehmen fällt deshalb auch auf, daß sie extrem kundenorientiert sind und die Bedürfnisse ihrer Kunden immer im Mittelpunkt ihrer Aktivitäten stehen. Durch die Orientierung an den Bedürfnissen der Kunden wird sichergestellt, daß sich das Unternehmen mit den Problemen und Bedürfnissen der Kunden weiterentwickelt und so mit seinem Angebot nicht im Abseits landet. Die Produktentwicklung darf nicht zum Selbstzweck werden, sondern sie muß sich ausschließlich von den Bedürfnissen der Kunden leiten lassen. Die Orientierung an den Bedürfnissen der Kunden verhindert ein egozentrisches Produktdenken, das mit Sicherheit in eine Sackgasse führen würde.

Damit sich die Konsequenzen aus dieser Erkenntnis auch in allen Aktivitäten Ihres Unternehmens widerspiegeln, sollten Sie das Primat der Kundenorientierung in Ihrer Unternehmensphilosophie verankern.

Wenn Sie die Gedanken über die Kundenorientierung formulieren, müssen Sie auch ganz konkret ausführen, an welchen Kunden Sie sich orientieren wollen. Sie müssen als Vorgabe und als Erläuterung für Ihre Mitarbeiter die Zielgruppe

5. Schritt:

genau definieren, der Sie Ihre Produkte oder Dienstleistungen verkaufen wollen. Damit die Unternehmensphilosophie kurzfristig nicht wieder geändert werden muß, dürfen Sie die Abgrenzung der Zielgruppen nicht zu eng wählen.

Wenn Ihr Kunde ein Produkt kauft oder eine Ihrer Dienstleistungen in Anspruch nimmt, erwartet er für sein Geld nicht nur eine Befriedigung seiner Bedürfnisse, sondern er verknüpft mit dem Kauf auch bestimmte Wertvorstellungen wie *Qualität, Zuverlässigkeit, Sauberkeit, Freundlichkeit* usw. Um dieser Erkenntnis Rechnung zu tragen, haben sich deshalb erfolgreiche Unternehmen für ihr Angebot eine richtige Wertehierarchie festgelegt. So rangiert bei Daimler-Benz z. B. an erster Stelle „Sicherheit", und an zweiter Stelle kommen dann Begriffe wie „Komfort", „Qualität", „Wirtschaftlichkeit" usw. Bei Produktionsunternehmen trifft man häufig eine Mischung aus Qualitäts- und Servicebewußtsein an. Dienstleistungsunternehmen dagegen verfolgen mehr die Werte Sauberkeit oder Freundlichkeit.

Warum übrigens viele Unternehmen den Wertebegriff „Qualität" in ihre Unternehmensphilosophie aufgenommen haben, hat nach Peters und Watermann zwei Gründe:

a) Wenn die Qualität stimmt, ist man die Sorge los, etwas zweimal machen zu müssen. Deshalb ist eine günstige Kostenentwicklung die Folge von ständigem Qualitätsbewußtsein.

b) Qualität spornt zur Produktivitätssteigerung an und lenkt den Blick des Mitarbeiters nach draußen. Die Verfolgung des Qualitätsgedankens führt zu einem innovativen Denken, denn mit jedem Produkt soll der Kunde bestmöglich bedient werden.

Bei der Festlegung dieser Wertbegriffe gilt auch wieder der Grundsatz, daß jeder Wertebegriff möglichst konkret formuliert wird. Nur aus konkreten Vorgaben lassen sich detaillierte Zielvorgaben ableiten, die sich auch kontrollieren lassen. So ist z. B. die Formulierung „hohe Qualität" nicht aussagefähig genug. Dieser Begriff enthält Unterbegriffe wie „Frische" (z. B. bei Lebensmitteln), „lange Lebensdauer" (z. B. bei Gebrauchsgütern) usw. Diese Unterbegriffe müssen Sie in Ihrer Unternehmensphilosophie möglichst konkret definieren.

Jedes Unternehmen sollte sich zum Ziel setzen, in einem der Wertepunkte der Beste sein zu wollen. Dieser Punkt wird dann von manchen Unternehmen zu einem *Firmenslogan* formuliert, der sich dann wie ein roter Faden durch alle Werbeaussagen und Geschäftsdrucke zieht (z. B.: „Audi – Vorsprung durch Technik" oder „Bauknecht weiß, was Frauen wünschen").

„Ein derartig sichtbar gelebtes Wertesystem schafft ein Klima der Begeisterung. Das Gefühl, zu den Besten zu gehören, selbst an anerkannter Qualität oder an führender Technologie mitgewirkt zu haben, erfüllt die Mitarbeiter mit Stolz. Vor allem Mitarbeiter auf der unteren Hierarchiestufe werden durch ein derartiges Wertesystem motiviert. Voraussetzung ist, daß die vorgegebenen Werte auch glaubwürdig sind. Ein klares Wertesystem aufzubauen und es mit Leben zu erfüllen, sind die größten Leistungen, die ein Unternehmer vollbringen muß", sagen Peters und Watermann.

2. Der Mitarbeiter

Die Mitarbeiter sind die Seele eines Unternehmens und der Schlüssel zum Erfolg. Ein Unternehmen ist wie seine Mitarbeiter. Sind diese engagiert, flexibel, sachkundig und erfolgreich, dann ist auch das ganze Unternehmen erfolgreich.

In Ihrem Unternehmen sollte deshalb der Mitarbeiterbehandlung innerhalb der Unternehmeraufgaben ein ganz zentraler Stellenwert eingeräumt werden. Diese Einstellung müssen Sie dadurch dokumentieren, daß Sie die Grundsätze der Mitarbeiterführung (auf die wir im Abschnitt 10.1 zu sprechen kommen werden) in Ihrer Unternehmensphilosophie festhalten.

So muß in Ihrer Unternehmensphilosophie auch der Führungsstil definiert werden, der in Ihrem Unternehmen nicht nur von Ihnen selbst, sondern auch von allen anderen Führungskräften praktiziert werden soll.

Mitarbeiter können Sie am wirkungsvollsten und dauerhaftesten motivieren, wenn Sie ihrer Arbeitsleistung einen entsprechend hohen Nutzen gegenüberstellen. Diesen Nutzen, den Sie Ihren Mitarbeitern bieten wollen, müssen Sie in Ihrer Unternehmensphilosophie verständlich und glaubhaft formulieren. Dieser Nutzen könnte beispielsweise darin bestehen, daß

- die Mitarbeiter gut und gerecht entlohnt werden,
- bestimmte freiwillige Sozialleistungen den Mitarbeitern zugute kommen,
- die Arbeitsplätze nach neuesten Erkenntnissen gestaltet werden,
- die Mitarbeiter durch Schulungen Aufstiegschancen im Unternehmen haben oder
- der Sicherheit der Arbeitsplätze ein hoher Stellenwert eingeräumt wird.

Daß diese Nutzenleistungen nur aus dem Unternehmensgewinn finanziert werden können, muß allen Mitarbeitern deutlich gemacht werden.

3. Die Gemeinschaft

Jedes Unternehmen ist ein Teil der gesamten Volkswirtschaft und als solches eng mit deren Entwicklung verbunden. Um langfristig erfolgreich sein zu können,

5. Schritt:

darf auch Ihr Unternehmen nicht gegen die Interessen der Gemeinschaft (Stadt, Land, Gemeinde) und deren Ziele arbeiten, sondern es muß sich harmonisch in diese Gemeinschaft einfügen und ihr außerdem auch einen Nutzen bieten. Die Unternehmensphilosophie muß deshalb auch Aussagen darüber enthalten, auf welchen Gebieten Ihr Unternehmen der Gemeinschaft welchen Nutzen bieten möchte. Das könnten z. B. folgende Punkte sein:

- Schaffung von Arbeitsplätzen
- Ausbildung von Jugendlichen
- Unterstützung von sozialen Einrichtungen
- Bezahlung von Steuern

Auch die Sorge um die Lebensqualität der Bürger gehört erwähnt, wie z. B. die Bemühung Ihres Unternehmens, die Belastung der Umwelt mit Lärm, Abgasen und Abwasser so gering als möglich zu halten. Durch diese Bemühung, die natürlich durch entsprechendes Handeln dokumentiert werden muß, wird das Image Ihres Unternehmens in der Öffentlichkeit positiv geprägt, was sich langfristig auch in Nutzen für Ihr Unternehmen auswirkt (beispielsweise in der schnellen Genehmigung eines Baugesuches).

4. Die Geschäftspartner

Zu dem Grundsatz eines „ordentlichen Kaufmanns" gehört auch, daß ein Unternehmen seine Lieferanten und auch Mitbewerber fair behandelt. Auch im Verhältnis zu diesen Partnern ist es wichtig, daß ein Vertrauensverhältnis aufgebaut wird, wobei der daraus resultierende Nutzen besonders in Krisenzeiten sichtbar wird. Lieferanten und Mitbewerbern sollten Sie diese Geisteshaltung dokumentieren, indem Sie Ihre Einstellung zu diesem Punkt auch in Ihrer Unternehmensphilosophie formulieren.

5. Der Unternehmer und die Gesellschafter

Auch Sie als Unternehmer oder Manager und die Gesellschafter Ihres Unternehmens erwarten durch das Wirtschaften des Unternehmens einen Nutzen.

Einem Unternehmer oder Manager, dessen Ziele und Vorstellungen durch seine Tätigkeit im Unternehmen nicht erfüllt werden, fehlt die notwendige Motivation, um das Unternehmen erfolgreich zu führen. Der „materielle Nutzen" spielt hierbei sicherlich nicht die wichtigste Rolle. Die Erfolgserlebnisse sind sicherlich viel wichtiger. Sie sind es, die die Strapazen eines langen Arbeitstages vergessen lassen.

Die Gesellschafter erwarten von Ihrem Unternehmen, daß ihr eingesetztes Kapital erhalten und angemessen verzinst wird. Dieses Ziel kann nur realisiert

Unternehmensphilosophie

werden, wenn das Unternehmen erfolgreich arbeitet und dabei einen entsprechenden Gewinn erwirtschaftet. Auch diese Gedanken sollten Sie in Ihrer Unternehmensphilosophie verankern.

Bevor Sie mit der Formulierung der Unternehmensphilosophie beginnen, sollten Sie auf je einem Blatt Papier einmal aufschreiben, welchen Nutzen das Unternehmen diesen vier genannten Interessengruppen bieten kann und bieten will. Es empfiehlt sich, von einer Arbeitsgruppe, bestehend aus den Führungskräften des Unternehmens, ebenfalls diese Vorarbeit ausarbeiten zu lassen.

Die endgültige Formulierung der Unternehmensphilosophie sollte dann von Ihnen und diesem Arbeitsteam durchgeführt werden. Die Beteiligung der Führungskräfte an dieser Arbeit stellt sicher, daß auch die Vorstellungen der Mitarbeiter mit einbezogen werden. Dies ist für die spätere Akzeptanz der Unternehmensphilosophie durch die Mitarbeiter von größter Bedeutung. Wenn Ihre Mitarbeiter nicht hinter Ihrer Unternehmensphilosophie stehen, wird sie nie mit Leben erfüllt werden, sondern bleibt immer Makulatur.

Auf der folgenden Seite haben wir einen Gliederungsvorschlag für eine Unternehmensphilosophie zusammengestellt. Diese Gliederung basiert auf den zuvor gemachten Ausführungen und enthält darüber hinaus noch einige Stichworte zu speziellen Unternehmensbereichen.

FAZIT *In Ihrer Unternehmensphilosophie sollten Sie klar den Nutzen herausstellen, den Ihr Unternehmen seinen Kunden, seinen Mitarbeitern, der Gemeinschaft, Ihnen selbst und Ihren Gesellschaftern bieten möchte.*
Beteiligen Sie Ihre Mitarbeiter an der Formulierung der Philosophie Ihres Unternehmens, um eine stärkere Identifikation zu erreichen.

5.3 Probleme bei der Durchsetzung der Unternehmensphilosophie

Auf Dauer kann ein Unternehmen nur dann erfolgreich sein, wenn die Mitarbeiter motiviert sind und alle „an einem Strang ziehen". Wie wir betont haben, hat die Unternehmensphilosophie die Aufgabe, diese Motivation und Gleichrichtung aller Aktivitäten Ihres Unternehmens quasi als „Katalysator" in Gang zu setzen. Im folgenden wollen wir Ihnen einige Probleme aufzeigen, die Ihnen bei der Durchsetzung Ihrer Unternehmensphilosophie entstehen können.

5. Schritt:

Inhalt einer Unternehmensphilosophie

1. Zweck der Unternehmensphilosophie
   - Leitlinie für die Unternehmensziele und -aktivitäten
   - Beschreibung des Tätigkeitsgebietes des Unternehmens

2. Wer und was sind wir?
   - Entstehungsgeschichte des Unternehmens
   - Fähigkeiten und Ressourcen des Unternehmens
   - Bisherige und zukünftige Erfolgsfaktoren des Unternehmens
   - Das Leistungsprogramm des Unternehmens
   - Innovationspolitik (intern und extern)
   - Zukünftige Entwicklung (Wachstumspolitik)
   - Werte-Philosophie (Qualität, Freundlichkeit etc.)
   - Leitsatz (Slogan)

3. Unsere Kundenphilosophie
   - Zielgruppen des Unternehmens
   - Kundenbedürfnisse als Mittelpunkt
   - Absatzpolitik (Vertriebsweg – Fachhandelstreue, Serviceleistungen etc.)

4. Unsere Führungs- und Personalpolitik
   - Grundsätze der Unternehmensführung (Zielorientierung, Delegation etc., siehe auch Kapitel 8)
   - Informationssystem
   - Vorschlagswesen
   - Weiterbildung
   - Arbeitsplatzgestaltung
   - Sozialleistungen und -einrichtungen
   - Beziehung zu Betriebsrat und Gewerkschaft
   - Grundsätze der Entlohnung (Gerechtigkeit)

5. Unser Verhältnis zur Gemeinschaft
   - Bereitstellung und Sicherung von Arbeitsplätzen
   - Bezahlung von Steuern
   - Ausbildung von Jugendlichen
   - Schutz der Umwelt und der Ressourcen bei der Produktion und durch die Erzeugnisse
   - Unterstützung von öffentlichen Einrichtungen
   - Faire Partnerschaft mit Lieferanten und Mitbewerbern
   - Aktive Unterstützung der Gesellschaftsordnung
   - Öffentlichkeitsarbeit (Grundsatz der Wahrheit)

6. Die Verpflichtung gegenüber unseren Gesellschaftern
   - Sicherung des Unternehmens (Kapital)
   - Angemessene Verzinsung des eingesetzten Kapitals
   - Finanzpolitik (Solide Finanzierung, Begrenzung von Risiken, Kredit-, Bilanz-, Gewinnpolitik)

Unternehmensphilosophie

Das erste Problem bei der Durchsetzung einer Unternehmensphilosophie könnte darin bestehen, daß diese von Ihren Mitarbeitern nicht akzeptiert wird, weil sie nicht mit Leben erfüllt ist. Sie bleibt dann Makulatur und der mit ihr beabsichtigte Zweck wird nicht erreicht. Eine gute Unternehmensphilosophie erreicht ihre motivierende Wirkung nur dann, wenn folgende Voraussetzungen erfüllt sind:

- Die Formulierungen müssen einfach, verständlich und glaubhaft sein.
- An der Formulierung der Unternehmensphilosophie müssen neben dem Unternehmer/Manager alle Verantwortung tragenden Mitarbeiter und auch der Betriebsrat beteiligt werden.
- Die Formulierungen müssen möglichst konkret gehalten sein, so daß sie von jedermann auch kontrolliert werden können.
- Neben einem sinnvollen Unternehmenszweck müssen in der Unternehmensphilosophie positive Aussagen über die Zukunftsperspektiven des Unternehmens enthalten sein, damit Ängste abgebaut werden bzw. gar nicht erst entstehen können.

Von entscheidender Bedeutung für die Akzeptanz Ihrer Unternehmensphilosophie ist, daß die formulierten Leitsätze mit Leben erfüllt werden. Hier sind besonders Sie angesprochen, da Sie nach dem Vormacherprinzip dafür sorgen müssen, daß der Geist Ihrer Unternehmensphilosophie in alle wichtigen unternehmerischen Entscheidungen einfließt.

Es hat sich als sehr sinnvoll erwiesen, die Formulierung der Unternehmensphilosophie einmal jährlich auf ihre Aktualität hin zu überprüfen. Zu diesem Zweck sollten Sie sich gemeinsam mit den an der Formulierung beteiligten Führungskräften und auch evtl. dem Betriebsrat zusammensetzen und kritisch prüfen, inwieweit die einzelnen Leitsätze befolgt wurden und ob sie evtl. neuen Entwicklungen angepaßt werden müssen.

Das zweite Problem, eine Unternehmensphilosophie mit Leben zu erfüllen, besteht darin, daß sie sich nicht genügend bei den Mitarbeitern einprägt und deshalb in Vergessenheit gerät.

Der mit der Einführung einer Unternehmensphilosophie verfolgte Zweck wird sicherlich nicht erreicht, wenn Sie sich damit begnügen, die Unternehmensphilosophie am schwarzen Brett auszuhängen oder in der Firmenzeitschrift abzudrucken. Die Unternehmensphilosophie ist erklärungsbedürftig. Deshalb wäre es ideal, wenn Sie selbst als Unternehmer Zweck, Inhalt und Geist der Unternehmensphilosophie jedem Mitarbeiter in einem persönlichen Gespräch erläutern würden. Diese Vorgehensweise ist aber aus verständlichen Gründen nicht praktikabel, zumindest nicht in größeren Betrieben.

5. Schritt:

Es bietet sich an, daß Sie die endgültige Formulierung der Unternehmensphilosophie auf einer Betriebsversammlung vortragen und die Erläuterung in Einzelgesprächen Ihren Führungskräften übertragen wird. Für diese Aufgabe müssen Sie Ihre Führungskräfte allerdings auch gründlich schulen. Durch diese Schulung erreichen Sie außerdem, daß Ihre Führungskräfte auch optimal motiviert werden.

Für die Führungskräfte ist die Unternehmensphilosophie ja ein zweischneidiges Schwert. Einerseits soll die Unternehmensphilosophie helfen, die Mitarbeiter zu motivieren, andererseits übernehmen die Führungskräfte die Verpflichtung, sich an den Leitlinien der Unternehmensphilosophie messen zu lassen. Aus der Unternehmensphilosophie wird für Sie erst dann ein echtes Führungsinstrument, wenn Ihre Führungskräfte bereit sind, ihr Handeln und ihre Entscheidungen mit diesen Leitlinien zu begründen.

Der Vortrag durch den Unternehmer und die Erläuterung durch die Führungskräfte alleine genügen aber nicht, um sicherzustellen, daß die Unternehmensphilosophie nicht in Vergessenheit gerät. Der Mitarbeiter muß vielmehr die Unternehmensphilosophie auch schriftlich in die Hand bekommen, so daß er sie mit nach Hause nehmen kann, um sie auch seinen Familienangehörigen zeigen zu können. Sie sollten deshalb die endgültige Formulierung in einer ansprechenden Form drucken lassen und sie allen Mitarbeitern aushändigen. Außerdem müssen Sie alle schriftlichen und mündlichen Kommunikationsmittel nutzen, um die Unternehmensphilosophie immer wieder in Erinnerung zu rufen.

Wenn Ihre Unternehmensphilosophie nicht die genannten Voraussetzungen erfüllt und diese beiden geschilderten Probleme nicht bestens gelöst sind, degeneriert sie sehr schnell zum „Wort zum Sonntag".

Ihren Kunden und der Öffentlichkeit können Sie den Inhalt Ihrer Unternehmensphilosophie z. B. in Verbindung mit der Vorstellung eines neuen Produktes oder mit einer gezielten Werbeaktion vorstellen. Ihre Unternehmensphilosophie kann dadurch zu einem wichtigen Baustein der Selbstdarstellung werden.

Wenn Sie Ihre Unternehmensphilosophie nach der zuvor beschriebenen Weise formulieren, ist sie sicherlich sehr umfangreich und prägt sich deshalb bei Ihren Mitarbeitern nur langsam ein. Eine Unternehmensphilosophie erreicht ihren Zweck aber nur dann, wenn sie bei allen Aktivitäten und Entscheidungen von Unternehmer und Mitarbeiter allgegenwärtig ist.

Wir empfehlen Ihnen, aus dieser umfangreichen Formulierung ein Konzentrat zusammenzustellen, das die wichtigsten Aussagen Ihrer Unternehmensphilosophie in knappen Worten enthält. Dieses Konzentrat nennen wir dann „Grundsätze" oder „Leitlinie" der Unternehmenspolitik. Auf den folgenden Seiten

Unternehmensphilosophie

haben wir vier Formulierungen der Firmen Mövenpick, IBM, Daimler-Benz und Johnson & Johnson wiedergegeben, die unseres Erachtens sehr gut gelungen sind.

Damit sich die „Grundsätze der Unternehmenspolitik" bei allen Mitarbeitern einprägen, empfiehlt es sich, diese als Poster in jedem Büro, an jeder Stempeluhr oder an sonstigen, häufig frequentierten Plätzen aufzuhängen. Es sollte erreicht werden, daß sich jeder Mitarbeiter immer wieder mit diesen Grundsätzen auseinandersetzt, so daß sie ihm in Fleisch und Blut übergehen.

Auf eine Gefahr bei der Einführung der Unternehmensphilosophie möchten wir Sie noch hinweisen: Ein Zelebrieren der Unternehmensphilosophie nach außen geht schief, wenn es innen in Ihrem Unternehmen nicht stimmt. Bevor man an die Öffentlichkeit tritt, sollten intern zumindest die Voraussetzungen für die Akzeptanz der Unternehmensphilosophie geschaffen sein.

FAZIT *Bestimmte Voraussetzungen bei der Formulierung, das intensive Bekanntmachen und das sichtbare Vormachen durch Unternehmer und Führungskräfte sind erforderlich, damit die mit der Einführung Ihrer Unternehmensphilosophie verfolgten Ziele, nämlich die Schaffung eines Vertrauensverhältnisses zu den Kunden und die Motivation der Mitarbeiter, erreicht werden. Wenn diese Voraussetzungen erfüllt sind, wird Ihre Unternehmensphilosophie zu einem echten Erfolgsfaktor.*

Leitsatz von Daimler-Benz:

„Die Daimler-Benz AG produziert unter dem Markennamen Mercedes-Benz Personenwagen des oberen Marktsegments sowie Nutzfahrzeuge und Industriemotoren. Bei allen Produkten hat höchste Qualität, Sicherheit und ein ausgewogenes Konzept höchste Priorität. Der Kunde kann mit Mercedes-Benz Fahrzeugen unterschiedlichste Transportaufgaben wirtschaftlich und zuverlässig erfüllen und wird von einem weltweiten Kundendienstnetz optimal betreut."

Die zehn Mövenpick-Grundsätze

1. *In unserer Forderung nach maximaler Qualität bei den Waren, die wir einkaufen und verkaufen, machen wir keine Kompromisse.*

5. Schritt:

2. *Unser breites und sorgfältig ausgewähltes Angebot vermittelt einen Ausdruck der Lebensfreude.*
3. *Unser Standard in bezug auf Sauberkeit und Reinlichkeit ist extrem hoch.*
4. *Die Atmosphäre in unseren Restaurants ist freundlich und entspannend.*
5. *Alles, was wir in unserer Organisation verbessern können, muß unseren Kunden in der Form dienen, daß sie einen höheren Gegenwert für ihr Geld erhalten.*
6. *Wir wollen auf alles stolz sein, was wir unseren Kunden anbieten.*
7. *Wir wollen unser Unternehmen so führen, daß wir als fair gelten und daß man uns weiterempfiehlt.*
8. *Wir wollen unsere Kunden aufmerksam und zuvorkommend bedienen.*
9. *Wir verlangen von unseren Angestellten, daß sie zueinander liebenswürdig und freundlich sind und zu jeder Zeit ein hohes Maß an Kameradschaft demonstrieren.*
10. *Alles was wir unternehmen, muß den Stempel unserer Organisation tragen: Jung, frisch, gut und freundlich.*

Unternehmensgrundsätze der IBM

1. **Wachstum**
   „Wir wollen mindestens in gleichem Maße – wenn möglich sogar schneller – wachsen wie unsere Branche."
2. **Führend in Produkten**
   „Wir wollen führend sein mit unseren Produkten und Dienstleistungen, d. h. mit deren Anwendungsnutzen, Technologie und Qualität."
3. **Größte Effizienz**
   „Wir wollen unsere Ergebnisse effizient, d. h. mit niedrigsten Kosten erzielen."
4. **Gewinnerzielung**
   „Wir wollen den Gewinn als Basis unseres Wachstums mindestens in gleichem Maße wie den Umsatz steigern."

Leitlinien der Firma Johnson & Johnson
(Auszug)

– *Wir glauben, daß wir zuallererst den Ärzten, Krankenschwestern und Patienten, den Müttern und allen anderen, die unsere Produkte und Dienstleistungen nutzen, verpflichtet sind.*
– *Zur Erfüllung ihrer Bedürfnisse muß alles, was wir tun, von hoher Qualität sein.*

Unternehmensphilosophie

- *Wir müssen uns ständig darum bemühen, unsere Kosten zu senken, um vernünftige Preise halten zu können.*
- *Unsere Zulieferer und Händler müssen eine Chance haben, ihrerseits einen fairen Gewinn zu erzielen.*
- *Wir sind unseren Mitarbeitern verpflichtet. Wir müssen ihre Würde achten und ihre Leistung anerkennen.*
- *Unsere Mitarbeiter müssen ein Gefühl der Arbeitsplatzsicherheit haben.*
- *Der Lohn muß fair und angemessen sein, es müssen saubere, geregelte und sichere Arbeitsbedingungen herrschen.*
- *Wir müssen für kompetente Führungskräfte sorgen, ihr Handeln muß gerecht und ethisch einwandfrei sein.*
- *Alle Mitarbeiter haben gleiche Entwicklungs- und Beförderungschancen.*
- *Wir müssen mit neuen Ideen experimentieren. Wir müssen weiter forschen und innovative Programme entwickeln.*
- *Wir haben eine Verpflichtung gegenüber den Gemeinden, in denen wir leben und arbeiten.*
- *Wir müssen soziale Verbesserungen fördern und uns für ein besseres Gesundheits- und Bildungswesen einsetzen.*
- *Wir müssen die Umwelt und die natürlichen Ressourcen schützen.*
- *Wir sind unseren Anteilseignern verpflichtet. Wenn wir uns an diese Prinzipien halten, werden sie eine faire Kapitalrendite realisieren.*

5.4 Unternehmensphilosophie der Firma BEISPIEL GmbH

1. Einleitung

Diese Unternehmensphilosophie ist ein Bekenntnis der Unternehmensleitung und aller Führungskräfte dieses Unternehmens und beschreibt den Zweck dieses Unternehmens. Sie ist ein Leitbild für alle Aktivitäten sowohl der Geschäftsführung als auch aller Mitarbeiter.

Als Leitbild soll die Unternehmensphilosophie schwerpunktmäßig darauf abzielen, bei unseren Mitarbeitern ein gemeinsames Verständnis für die Tätigkeitsgebiete des Unternehmens zu schaffen. Außerdem soll das Verhältnis des Unternehmens zu seinen Kunden und zur Gemeinschaft festgehalten werden. Somit stellt die Unternehmensphilosophie den Handlungsrahmen dar, von dem unsere Mitarbeiter die Verhaltensrichtlinien für alle Aktivitäten und täglichen Arbeiten ableiten. Damit wird sichergestellt, daß alle Mitarbeiter an einem Strang ziehen.

Diese Unternehmensphilosophie soll außerdem dazu beitragen, daß sich die Verständigung und die zwischenmenschlichen Beziehungen zwischen unseren Mitarbeitern verbessern.

5. Schritt:

2. Was wir sind und was wir sein wollen

Das Bauunternehmen BEISPIEL GmbH wurde 1928 von Fritz Beispiel gegründet und hat sich bis heute zu einem angesehenen Unternehmen im Raum B-Stadt entwickelt. Unser mittelständisches Unternehmen ist ein reines Familienunternehmen, das heute von der zweiten Generation geführt wird. Es ist unser Ziel, dieses Unternehmen im Interesse unserer Kunden und Mitarbeiter als solides, mittelständisches Familienunternehmen weiter zu entwickeln.

Als Bauunternehmen haben wir uns ein großes Know-how auf folgenden Gebieten erworben:

- *schlüsselfertiger Wohnhausbau*
- *schlüsselfertiger Gewerbebau*

Dieses in langer Tradition erworbene Know-how werden wir auch in Zukunft ständig verbessern, um unsere führende Marktposition weiter ausbauen zu können. Den Erfolg in den zurückliegenden Jahren führen wir vor allem auf folgende Faktoren zurück:

- *Hohe Qualität der Bauausführungen*
- *Günstiges Preis-/Leistungsverhältnis*
- *Absolute Zuverlässigkeit*
- *Überzeugende Ideen*

Gute Bauleistungen können nur von einem soliden und finanziell starken Unternehmen erbracht werden. Es war deshalb immer unser Grundsatz, und wird es auch in Zukunft sein, die finanziellen Reserven des Unternehmens auf einem entsprechenden Niveau zu halten.

3. Unsere Kundenphilosophie

Unser Unternehmen lebt von den Aufträgen unserer Kunden. Unsere Angebote werden aber erst dann zu lohnenden Aufträgen, wenn wir die Bedürfnisse der Kunden besser befriedigen als unsere Mitbewerber. Die Bedürfnisse unserer Zielgruppen zu ergründen und Maßnahmen zu ihrer Befriedigung zu ersinnen, muß deshalb eine unserer Hauptaufgaben sein. Die Orientierung an den Bedürfnissen unserer Zielgruppen stellt sicher, daß wir uns mit diesen Bedürfnissen weiterentwickeln und so mit unserem Angebot nicht im Abseits landen.

Mit unserem Know-how, unseren Ressourcen und unseren Fähigkeiten werden wir uns innerhalb des Baumarktes vor allem auf folgende Zielgruppen konzentrieren:

- *Bauherrn für Einfamilienhäuser*
- *Bauherrn für gewerbliche Gebäude*

Unternehmensphilosophie

Diesen Zielgruppen bieten wir schlüsselfertige

- *Einfamilienhäuser für einfache und exklusivste Ansprüche,*
- *gewerbliche Gebäude für Verwaltungen,*
- *gewerbliche Gebäude für Produktion und Lager*

an. Auf dieses Leistungsprogramm werden wir uns auch in Zukunft konzentrieren und es durch ständige Verbesserungen immer besser an die Bedürfnisse der Kunden anpassen.

Unsere zuvor erwähnten Erfolgsfaktoren basieren ausschließlich auf den Bedürfnissen unserer Kunden. Speziell folgende Faktoren werden wir in Zukunft pflegen und weiter ausbauen:

- *Die* **Qualität** *unserer Bauausführungen werden wir nicht nur an den allgemeinen Normen ausrichten, sondern sie bewußt pflegen, um uns von den Wettbewerbern abzuheben. Unter Qualität verstehen wir vor allem eine saubere Ausführung und die Verwendung guter Materialien. Überdurchschnittliche Qualität werden wir aber nur dort anbieten, wo sie dem Kunden auch einen echten Nutzen bietet.*
- *Höhere Qualität, die auch ihren Preis kostet, erfordert selbstverständlich eine entsprechende* **Beratung.** *Wir werden deshalb den Kunden zu seinem eigenen Nutzen so beraten, daß er für sein Geld ein Höchstmaß an Gegenwert erhält. Wir wollen, daß unsere Kunden mit unseren Bauausführungen bestens zufrieden sind und uns gerne weiterempfehlen.*
- *Jeder Auftraggeber erwartet von uns ein* **günstiges Preis-/Leistungsverhältnis.** *Gerade in der Bauindustrie werden in Zukunft nur die Unternehmen weiter erfolgreich sein, die dieses Verhältnis günstig gestalten können. Bei den zuvor genannten Qualitätsvorgaben kann dieses Ziel nur erreicht werden, wenn auf der Kostenseite stets das Optimum angestrebt wird.*
- *Die* **Zuverlässigkeit** *spielt in unserer Branche eine große Rolle, da unzuverlässige Bauunternehmen für den Bauherrn ein großes Risiko darstellen. Wir wollen immer als absolut zuverlässiger Partner gelten, deshalb werden wir immer auf die Einhaltung folgender Punkte achten:*
  - *Terminliche und sonstige Zusagen müssen unbedingt eingehalten werden.*
  - *Kostenbudgets dürfen nicht überschritten werden.*
  - *Von Qualitätszusagen darf nicht abgewichen werden.*
  - *Wir nehmen nur Aufträge an, die wir finanziell verkraften können.*
- *In unserer Branche herrscht ein starker Verdrängungswettbewerb. Wir wollen diesen Wettbewerb nicht durch Niedrigpreise, sondern durch bessere Ideen bestehen. Durch gezielte, bedarfsorientierte* **Innovationen** *wollen wir erfolgreich sein. Das stellt hohe Anforderungen an die Kreativität unserer Mitarbeiter in allen Bereichen und auf allen Ebenen unseres Unternehmens.*

5. Schritt:

Aus diesen verschiedenen Grundsätzen haben wir uns folgendes Motto als Leitsatz gewählt:
    „Mit BEISPIEL baut man auf Nummer Sicher"
Dieser Leitsatz soll unseren Kunden deutlich machen, daß das Bauen mit unserem Unternehmen eine absolut sichere Sache ist, da wir in puncto Zuverlässigkeit keine Kompromisse eingehen. Bauen ist Vertrauenssache. Vertrauen kann man aber nur zu einem sicheren Partner haben.

4. Unsere Führungs- und Personalpolitik

Unser Unternehmen hat heute in der Baubranche eine führende Stellung, die wir hauptsächlich unseren Mitarbeitern verdanken. Ein Unternehmen ist wie seine Mitarbeiter. Sind diese engagiert, flexibel, sachkundig und erfolgreich, dann ist auch das ganze Unternehmen leistungsfähig und erfolgreich. Auf dieser Überzeugung basiert unsere gesamte Führungs- und Personalpolitik.

Die Schaffung und Erhaltung eines Vertrauensverhältnisses zwischen der Geschäftsleitung, den Führungskräften und den Mitarbeitern hat höchste Priorität in unserer Personalpolitik. Ausgangspunkt dieser Bemühung ist die Integration der Ziele unserer Mitarbeiter in die Unternehmensziele.

In unserem Unternehmen praktizieren wir einen kooperativen Führungsstil. Dieser Führungsstil bedeutet klar definierte Leistungsziele für jeden mit viel Freiraum für Eigeninitiative. Damit geben wir unseren Mitarbeitern die Möglichkeit, Ideen nicht nur zu haben, sondern sie auch zu artikulieren und an ihrer Realisierung mitzuwirken. Die damit verbundene Übernahme von Verantwortung bedeutet, daß die Mitarbeiter entsprechend ihrer Qualifikation am unternehmerischen Entscheidungsprozeß beteiligt werden. Durch diese Einbindung der Mitarbeiter in die Mitverantwortung wollen wir die Arbeitsfreude, die Zufriedenheit und das Engagement verbessern.

In unserem Unternehmen haben alle Mitarbeiter die Einstellung, daß man für eine Gegenleistung erst einmal einen entsprechenden Nutzen bieten muß. Unsere Mitarbeiter lösen deshalb mit Begeisterung die Probleme und Bedürfnisse unserer Kunden.

Besonders in einem Bauunternehmen hängt der Erfolg sehr stark von der Qualifikation und dem Einsatz der Mitarbeiter ab. Durch die Ausbildung Jugendlicher und gezielte Weiterbildungsmaßnahmen haben wir uns einen Mitarbeiterstamm geschaffen, dem wir unseren bisherigen Erfolg mit verdanken.

Durch Aus- und Weiterbildung wollen wir nicht nur die Qualifikation unserer Mitarbeiter erhöhen, sondern wir wollen sie in ihrem Gedeihen fördern und ihren persönlichen Lebenserfolg steigern.

Unternehmensphilosophie

Die Besetzung neuer, verantwortungsvoller Positionen werden wir vorzugsweise aus eigenen Reihen vornehmen. Somit bieten sich in allen Bereichen des Unternehmens ausgezeichnete Aufstiegschancen. Wir werden jeden Mitarbeiter an dem Arbeitsplatz einsetzen, an dem er den größten Nutzen für das Unternehmen bieten kann. Sollten seine Kenntnisse und Fähigkeiten einmal den Anforderungen nicht genügen, werden wir bemüht sein, ihm einen anderen Arbeitsplatz anzubieten.

Angenehme, freundliche Arbeitsplätze und ein guter Teamgeist prägen ein Betriebsklima ebenso wie eine leistungsgerechte Entlohnung. Unser Unternehmen stellt deshalb laufend Überlegungen an, wie diese Bedingungen verbessert werden können. Zusätzliche Sozialleistungen, die sich an der Ertragskraft des Unternehmens orientieren, sollen das Ziel des Unternehmens dokumentieren, das gemeinsam erwirtschaftete Ergebnis gerecht zu verteilen.

Zu einer vertrauensvollen Zusammenarbeit zwischen der Geschäftsleitung, den Führungskräften und den Mitarbeitern gehört auch ein kooperatives Verhältnis zum Betriebsrat. Ein offener Informationsaustausch soll dazu beitragen, daß kein Mißtrauen entsteht und der Betriebsrat konstruktiv an der Lösung betrieblicher Probleme mitarbeitet.

5. Unser Verhältnis zur Gemeinschaft

Wir betrachten uns als Teil der Gemeinde, in der wir leben und arbeiten, und fühlen uns eng mit deren Entwicklung verbunden. Da sich unser Unternehmen nur positiv entwickeln kann, wenn auch die gesamte Volkswirtschaft floriert, werden wir immer bemüht sein, diese nach besten Kräften zu unterstützen.

Der Nutzen unserer Bauleistungen besteht darin, daß wir Menschen einen Wohnraum oder Arbeitsplatz schaffen, der zu ihrem Wohlbefinden beiträgt. Die von uns erstellten Gebäude werden auch unter dem Gesichtspunkt geplant, daß sie mit der Landschaft, in der sie errichtet werden, eine harmonische Einheit bilden.

Es ist für uns eine Selbstverständlichkeit, daß wir die produktionsbedingte Belastung der Umwelt mit Lärm, Abgasen und Abwasser durch entsprechende Maßnahmen stets auf dem niedrigst möglichen Niveau halten.

Ein weiterer Nutzen unseres Unternehmens für die Gemeinschaft besteht darin, daß wir sichere Arbeitsplätze schaffen und Jugendliche zu qualifizierten Arbeitskräften ausbilden.

Mit den von uns erwirtschafteten Erträgen bezahlen wir nicht nur Steuern, sondern wir werden gezielt auch soziale Einrichtungen unterstützen.

Zum Nutzen für die Gemeinschaft gehört auch, daß wir unser Unternehmen im Sinne eines ordentlichen Kaufmanns führen. Das heißt, daß wir uns gegenüber

5. Schritt:

unseren Partnern – Kunden, Lieferanten, Banken und Mitbewerbern – immer fair und anständig verhalten.

6. Die Verpflichtung gegenüber unseren Gesellschaftern

Unser oberstes Ziel ist die Erhaltung und Weiterentwicklung unseres Unternehmens, um zum einen die Arbeitsplätze zu sichern und zum anderen das eingesetzte Kapital zu erhalten und zu mehren. Dieses Ziel können wir nur erreichen, wenn das Unternehmen einen ausreichenden Ertrag erwirtschaftet.

Dieser Ertrag muß so groß sein, daß einerseits die notwendigen Investitionen finanziert werden können und zum anderen das eingesetzte Kapital angemessen verzinst wird. Außerdem muß der Ertrag ausreichen, um Reserven für einen zukünftigen Kapitalbedarf zu bilden. Unser Eigenkapital wollen wir dabei immer so hoch halten, daß wir von fremden Kapitalgebern weitgehend unabhängig sind.

Als mittelständisches Familienunternehmen werden wir grundsätzlich keine Risiken eingehen, die die Existenz des Unternehmens gefährden könnten. Dies gilt für alle Aktivitäten des Unternehmens.

Diese Unternehmensphilosophie ist für alle Mitarbeiter des Unternehmens verbindlich, sie ist damit Bestandteil des Arbeitsvertrages. Sie tritt mit Unterzeichnung durch die Geschäftsleitung und durch den Betriebsrat in Kraft. Ein Arbeitsteam, bestehend aus Geschäftsleitung, Führungskräften und Betriebsrat, wird sich jährlich einmal zusammensetzen und prüfen, inwieweit der Inhalt und die Aussagen dieser Unternehmensphilosophie im Unternehmen noch aktuell sind und wieweit der darin enthaltene Geist in allen Unternehmensbereichen praktiziert wird.

B-Stadt, den 17. 12. 1984

(Hans Beispiel)   *(Betriebsrat)*

6. Schritt: Definieren Sie Ihre Unternehmensziele

„Als ich merkte, daß von Leuten mit gleichen Fähigkeiten die einen sehr arm, die anderen aber reich sind, verwunderte ich mich, und es schien mir eine Untersuchung wert, wie das kommt. Da stellte sich nun heraus, daß das ganz natürlich zuging. Wer nämlich ohne Plan handelte, an dem rächte es sich; wer sich aber mit angespanntem Verstand bemühte, der arbeitete schneller, leichter und gewinnbringender."

Mit dieser Aussage wies *Sokrates* schon vor über 2000 Jahren darauf hin, daß ein geplantes Vorgehen gegenüber einem improvisierten Reagieren zu einem wesentlich größeren Erfolg führt. Dies gilt für das Handeln sowohl eines einzelnen als auch eines Unternehmens. Das von *Sokrates* erwähnte „Planen" bedeutet ein Handeln nach klaren Zielvorgaben und ein methodisches Vorgehen bei der Durchführung der zur Zielrealisierung notwendigen Maßnahmen.

6.1 Zweck und Bedeutung der Unternehmensziele

In der freien Marktwirtschaft ist jedes Unternehmen einem Verdrängungswettbewerb ausgesetzt, der ständig seine Existenz bedroht. Auch Ihr Unternehmen muß sich immer wieder von neuem Positionen schaffen, die ihm einen Wettbewerbsvorteil sichern. Durch die ständige Veränderung der internen und externen Einflüsse müssen in einem permanenten Entwicklungsprozeß diese Positionen weiterentwickelt werden. Für Ihr Unternehmen kann es deshalb keinen Status quo, keinen Stillstand geben. Entweder entwickelt es sich positiv weiter, oder es geht unweigerlich unter.

Wenn wir von einer positiven Weiterentwicklung sprechen, so meinen wir damit, daß sich Ihr Unternehmen durch gezielte Aktionen in einer von Ihnen bestimmten Richtung weiterentwickelt. Die Richtung und die Stationen dieser Entwicklung sind die Ziele des Unternehmens. Aus Ihren Unternehmenszielen werden die gesamten Aktivitäten Ihres Unternehmens abgeleitet. Das gilt sowohl für Sie als Unternehmer oder Manager als auch für alle Mitarbeiter.

Wenn in einem Unternehmen keine Ziele existieren oder diese nicht allen Mitarbeitern bekannt sind, werden die einzelnen Tätigkeiten nicht koordiniert. Es ist dann wie beim Seilziehen, wenn in einer Mannschaft alle in eine andere Richtung ziehen. Nur wenn alle Anstrengungen in die Richtung des gewünschten Zieles gehen, addieren sich die Kräfte zur maximalen Leistung der Mannschaft.

6. Schritt:

Zielorientierte Mitarbeiter sind leistungsfähiger, ihre Arbeitsleistung ist qualitativ und quantitativ besser, weil sie ihre Kräfte und Anstrengungen sowohl koordinieren als auch konzentrieren. Für unnötige Arbeiten, die nicht dem Ziel dienen, wird keine Zeit verschwendet.

Blicken nicht auch Sie manchmal neidvoll und staunend auf die Erfolge der japanischen Wirtschaft? „Der eingefleischte Drang zur Leistung und die Ausrichtung auf ein gemeinsames Ziel bieten weitgehend die Erklärung für den einzigartigen Erfolg der japanischen Wirtschaft", sagt Hisamichi Kano. Offensichtlich hat man im Land der aufgehenden Sonne die koordinierende Wirkung von Zielen schon viel früher erkannt als bei uns.

Solange sich Ihr Unternehmen nicht herausfordernde und begeisternde Ziele setzt, geht es das Risiko ein, seine Lebensfähigkeit zu verlieren. Ohne richtige Ziele kann ein Unternehmen nicht erfolgreich am Markt bestehen. Nicht umsonst heißt es, „ein Unternehmen ist so gut wie seine Ziele". Sind in Ihrem Unternehmen Ziele nicht vorhanden oder sind sie falsch, wird es unweigerlich von Unternehmen mit besseren Zielen vom Markt verdrängt.

Kappel und Frederick schreiben in ihrem Buch „Vitalitiy in a Business Enterprise": „Ein Ziel ist etwas, für das man kämpfen will, was man erreichen oder werden will. Es muß so definiert sein, daß es die Phantasie beflügelt und den Mitarbeitern etwas bedeutet, für das sie arbeiten wollen, obwohl sie noch nicht wissen, wie es zu ereichen ist, etwas, auf das sie stolz sein können, wenn sie es erreicht haben. Wenn die Unternehmensziele nicht geeignet sind zu stimulieren, ist an der Unternehmensspitze etwas faul."

Wenn ein Ziel die Beschreibung eines zukünftigen Erfolges einer Anstrengung ist, ist ein Ziel gleichzeitig auch der Bewertungsmaßstab des Ergebnisses dieser Anstrengungen. Nur wenn ein Ziel bekannt ist, kann die Leistung eines Menschen oder eines Unternehmens objektiv beurteilt werden. Die Leistung ist dann das Verhältnis des Arbeitsergebnisses zu einem gesetzten Ziel. Aus diesem Grunde haben wir auch bei der Aufgabenbeschreibung (Abschnitt 2.3.2) darauf hingewiesen, wie wichtig es ist, daß jede Aufgabe ein eindeutiges Leistungsziel hat, das mit dieser Aufgabe erreicht werden muß.

Je länger der Zeitraum ist, den Sie in Ihre Zielplanung einbeziehen, desto mehr müssen Sie mit Unwägbarkeiten rechnen. Politische und technologische Entwicklungen, Veränderungen der Nachfrage- oder Wettbewerbsstruktur und andere Faktoren können eine Neuorientierung des Unternehmens erfordern. Diese Tatsache kann für Sie aber keine Begründung dafür sein, daß es sinnlos ist, sich durch Ziele festlegen zu lassen. Immer wieder kann es vorkommen, daß man aufgrund veränderter Umstände die Zielplanung überarbeiten muß.

Ein Ziel haben wir im 1. Abschnitt allgemein definiert als einen neuen Zustand, den wir durch Veränderung unserer momentanen Situation erreichen wollen. Ihre momentane Situation in den verschiedenen Bereichen Ihres Unternehmens haben Sie mit Hilfe zahlreicher Analysen ermittelt. Die Aktionsliste aus den Analysen bildet deshalb auch den Ausgangspunkt für die Formulierung Ihrer Unternehmensziele.

Durch diese Vorarbeiten haben Sie die Schwachstellen, aber auch viele Zukunfts-Chancen Ihres Unternehmens ermittelt, die es gilt, durch eine detaillierte Zielplanung abzustellen bzw. zu realisieren.

Um sicherzustellen, daß bei der Formulierung der Unternehmensziele eine Gleichrichtung aller Unternehmensaktivitäten erreicht wird, haben Sie mit der Unternehmensphilosophie für Ihr Unternehmen individuelle Rahmenbedingungen festgelegt.

Diese Rahmenbedingungen wurden auf der Basis der spezifischen Eigenschaften und Fähigkeiten Ihres Unternehmens und Ihrer grundsätzlichen Überlegungen entwickelt. Ihre Aufgabe ist es, darüber zu wachen, daß nur solche Ziele angestrebt werden, die diesen Bedingungen nicht entgegenstehen. Wenn dies nicht der Fall ist oder einzelne Ziele in unterschiedliche Richtungen zeigen, muß in der Unternehmenspolitik ständig ein Kurswechsel vorgenommen werden. Kurswechsel erzeugen hohe Reibungsverluste und sind deshalb nach Möglichkeit zu vermeiden. Wenn Sie ohne Zielplanungssystem arbeiten, werden Sie durch die Tagesereignisse laufend zu Kurswechseln gezwungen. Die Leistungsfähigkeit Ihres Unternehmens ist dann entsprechend gering.

Bevor Sie weiterlesen, möchten wir Sie bitten, die kurze „Checkliste" auf der folgenden Seite durchzugehen. Wenn Sie die eine oder andere Frage mit „teilweise" oder mit „nein" beantworten müssen, ist das ein Hinweis darauf, daß Sie Ihre Grundaufgabe „Zielformulierung" noch verbessern können.

Bei den Unternehmenszielen unterscheidet man „strategische" und „operationale" Ziele. Die strategischen Ziele sind, ähnlich wie die Unternehmensphilosophie, Rahmenbedingungen für die in Ihrem Unternehmen durchgeführten Aktivitäten. Die operationalen Ziele dagegen sind die Ziele, die durch das Realisieren konkreter Maßnahmen erreicht werden sollen (z. B. das Erreichen eines bestimmten Umsatzes oder das Abstellen eines Schwachpunktes). Während die operationalen Ziele in der Regel nach deren Realisation erledigt sind, bleiben die strategischen Ziele als Rahmenbedingungen bestehen, bis sie ggf. durch andere ersetzt werden.

6. Schritt:

Checkliste

Frage	ja	teilw.	nein
1. Können Sie auf Anhieb Ihre fünf wichtigsten Unternehmensziele nennen?			
2. Könnten Ihre Führungskräfte Ihre fünf wichtigsten Unternehmensziele aufführen?			
3. Hat jede Abteilung eindeutige Ziele, die zur Erreichung der obersten Unternehmensziele Voraussetzung sind?			
4. Kennt jeder Ihrer Mitarbeiter das Ziel, an dem seine Leistung gemessen wird?			
5. Kennen Sie die drei Angaben, die eine Zielformulierung beinhalten muß?			

FAZIT *Das Zitat von Christian Morgenstern „wer das Ziel nicht kennt, wird den Weg nicht finden", hat auch für ein Unternehmen fundamentale Bedeutung.*

6.2 Die strategischen Unternehmensziele

Da die strategischen Unternehmensziele als Rahmenbedingungen einen langfristigen Charakter haben, kommt innerhalb dieser Ziele dem *obersten Unternehmensziel eine besondere Bedeutung* zu. Aus diesem Grund sollten Sie sich, bevor Sie mit der Formulierung Ihrer Unternehmensziele beginnen, darüber im klaren sein, was Ihr oberstes Unternehmensziel ist.

Das oberste Unternehmensziel ist ein „Fixstern", dem sich alle anderen Ziele unterordnen müssen. Zu ihm darf es keine konkurrierenden Ziele geben. Im Gegensatz zu allen anderen Zielen darf das oberste Unternehmensziel nie verändert werden.

Das oberste Ziel eines Unternehmens muß so formuliert sein, daß es von allen Interessengruppen, die das Unternehmen tangieren (Unternehmer, Gesellschafter, Kunde, Mitarbeiter, Lieferanten, Banken, Staat/Gemeinde), akzeptiert wird, d. h., daß es deren Zielen und Interessen nicht entgegensteht.

Unternehmensziele

Was ist nun das oberste Unternehmensziel, das diese Kennzeichen hat? Das kann doch nur die *Sicherung der Existenz des Unternehmens* sein. Je besser dieses Ziel verwirklicht wird, um so besser werden auch die Interessen der aufgeführten Gruppen gefördert. Ein sicheres Unternehmen bietet den Mitarbeitern sichere Arbeitsplätze, den Kunden eine langfristige, nutzbringende Geschäftsbeziehung, den Lieferanten eine pünktliche Bezahlung ihrer Forderungen, den Gesellschaftern eine Mehrung ihres eingesetzten Kapitals, der Allgemeinheit die Bezahlung von Steuern und Bereitstellung von Arbeitsplätzen usw.

Die Sicherung der Existenz eines Unternehmens kann aber nur durch wirtschaftliche Stärke, d. h. durch ein gutes Kapitalpolster, erreicht werden. Eine *gute Eigenkapitalbasis* ist gerade in wirtschaftlichen Krisenzeiten eine notwendige Voraussetzung für den Fortbestand des Unternehmens. Bei einer hohen Eigenkapitalquote sind die Zins- und Tilgungslasten durch die Aufnahmen von Fremdkapital gering. Ein gutes Eigenkapitalpolster ermöglicht die Finanzierung von Innovationen, die wiederum für die Zukunft des Unternehmens von entscheidender Bedeutung sind. Die Festlegung der Mindestkapitalquote, die von Branche zu Branche stark schwanken kann, gehört deshalb unbedingt mit in die Formulierung der strategischen Unternehmensziele.

Die wirtschaftliche Entwicklung und die steuerliche Belastung der Unternehmen in Deutschland haben dazu geführt, daß die durchschnittliche Eigenkapitalquote in den letzten 20 Jahren von über 30% auf unter 20% gesunken ist. Unternehmen in den wichtigsten Industrieländern haben in der Kapitalausstattung gegenüber den deutschen Unternehmen in diesem Punkt einen erheblichen Wettbewerbsvorteil.

Eigenkapital kann nur aus einem entsprechenden Überschuß aus Erlös und Kosten gebildet werden. Ein Unternehmen, das sich die Existenzsicherung als oberstes Ziel gesetzt hat, kann es sich deshalb nicht leisten, mittel- und langfristig auf *Gewinne* zu verzichten (im Gegensatz zu staatseigenen Unternehmen, bei denen Verluste durch Subventionen ausgeglichen werden).

Immer wieder hören wir von Unternehmern, daß sie als ihr oberstes Ziel die Erwirtschaftung eines Gewinnes betrachten. Aus den vorhergehenden Ausführungen folgt, daß *Gewinn nur ein Mittel zum Zweck* sein kann. Einerseits ist der Gewinn die Meßlatte, mit der die betriebliche Leistung eines Unternehmens bewertet wird. Andererseits ist Gewinn ein Mittel zur Finanzierung folgender und anderer Zwecke:

- Stärkung des Eigenkapitals
- Verzinsung des Eigenkapitals
- Finanzierung von Investitionen
- Finanzierung von Sozialleistungen

6. Schritt:

- Bezahlung von Steuern
- Unterstützung von öffentlichen Einrichtungen
- Finanzierung von Forschungs- und Entwicklungsvorhaben

Schon diese unvollständige Aufstellung zeigt die große Bedeutung des Gewinnes nicht nur für das Unternehmen, sondern auch für die Mitarbeiter und für die Gemeinschaft. *Gewinn* ist somit nicht nur ein strategisches, sondern auch ein sehr soziales Ziel!

Die Entwicklung der Material-, Personal- und sonstigen Kosten kann durch Ihr Zutun nur bedingt beeinflußt werden. Tarifverträge, Abgaben und staatlich fixierte Preise bestimmen weitgehend die Kosten Ihres Unternehmens. Einen Einfluß auf Ihre Kostenstruktur haben Sie nur durch eine gewisse Steuerung der Produktionsfaktoren, indem Sie kostenintensive Produktionsfaktoren durch weniger kostenintensive ersetzen (z. B. Personal durch Maschinen).

Eine weitere Möglichkeit der Ertragsverbesserung hat ein Unternehmen in der Erhöhung der Preise. Die Möglichkeit, Preiserhöhungen durchsetzen zu können, hängt jedoch von der jeweiligen Marktsituation ab und ist immer nur, wie Sie ja wissen, sehr beschränkt durchführbar. Eine Preiserhöhung in bestimmter Höhe können Sie deshalb als strategisches Ziel nicht festlegen.

Eine nicht so schnell zu realisierende Maßnahme, den Ertrag zu verbessern, liegt in der Erhöhung der Produktivität. Eine jährliche *Produktivitätssteigerung* muß deshalb als strategisches Ziel festgelegt werden. Die Höhe der anzustrebenden Produktivitätssteigerung, die sich von Jahr zu Jahr ändern kann, hängt ab vom Gewinnziel einerseits und den zu erwartenden Kosten- und Preisveränderungen andererseits.

Eine Produktivitätssteigerung durch Rationalisierungsmaßnahmen bedeutet zwangsläufig eine Erhöhung der Kapazität. Wenn diese größere Kapazität nicht durch mehr Umsatz ausgelastet wird, muß dies zu einem Personalabbau führen. Aus diesem Grunde sträuben sich die Gewerkschaften auch so sehr gegen Rationalisierungsmaßnahmen. Ein den Mitarbeitern gegenüber verantwortungsbewußter Unternehmer wird deshalb immer bemüht sein, ein *Wachstum* anzustreben, das mindestens der Produktivitätssteigerung entspricht.

Wenn Produktivitätssteigerungen, Preiserhöhungen und Kostensenkungsmaßnahmen aus bestimmten Gründen nicht realisiert werden können, kann das Gewinnziel nur durch ein entsprechendes Wachstum erreicht werden. Das Wachstum muß dann so hoch sein, daß die Einsparung aus der Degression der fixen Kosten dem geplanten Gewinn entspricht.

Wie wir noch an anderer Stelle zeigen werden, wird die Kostensituation Ihres Unternehmens im Vergleich zu seinen Wettbewerbern mit von seinem Marktan-

Unternehmensziele

teil bestimmt. Damit für Sie diese Kostensituation nicht negativ verändert wird, muß Ihr Unternehmen deshalb mindestens in gleichem Maße wachsen wie Ihre Branche.

Wachstum scheint also ein „Wunderziel" zu sein, das eine Vielzahl der Probleme eines Unternehmens löst und gleichzeitig zur Gewinnverbesserung beiträgt. Trotz der vielen positiven Wirkungen muß jedoch davor gewarnt werden, Wachstum um jeden Preis zu betreiben. Vielfach wird übersehen, daß Wachstum auch Kapital und personelle Kapazitäten bindet.

Johannes Semmler, der ehemalige AEG-Finanzchef, sagte einmal zu diesem Thema: „Unkontrolliertes Wachstum wird in der Medizin als Karzinom bezeichnet und führt im allgemeinen zum Tod." Das Schicksal der AEG hat uns gezeigt, wie richtig diese Aussage auch für ein Unternehmen ist.

Nachstehende Auflistung zeigt noch einmal die wichtigsten strategischen Unternehmensziele:

1. Existenzsicherung des Unternehmens
2. Hohes Eigenkapital
3. Gewinn
4. Produktivitätssteigerung
5. Wachstum

Selbstverständlich gibt es außer den hier aufgeführten Zielen noch weitere strategische Ziele wie z. B. Marktanteil, Marktpräsenz usw. Bevor Sie mit der Formulierung der operationalen Ziele beginnen, definieren Sie im Arbeitsblatt Nr. 6.01 Ihre strategischen Ziele. Mit dieser Definition legen Sie die langfristigen Eckpunkte Ihres Unternehmens für die lang- und kurzfristigen Unternehmensziele fest.

FAZIT *Die Grenze zwischen den strategischen Zielen und den Grundsätzen der Unternehmensphilosophie ist fließend. Beide Begriffe werden deshalb auch häufig zusammengeworfen. Für die Formulierung Ihrer operationalen Ziele ist eine klare begriffliche Trennung nicht so entscheidend. Wichtig ist aber, daß Sie für sich und Ihre Mitarbeiter eindeutige, verständliche und kontrollierbare langfristige Rahmenbedingungen festlegen.*

6. Schritt:

Arbeitsblatt Nr. 6.01: Strategische Unternehmensziele

	Oberstes Unternehmensziel: Wir betrachten die Existenzsicherung unseres Unternehmens als unser oberstes Ziel zum Nutzen unserer Kunden, Mitarbeiter, Lieferanten, Gemeinde u. Gesellschafter.
1. Eigenkapital	Die Eigenkapitalquote, gemessen an der Bilanzsumme, darf nie unter 30% sinken.
2. Gewinn	In unserem Unternehmen wollen wir einen Gewinn erwirtschaften, der mindestens so hoch ist wie die durchschnittliche Kapitalverzinsung plus Inflationsausgleich.
3. Produktivitätssteigerung	Die Produktivitätssteigerung jährlich muß so groß sein, daß unser Gewinnziel erreicht wird, d. h., die Differenz zwischen Kostensteigerung und eigener Preiserhöhung muß mind. kompensiert werden.
4. Wachstum	Wir wollen mindestens so schnell wachsen wie der Durchschnitt unserer Branche.
5. Innovation	Wir wollen auf jeder Messe ein neues Produkt vorstellen.
6. Qualität	Wir wollen immer den höchsten Qualitätsstandard in unserer Branche bieten.
7. Corporate Identity	Unser Erscheinungsbild nach innen und außen muß einheitlich sein gem. genau festgelegten Richtlinien.

6.3 Die operationalen Ziele

Die operationalen Ziele können wir als Meilensteine bezeichnen, die Sie nacheinander passieren müssen, damit Ihr oberstes Unternehmensziel, nämlich die Existenzsicherung Ihres Unternehmens, nicht gefährdet wird. Die operationalen Ziele werden aus folgenden Vorarbeiten abgeleitet:

- den Aktionslisten Ihrer Unternehmensanalyse
- den strategischen Zielen
- der Unternehmensphilosophie
- der betrieblichen Planungsrechnung (s. Abschnitt 8.4)

Die kurzfristigen Ziele, die innerhalb eines Jahres erreicht werden sollen, nennen wir *Jahresziele* und die Ziele, deren Realisierung einen längeren Zeitraum erfordert, nennen wir *langfristige Ziele*. Eine weitere Unterteilung in *mittelfristige Ziele* halten wir für nicht sehr praktikabel.

Langfristige Ziele können nicht so konkret oder in exakten Zahlen ausgedrückt werden wie die kurzfristigen Ziele, da sich im Laufe der Zeit immer wieder die Voraussetzungen und Umstände, die diesen Zielen zugrunde lagen, ändern. Die langfristigen Ziele sind eher eine verbale Beschreibung, die jedoch einen immer konkreteren Inhalt annehmen, je dichter das Realisierungsjahr vor Ihnen liegt.

Die operationalen Jahresziele sind die konkreten Schritte, die Sie in Ihrem Unternehmen innerhalb eines Jahres erreichen müssen, um den langfristigen Zielen näher zu kommen und die strategischen Ziele zu realisieren. Die operationalen Ziele müssen ganz konkret und mit Terminen formuliert werden. Jede Zielformulierung muß exakt kontrollierbar sein. Vergleichen Sie hierzu auch unsere Ausführungen im Abschnitt 1.2.

Die Jahresziele können entsprechend ihrem Zweck in folgende Bereiche unterteilt werden:

1. Maßnahmen zur Abstellung der Mängel und Risiken
2. Maßnahmen zum Erreichen bestimmter langfristiger Ziele
3. Maßnahmen zum Erreichen bestimmter strategischer Ziele oder Wettbewerbsstrategien

Nachdem wir diese Bereiche ausführlich in den zurückliegenden Abschnitten behandelt haben, werden wir Ihnen im folgenden noch einige konkrete Hinweise dazu geben, wie Sie Ihre Unternehmensziele formulieren und darstellen können.

FAZIT *Die operationalen Ziele sind die Meilensteine auf Ihrem Weg zum Erfolg.*

6. Schritt:

6.4 Hinweise zur Formulierung der operationalen Ziele

Im folgenden wollen wir Ihnen einige Hinweise geben, die Ihnen einerseits die Arbeit der Zielformulierung vereinfachen und andererseits sicherstellen, daß Sie alle notwendigen Arbeitsschritte durchführen und kontrollieren.

a) Beteiligen Sie Ihre Mitarbeiter an der Formulierung

Es ist naheliegend, daß Sie als Unternehmer oder Manager nicht alle Unternehmensziele im Alleingang planen und realisieren können. Zum einen sind Ihnen physische Grenzen gesetzt, um alles selbst machen zu können. Zum anderen müssen Ihre Mitarbeiter aus psychologischen Gründen an der Zielplanung beteiligt werden. Wir haben schon mehrfach darauf hingewiesen, daß die Mitarbeiter vom Sinn und Zweck ihres Handelns überzeugt sein müssen. Und wie können sie das besser, als wenn sie die Ziele selbst formuliert haben?

Zur Delegation der Formulierung und Realisierung von Unternehmenszielen eignen sich vor allem die Ziele, die sich aus der Schwachstellenanalyse ergeben haben und die Detailziele aus der betrieblichen Planungsrechnung. Die Formulierung der strategischen Unternehmensziele kann nicht in die Verantwortung der Mitarbeiter delegiert werden. Diese Ziele festzulegen, bekanntzumachen und zu kontrollieren ist Ihre Aufgabe. Gleichwohl sollten Sie jedoch Ihre Führungskräfte an der Formulierung dieser Ziele beteiligen.

Wir empfehlen Ihnen, die jährliche Planung Ihrer Unternehmensziele in einem Team durchzuführen. Diesem Team sollten neben Ihrer Person noch Ihre wichtigsten Führungskräfte angehören. Den Führungskräften übertragen Sie dann die Verantwortung für die Realisierung der Ziele in den einzelnen Abteilungen oder Bereichen.

Damit in Ihre Unternehmensziele die Vorstellungen und Anregungen aller Mitarbeiter einfließen können, müssen Ihre Führungskräfte mit ihren Mitarbeitern fundierte Vorgespräche führen. Nur wenn die Mitarbeiter in den Zielen auch ihre Vorstellungen aufgenommen sehen, können begeisternde und herausfordernde Ziele entstehen. Achten Sie darauf, daß die Ziele für Ihre Mitarbeiter auch attraktiv sind. Die Attraktivität kann dabei ein besonderes Erfolgserlebnis oder ein konkreter Nutzen (Belohnung) sein.

b) Die Darstellung der Unternehmensziele

Damit Sie einen Überblick über die zahlreichen operationalen lang- und kurzfristigen Ziele erhalten, tragen Sie diese in der Unternehmensziel-Übersicht (Arbeitsblatt Nr. 6.02) zusammen. In die Termin-Spalte am rechten Rand des

Arbeitsblatt Nr. 6.02: Operationale Unternehmensziele
Stand: *Oktober 1988*

Lang- und Kurzfristige Unternehmenziele	Reali-sierung	Abtei-lung
1. *Neuentwicklung einer Kühltheke*	1989	KON
2. *Wertanalyse bei allen Serienprodukten durchführen*	1989	KON
3. *Vertriebsbüro in Hannover gründen*	1990	VL
4. *Leistungslohn in der Montage einführen*	1989	PL
5. *Neubau eines Verwaltungsgebäudes*	1995	GL
6. *Umstellung auf neues EDV-System mit Datenbankverwaltung*	1991	KL
7. *Nachfolger für Konstruktionsleiter einstellen*	1993	GL
8. *Lückenlose Nachkalkulation aller Aufträge einführen*	1991	KL
9. *Versicherungsschutz für Betriebsunterbrechung untersuchen lassen*	1989	GL
10. *Aktion zur Gewinnung neuer Kunden, damit die Abhängigkeit von der Firma Müller reduziert wird auf höchstens 5%*	1989	VL
11. *Fahrzeugfinanzierung auf Leasing umstellen*	1989	KL
12. *Anschaffung eines CNC-Bearbeitungszentrums*	1991	PL

6. Schritt:

Arbeitsblattes tragen Sie noch jeweils das Jahr ein, in dem das Ziel realisiert werden soll. Damit erhalten Sie ein Hilfsmittel, mit dem Sie auf einfache und praktikable Weise die Realisierung Ihrer Ziele kontrollieren können.

Die Formulierung der Jahresziele ist eine sehr umfangreiche und zeitaufwendige Arbeit, die in der Regel ein bis zwei Monate Zeit in Anspruch nimmt. Damit die Jahresziele für das Folgejahr rechtzeitig zum Jahresende vorliegen, müssen Sie mit der Vorarbeit schon im September/Oktober beginnen.

Wenn Sie aus den verschiedenen Analysen und aus der betrieblichen Planungsrechnung alle Ziele zusammengestellt haben, müssen Sie noch genau festlegen, wer die Verantwortung für die jeweilige Durchführung und Realisierung eines Zieles trägt. Zu diesem Zweck übertragen Sie die einzelnen Ziele stichwortartig, getrennt nach den einzelnen Verantwortungsbereichen, in den sog. *Abteilungszielplan* (Arbeitsblatt Nr. 6.03). Dieses Blatt weist am rechten Rand drei Spalten auf. In die erste Spalte tragen Sie das Kurzzeichen des für die Zielerreichung Verantwortlichen, in die zweite Spalte den Soll-Termin und in die dritte Spalte den Erledigungstermin ein.

Nur wenn „Roß und Reiter" bekannt sind, kann die Zielrealisierung lückenlos kontrolliert werden. Wie die Kontrolle der Ziele zu erfolgen hat, werden wir beim Schritt 8.5 noch ausführlich behandeln.

Aus arbeitstechnischen Gründen ist es zweckmäßig, wenn Sie die einzelnen Jahresziele eines Verantwortungsbereiches über die zwölf Monate des Jahres verteilen und die einzelnen Soll-Termine im Jahreszielplan entsprechend setzen. Bei komplexen Zielen, die nur über eine Reihe von Unterzielen realisiert werden können, verteilen Sie die Unterziele ebenfalls auf die einzelnen Monate. Ein typisches Beispiel für das Aufspalten eines Jahreszieles in Unterziele ist die Unterteilung des Jahresumsatzes eines Verkäufers in Monatsumsätze.

Damit Sie einen Überblick über die wichtigsten kurzfristigen Ziele erhalten, können Sie diese in ein *Jahreszielorganigramm* eintragen. Die organigrammartige Darstellung zeigt sehr schön die Abhängigkeit der einzelnen Ziele voneinander und gibt außerdem eine klare Übersicht.

c) Ziele nach Prioritäten bearbeiten

Ist es Ihnen auch schon so ergangen? Sie haben am Jahresende eine Vielzahl von Zielen zusammengetragen und sich in Anbetracht der guten Vorsätze für das neue Jahr vorgenommen, diese alle im kommenden Jahr zu realisieren. Die große Enttäuschung kam dann am Ende des nächsten Jahres, als Sie festgestellt haben, daß ein Großteil der Ziele nicht erreicht wurde. Um diese Enttäuschung

Arbeitsblatt Nr. 6.03: Abteilungszielplan
Abteilung: *Vertrieb*
Jahr: *1989*

Priorität	Jahresziele	Verantwortl.	Termin-Soll	Termin-Ist
1	Umsatz TDM 50.000	Wa	XII	
2	Marktanteil in der Schweiz auf 5% erhöhen	Wa	XII	
1	Neuen Vertriebspartner für die Schweiz gewinnen	Wa	VI	
1	Messe in Düsseldorf beschicken	Wa	II	
1	Preisliste um 3% erhöhen	Le	I	

6. Schritt:

nicht erleben zu müssen, gibt es nur eine Möglichkeit. Sie müssen Prioritäten setzen.

Wenn Sie alle Jahresziele aus den verschiedenen Analysen und der betrieblichen Planungsrechnung für die einzelnen Verantwortungsbereiche in den einzelnen Jahreszielplänen zusammengetragen haben, diskutieren Sie mit den zuständigen Mitarbeitern die Prioritäten nach folgenden Kriterien und tragen die Kennziffern in die Spalte am linken Rand des Arbeitsblattes Nr. 6.03 ein.

[1] = Das oberste Jahresziel kann ohne die Erreichung dieses Unterzieles nicht realisiert werden.

[2] = Das oberste Jahresziel kann ohne die Erreichung dieses Unterzieles nur teilweise realisiert werden.

[3] = Das Nichterreichen dieses Unterzieles wirkt sich auf die Verwirklichung des obersten Jahreszieles nicht aus.

Die Prioritätenkennziffern in den einzelnen Jahreszielplänen führen auch dazu, daß Sie sich bei der Kontrolle der Zielrealisierung vor allem auf die wichtigsten Ziele konzentrieren. Somit wird sichergestellt, daß das oberste Jahresziel auch erreicht wird.

Unternehmensziele

FAZIT

Damit Ihre Unternehmensziele zu einem motivierenden Führungsinstrument werden, müssen Sie auch Ihre Mitarbeiter an dieser Formulierung beteiligen. Die Ziele müssen so formuliert sein, daß sie für Ihre Mitarbeiter attraktiv sind.

Konzentrieren Sie Ihre Anstrengungen bei der Durchführung und Kontrolle auf die wichtigsten Ziele. Legen Sie für jedes Ziel eine Priorität fest.

Damit Ziele mit Hilfe konkreter Maßnahmen realisiert werden, müssen Sie bei der Zielfestlegung folgende Bedingungen erfüllen:

1. *Das Ziel muß eindeutig und unmißverständlich definiert sein. Unterschiedliche Interpretationen darf es nicht geben.*
2. *Der Zeitpunkt, zu dem das Ziel erreicht werden soll, muß genau festgelegt sein.*
3. *Der für die Zielerreichung Verantwortliche muß bestimmt werden.*

6. Schritt:

6.5 So planen Sie die Realisierung Ihrer Ziele

Sicher ist auch Ihnen schon des öfteren ein Ziel oder ein Problem vorgekommen wie ein riesiger Felsbrocken, den Sie vergeblich aus dem Weg räumen wollten. Durch eine Sprengladung kann man einen Felsbrocken in kleine Stücke zerteilen, die sich dann leicht bewegen lassen. Bei diesem Vergleich drängt sich einem die Frage auf, ob es auch für komplexe Ziele und große Probleme eine Art „Sprengtechnik" gibt.

Die „Aktionsplanung", die wir im folgenden beschreiben wollen, ist eine sog. „Sprengtechnik", d. h. eine methodische Planung, mit deren Hilfe Sie große Ziele und schwierige Probleme oder Aufgaben in überschaubare und durchführbare Schritte unterteilen können.

Der ehemalige Vorstandssprecher der Siemens AG, Gerd Tacke, sagte einmal: „Wir können, was wir wollen." Dies war sicherlich eine Anspielung nicht nur auf die Finanzkraft des Unternehmens, sondern auch auf die ausgezeichneten Planungstechniken, über die sein Unternehmen verfügt.

Je komplexer ein Ziel und je größer ein Problem ist, um so mehr Planungsschritte müssen Sie für deren Realisierung bzw. Lösung durchführen. Wir wollen dies an zwei einfachen Beispielen verdeutlichen:

Beispiel 1:
Nehmen wir an, Sie müssen von Ihrem Standort Stuttgart zu einer Besprechung nach Hamburg, die am nächsten Morgen um 9 Uhr stattfinden soll. Bei dieser relativ einfachen Zielvorgabe bedarf es keiner großen Planung, um die Mittel und Maßnahmen zu finden, die zur Zielerreichung notwendig sind. Die Auswahl unter den möglichen Verkehrsmitteln PKW, Eisenbahn oder Flugzeug hängt davon ab, welche finanziellen Mittel Ihnen zur Verfügung stehen und wie hoch Ihre Ansprüche in puncto Bequemlichkeit sind.

Beispiel 2:
Wenn ein Unternehmen den Auftrag für den Bau einer neuen Produktionshalle vergibt, ist es selbstverständlich, daß dieser Bau bis in alle Details durchgeplant wird. Ohne Plan können weder die Baufirma noch die Installationsfirmen das Projekt durchführen. Erst die Abstimmung einer Vielzahl von Einzelplänen führt zur Erfüllung der Vorstellungen des Bauherrn.

Wie diese beiden Beispiele zeigen, kann ein großes Ziel oder eine schwierige Aufgabe ohne Planen, d. h. ohne methodisches Durchdenken der Ursachen und Zusammenhänge, nicht optimal erreicht bzw. gelöst werden.

Ein Problem ist erst gelöst oder ein Ziel erst realisiert, wenn die Ursachen dieses Problems oder die Hindernisse, die der Realisierung dieses Zieles im Wege stehen, beseitigt sind. Die *Aktionsplanung* ist eine Methode, mit deren Hilfe methodisch alle Hindernisse einer Zielrealisierung und alle Ursachen eines Problems aufgedeckt und Maßnahmen zu deren Beseitigung festgelegt werden können.

Bei der Aktionsplanung (Arbeitsblatt Nr. 6.04) gehen Sie nach folgenden Arbeitsschritten vor:

1. Als ersten Schritt tragen Sie in die Kopfzeile des Aktionsplanes stichwortartig das Problem oder das Ziel ein, das Sie lösen bzw. erreichen wollen.
2. Der zweite Schritt besteht darin, daß Sie alle Ursachen des Problems bzw. alle Hindernisse der Zielrealisierung in der linken Spalte des Aktionsplanes auflisten. Dieser Arbeitsschritt muß sehr gründlich ausgeführt werden, denn von dessen Erkenntnissen hängt es ab, ob die wirksamen Mittel und Maßnahmen zur Lösung des Problems oder zur Realisierung des Zieles gefunden werden.
3. Wenn Sie sicher sind, alle Ursachen und Hindernisse aufgelistet zu haben, überlegen Sie sich bei jeder einzelnen Ursache und bei jedem Hindernis, mit welchen Maßnahmen diese beseitigt werden können. In der rechten, großen Spalte des Aktionsplanes ordnen Sie jeder Ursache und jedem Hindernis die festgelegten Maßnahmen zu.
In den meisten Fällen gibt es eine Anzahl von alternativen Maßnahmen, die zur Lösung eines Problems oder zur Erreichung eines Zieles führen. Je mehr alternative Maßnahmen Sie zur Beseitigung eines Hindernisses oder einer Ursache finden, um so größer ist die Chance, eine wirkungsvolle Maßnahme gefunden zu haben.
4. Als weiteren Schritt ermitteln Sie zu jeder Maßnahme den Mittel- und Zeitaufwand, der zu deren Durchführung notwendig ist. Diese beiden Werte tragen Sie in die entsprechenden Spalten am rechten Rand des Aktionsplanes ein. Durch Addition dieser beiden Spalten erhalten Sie den Zeit- und Mittelaufwand, der zur Realisierung eines Zieles oder zur Lösung eines Problems notwendig ist. Sie sind damit in der Lage, objektiv zu beurteilen, ob sich die Realisierung eines Zieles oder die Lösung eines Problemes lohnt.
Bei alternativen Maßnahmen werden Sie nur die ökonomischste durchführen. Die Entscheidung, welches die ökonomischste Maßnahme ist, treffen Sie nach folgenden Kriterien:
     1) Geringster Mittelaufwand
     2) Geringster Zeitaufwand
     3) Sonstige Kriterien
5. Bei komplexen Zielen oder Problemen müssen Sie eine Vielzahl von Maßnahmen durchführen. Wenn diese vielen Maßnahmen nicht von einer einzelnen Person durchgeführt werden sollen, müssen Sie für jede Maßnahme den

6. Schritt:

Arbeitsblatt Nr. 6.04: Aktionsplan

Aktionsplan	Plan-Nr.:	Bearbeiter:	Datum:	Zeit (h)	Mittel (DM)	Durchführung
Ziel oder Problem, das ich erreichen bzw. lösen möchte: *Wir haben 1989 unseren Umsatz von TDM 46.000 auf TDM 53.000 gesteigert.*	17/88	We, Br, Sch	Dez. 88			
Was sind die Hindernisse oder Ursachen, die ich besetigen muß, um dieses Ziel zu erreichen oder dieses Problem zu lösen?	Maßnahmen, die die Hindernisse und Ursachen besetigen:					
1. Die Konjunktur im Inland ist stagnierend	zu 1: a) *Wir suchen in der Schweiz einen Händler*				5	Br
2. Unser Wettbewerber Schuler AG hat seine Preise um 5% gesenkt	b) *Wir erhöhen unseren Marktanteil*				200	Br
3. Unser Verkaufsbüro Hannover ist zu schwach besetzt	c) *Wir geben der Firmengruppe B für ein Jahr einen Einführungsrabatt von 10%*				50	Br
4. Wir haben uns bisher zu sehr auf die Zielgruppe B konzentriert	d) *Wir gewähren jedem Verkäufer für einen Neukunden einen Bonus von DM 5.000*				50	Br
	zu 2: a) *Der Einkauf wird beauftragt, durch günstigere Einkaufsquellen bei den A-Teilen eine Kostensenkung von 10% zu erzielen*				–	Sch
	b) *Wir senken unsere Herstellerkosten*				100	Ul
	c) *Wir reduzieren die Blechstärke von 1,0 auf 0,8 mm*				–	Bh
	zu 3: *VB-Hannover erhält einen Innendienst-Mitarbeiter für die Kalkulation der Angebote und Leistungen der Montagen*				50	Br

für die Durchführung Verantwortlichen festlegen. Zur Überwachung der Durchführung der Maßnahmen tragen Sie in die Spalte am rechten Rand des Aktionsplanes das Kurzzeichen des für die Durchführung Verantwortlichen ein.

Wie wir bereits bei den Ausführungen über die Delegation von Zielen betont haben, muß für die Durchführung jeder Maßnahme eine Frist festgelegt werden. Vor der Delegation von Maßnahmen müssen Sie eine genaue Zeitplanung, am besten in Form eines einfachen Netzplanes, erstellen.

Bei komplexen Zielen und Problemen mit vielen Hindernissen und Ursachen mit alternativen Maßnahmen kann es zweckmäßig sein, wenn Sie für jedes Hindernis oder jede Ursache ein separates Blatt verwenden. Um dennoch eine übersichtliche Liste zu bekommen, können Sie bei Bedarf diese einzelnen Blätter am Schluß zusammenkleben.

Eine Aktionsplanung ist das Aufteilen eines Zieles oder Problems in konkrete und durchführbare Schritte. Das heißt, daß die Maßnahmenplanung so weit geführt werden muß, daß jede Maßnahme auch durchführungsreif ist. Maßnahmen, deren Durchführung erst eine Reihe weiterer Maßnahmen notwendig macht, sind nicht durchführungsreif.

Es ist eine Erfahrung, daß die Arbeitslaune und die Kreativität jedes Menschen stark schwanken. Je nachdem, in welcher Stimmung Sie sich befinden, fällt es Ihnen deshalb mehr oder weniger leicht, einen Aktionsplan zu bearbeiten. Da dieses Planen in der Regel aber höchste Kreativität verlangt, ist es unbedingt erforderlich, daß Sie diese Arbeit auf einen Zeitpunkt verlegen, an dem Sie sich in guter Stimmung befinden.

In den meisten Fällen kann ein Aktionsplan nicht in einem Zuge durchführungsreif fertiggestellt werden. Aus diesem Grunde müssen Sie einen Aktionsplan, vor allem wenn es sich dabei um komplexere Ziele oder Probleme handelt, in mehreren Etappen aufstellen. Der zeitliche Abstand der einzelnen Bearbeitungen fördert auch das Aufgreifen neuer Denkansätze.

Bei komplexen Zielen oder schwierigen Problemen, die Ihr Unternehmen betreffen, sollten Sie die einzelnen Arbeitsschritte des Aktionsplanes wie bei der Zielplanung in Teamarbeit mit Ihren Mitarbeitern durchführen. Dadurch trainieren Sie deren Kooperationsbereitschaft und verbreitern deren Wissens- und Erfahrungsbasis.

Ist es Ihnen nicht auch schon einmal passiert, daß Sie erfolglos eine Verhandlung verlassen haben und Ihnen hinterher die Argumente eingefallen sind, mit denen Sie die Verhandlung sicherlich erfolgreich abgeschlossen hätten? Mit einer guten Gesprächsvorbereitung wäre dies bestimmt nicht passiert.

6. Schritt:

Die vorgestellte Methode der Aktionsplanung ist auch ein hervorragendes Arbeitsmittel, um Besprechungen und Verhandlungen vorzubereiten. Sie gehen dabei folgendermaßen vor:

Als erstes tragen Sie in die Kopfzeile des Aktionsplanes (Arbeitsblatt Nr. 6.04) das gewünschte Verhandlungsergebnis als Ziel ein. Anschließend sammeln Sie in der linken Spalte alle Vorbehalte und Schwierigkeiten, die Ihr Gesprächspartner im Laufe der Verhandlung vortragen könnte. Für Verkaufsverhandlungen notieren Sie sich eventuelle Schwachpunkte in Ihrem Angebot.

Wenn diese Sammlung abgeschlossen ist, listen Sie in der Maßnahmenspalte alle Argumente auf, die die Vorbehalte und Schwachpunkte entkräften können. Sie überlegen sich auch, welche Mittel und Maßnahmen Sie benötigen, um Ihre Argumente zu untermauern. Derartig vorbereitet, werden Ihre Verhandlungen wesentlich erfolgreicher.

Besprechungen haben leider oft die Eigenschaft, daß sie durch endlose Diskussionen viel zu lange dauern. Vielfach werden Besprechungen ohne Ergebnis vertagt, weil die Teilnehmer nicht genügend vorbereitet waren. Diese beiden Probleme werden weitgehend ausgeschaltet, wenn Besprechungen ebenfalls mit einem Aktionsplan vorbereitet werden.

Wenn einer Ihrer Mitarbeiter mit einem Problem zu Ihnen kommen möchte, bitten Sie ihn vor dem Gespräch, einen Aktionsplan mit den aufgezeigten Arbeitsschritten anzufertigen. Da Ihr Mitarbeiter sich sicherlich schon Gedanken über die Ursachen des Problems gemacht hat, dürfte es ihm nicht schwer fallen, auch die Maßnahmen zur Lösung des Problems vorzuschlagen.

Mit dieser Methode der Vorbereitung einer Problemdiskussion veranlassen Sie Ihren Mitarbeiter, ein Problem methodisch anzupacken. Das *schriftliche Denken* fördert seine Kreativität. Die eigentliche Besprechung wird dann sehr kurz sein, da sich die Diskussion hauptsächlich auf die Auswahl der alternativen Maßnahmen beschränkt.

Besprechungen, auf denen wichtige Themen mit mehreren Mitarbeitern besprochen werden sollen, können genauso vorbereitet werden. In diesem Fall hat jeder Gesprächsteilnehmer einen Aktionsplan auszufüllen, der dann bei der Besprechung diskutiert wird.

Es ist zweckmäßig, wenn Sie sich die ausgearbeiteten Aktionspläne einige Tage vor dem angesetzten Besprechungstermin geben lassen. Sie können sich dann selbst besser auf die Besprechung vorbereiten.

FAZIT *Zweck einer Planung ist es, durch das Festlegen von Mitteln und Maßnahmen ein bestimmtes, genau definiertes Ziel zu erreichen oder eine Aufgabe bzw. ein Problem bestmöglich zu lösen. Mit der Methodik der „Aktionsplanung" können Sie theoretisch jedes Ziel erreichen und jedes Problem lösen nach dem bekannten Sprichwort, „wo ein Wille ist, ist auch ein Weg".*

7. Schritt: Legen Sie Ihre Unternehmensstrategien fest

7.1 Strategien – die Geheimnisse des Unternehmenserfolges

Im Wirtschaftsteil der Tageszeitungen oder in entsprechenden Artikeln der Fachzeitschriften stößt man immer wieder auf Berichte von erfolgreichen oder weniger erfolgreichen Unternehmen. Auffallend ist, daß es in ein und derselben Branche den einen Unternehmen gut- und den anderen schlechtgeht.

Überlegen Sie sich einmal an Hand der folgenden Aufstellung einiger erfolgreicher und weniger erfolgreicher Unternehmen, worin der Unterschied dieser Unternehmen liegt.

Erfolgreiche Unternehmen	Nicht erfolgreiche Unternehmen
Siemens, Bosch	AEG, Bauknecht
Herlitz	Pelikan
Daimler-Benz	Opel
Quelle, Otto	Neckermann
McDonald's	Wienerwald
BOSS	Bleyle
Aldi	Coop

Diese allgemein bekannten Firmen sind nur ein kleiner Ausschnitt aus einer Reihe von Beispielen, die beliebig fortgesetzt werden könnte. Wenn Sie nach den Ursachen für die Erfolge auf der einen und die Mißerfolge auf der anderen Seite suchen, werden Sie auch als Außenstehender auf einen ganz wesentlichen Punkt stoßen:

Die erfolgreichen Unternehmen haben ein auch nach außen sichtbares *Konzept,* das sich auch für den Laien in den Produkten und in der Werbung zeigt. Bei den weniger erfolgreichen oder gar gescheiterten Unternehmen kann man ein sichtbares Konzept nicht oder nur vage wahrnehmen. Konzepte sind die Strategien, die dem Unternehmen den zu gehenden Weg angeben, um erfolgreich zu sein.

Die IHK Koblenz hat in einer schon 1978 durchgeführten Untersuchung festgestellt, daß zwei von drei mittelständischen Unternehmen ohne ein langfristiges Konzept arbeiten. Wie wir bereits im Abschnitt über die „Unternehmens-

7. Schritt:

analyse" gesagt haben, ist das Fehlen einer klaren Konzeption eindeutig die Folge der gravierendsten Managementfehler.

Wir wollen an dieser Stelle nicht näher auf die unterschiedlichen Konzepte der einzelnen Unternehmen eingehen. Sicherlich kann man auch bei einzelnen Unternehmen unterschiedlicher Meinung sein, ob sie nun erfolgreich oder nicht erfolgreich sind. Wenn Sie sich die Liste dieser Unternehmen nach Ablauf einiger Jahre wieder ansehen, werden Sie sicher feststellen, daß einzelne ehemals erfolgreiche Unternehmen dann vielleicht zu den nicht erfolgreichen Unternehmen gezählt werden müssen oder umgekehrt. Kein Unternehmen hat den Erfolg auf Dauer gepachtet. Da nach einem Sprichwort nichts beständiger ist als der Wandel, müssen sich auch die Unternehmen mit ihren Konzepten den sich verändernden Situationen anpassen. Ein Unternehmen, das diese Anpassung nicht mitmacht, wird vom Erfolg bald verlassen.

Eine Strategie ist die Festlegung des Weges zu einem bestimmten Ziel. Mit den Unternehmensstrategien bestimmen Sie, welchen Weg Ihr Unternehmen zur Erreichung seiner Ziele einschlagen soll. Die richtige Festlegung dieser Strategien ist von existenzentscheidender Bedeutung. Die Entscheidung über die Strategien kann deshalb nur vom Unternehmer oder Manager selbst und/oder von einem qualifizierten Beirat, der die entsprechende Kompetenz oder Qualifikation hat, getroffen werden.

Während sich die Unternehmer und Manager in den zurückliegenden Jahren meistens darüber Gedanken gemacht haben, wie sie mit ihrem Unternehmen ein möglichst hohes Wachstum erzielen konnten, hat sich heute der Schwerpunkt der Überlegungen dahin verlagert, wie das Unternehmen gegenüber seinen Wettbewerbern seine Position am Markt behaupten kann. Vor allem nach dem letzten Konjunktureinbruch Anfang der 80er Jahre steht nicht mehr das Umsatzdenken, sondern das Gewinndenken im Vordergrund. Die Entwicklung auf den meisten Märkten hat dazu geführt, daß der Spielraum für jedes einzelne Unternehmen enger geworden ist.

Wie wir schon betont haben, genügt es heute nicht mehr, nur in „Produktion", „Entwicklung" oder „Verkauf" zu denken. Die Unternehmer/Manager von heute und morgen müssen in komplexen Zusammenhängen denken. So genügt es heute auch nicht mehr, „eingleisige" strategische Überlegungen anzustellen.

Für den Erfolg eines Unternehmens sind sowohl die *Wettbewerbsstrategien* als auch bestimmte *Grundstrategien* von entscheidender Bedeutung. Auf die Merkmale der einzelnen Strategien und ihre Anwendung wollen wir in den folgenden Abschnitten eingehen.

Unter Wettbewerbsstrategien verstehen wir die Strategien, die darauf abzielen,

Unternehmensstrategien

die Wettbewerbsposition des Unternehmens gegenüber den Wettbewerbern zu verbessern. Die Grundstrategien zeigen unserem Unternehmen die Richtung, in die es seine wichtigsten Ressourcen und Kräfte lenken muß.

Jedes Unternehmen hat seine individuellen Stärken und Schwächen, seine besonderen Eigenheiten und bestimmte Kundenstrukturen. Entsprechend individuell müssen die einzelnen Strategien festgelegt sein.

In den folgenden Abschnitten wollen wir diese einzelnen Strategien beschreiben und die jeweiligen Voraussetzungen aufzeigen. Anhand dieser Darstellung sollte es Ihnen dann gelingen, für Ihr Unternehmen eine individuelle Strategie festzulegen.

FAZIT
Klare Strategien sind einer der wichtigsten Erfolgsfaktoren für Ihr Unternehmen. Bei aller Bedeutung der Strategien dürfen Sie jedoch folgendes nicht außer acht lassen:
1. *Entsprechend den individuellen Besonderheiten muß für jedes Unternehmen eine individuelle Strategie festgelegt werden. Es gibt kein Patentrezept!*
2. *Eine Strategie bildet den Rahmen für die Entwicklung der Unternehmensziele und der daraus abzuleitenden Maßnahmen. Eine Strategie kann Ihnen niemals das Handeln ersetzen.*

7.2 Die Grundstrategien

Folgende Grundstrategien, die in ähnlicher Form auch von Wolfgang Mewes veröffentlicht wurden, wollen wir Ihnen vorstellen:
1. Spezialisierung, d. h. Konzentration der Kräfte,
2. „Schuster bleib bei Deinen Leisten", d. H. Hände weg von Dingen, die man nicht versteht,
3. Wachstum in die Tiefe statt in die Breite, d. h. Erweiterung der Angebotstiefe.

7.2.1 Die Strategie der Spezialisierung

Unterschiedliche Probleme und Aufgaben gleichzeitig lösen zu wollen erfordert viel Kraft und bringt hohe Reibungsverluste. Die Konzentration auf ein Problem

7. Schritt:

oder eine Aufgabe dagegen steigert die Leistungsfähigkeit, weil sich dieselben Überlegungen und Arbeiten ständig wiederholen. Es gilt die Regel: *Je kleiner die geistigen und materiellen Mittel eines Unternehmens sind, um so stärker muß es sich konzentrieren.*

Um diese Aussage zu verdeutlichen, müssen Sie sich die Spitze eines Nagels vorstellen: Ein Reißnagel, den Sie mit der relativ schwachen Kraft Ihres Fingers in eine Wand drücken wollen, muß eine sehr feine Spitze haben. Ein großer Nagel dagegen, der mit einem schweren Hammer ins Holz getrieben wird, kann eine breitere Spitze haben.

Einem Unternehmen mit begrenzten Ressourcen an Personal und Kapital wird es nie gelingen, ein breites Programm erfolgreich zu produzieren und zu vertreiben. So wäre es sträflich, wenn z. B. ein kleines Bauunternehmen mit wenigen Mitarbeitern sich auf allen Marktsegmenten wie Wohnungsbau, Straßenbau, Kanalbau, Industriebau usw. gleichzeitig betätigen würde. Die wenigen Mitarbeiter müßten ihre Kräfte abwechselnd, je nach Auftragslage, für die einzelnen Projekte einsetzen. Es ist einleuchtend, daß das Arbeitsergebnis dieser Mitarbeiter nur mäßig sein kann, denn ihre Arbeiten wiederholen sich nur selten und sie müssen immer wieder für sie neue Probleme lösen.

Die Mißerfolge vieler Diversifikationen von bekannten Unternehmen sind immer wieder darauf zurückzuführen, daß der Grundsatz der Konzentration der Kräfte nicht befolgt und die eigenen Kräfte überschätzt wurden.

Der bekannte englische Philosoph und Nationalökonom Adam Smith (1723–1790) hat schon im 18. Jahrhundert auf diese Tatsache hingewiesen. Er wies nach, daß durch Unterteilung, d. h. durch Spezialisierung der Produktion von Stecknadeln in einzelne Arbeitsabläufe, eine Produktivitätssteigerung von 250% erzielt werden kann.

Auch aus dem Bereich des Sports kennen Sie sicherlich eine Vielzahl von Beispielen, wonach Spezialisten eine wesentlich höhere Leistung als die sog. Mehrkämpfer vollbringen. Durch die ständige Wiederholung und das Training gleicher oder ähnlicher Bewegungsabläufe vergrößert sich die Erfahrung und das Know-how und damit die Leistung.

Bei dem großen Vorteil der Spezialisierung darf jedoch nicht übersehen werden, daß mit dieser Strategie auch ein großes Risiko verbunden ist, was wir an zwei Beispielen aufzeigen wollen:

1. Anfang der siebziger Jahre war ein großer Boom bei Jersey-Kleidern. Die auf Strickwaren spezialisierten Fabriken und auch die Hersteller von Rundstrickmaschinen weiteten ihre Kapazitäten erheblich aus. Als dann dieser Mode-

boom wenige Jahre später zusammenbrach, mußten durch die enormen Überkapazitäten viele Unternehmen aufgeben.
2. Jedes Produkt durchläuft einen Lebenszyklus, der dem oberen Teil einer Sinuskurve entspricht. Früher oder später wird jedes Produkt am Ende seiner Lebenskurve durch ein neues Produkt ersetzt. Das mußte auch ein Unternehmen erleben, das sich auf Holzfässer für Brauereien spezialisierte. Als in den sechziger Jahren die pflegeärmeren und leichteren Aluminiumfässer auf den Markt kamen, ging es mit dem Absatz der Holzfässer bald zu Ende.

Diese beiden Beispiele zeigen, daß die Spezialisierung auf ein Produkt oder ein Herstellungsverfahren erhebliche Risiken beinhaltet. Das Risiko ist um so größer, je mehr die Produkte der Mode unterworfen sind und je höher der Kapitaleinsatz ist.

Dieses Risiko der Spezialisierung können Sie weitgehend ausschalten, wenn Sie sich nicht auf ein Produkt, sondern auf ein Grundbedürfnis Ihrer Zielgruppe spezialisieren. Grundbedürfnisse haben nämlich die Eigenschaft, daß sie sich nicht verändern. Wir wollen dies an den zuvor erwähnten Beispielen verdeutlichen:

zu 1: Ein Jersey-Kleid deckt Grundbedürfnisse der Bekleidung, die vom Freizeitkleid bis zum Abendkleid reichen. Jede Stoffart steht und fällt aber mit der Entwicklung der Mode. Wenn der Modetrend vom Jersey-Material zum Ledermaterial wechselt, wird die Nachfrage nach Jersey-Kleidern logischerweise geringer.
Ein Unternehmen, das sich z. B. auf das Grundbedürfnis *Freizeitkleidung* konzentriert und sich dabei den Einsatz des dabei eingesetzten Materials offenhält, wird kaum in Gefahr kommen, daß seinem Angebot plötzlich keine Nachfrage mehr gegenübersteht. Da die Menschen immer das Bedürfnis haben, ihre Freizeit so angenehm wie möglich zu gestalten, wird es auch immer das Bedürfnis geben, sich entsprechend leger zu kleiden. Grundbedürfnisse haben die Eigenschaft, daß sie nur sehr gering, in Abhängigkeit von der Veränderung der Kaufkraft, schwanken.

zu 2: Hätte sich der Bierfaßhersteller nicht auf Holzfässer spezialisiert, sondern auf „Bierbehälter" allgemein, hätte er rechtzeitig bemerkt, daß er auf andere Herstellungsverfahren hätte umstellen müssen.

Nachstehende Aufstellung soll Ihnen weiter verdeutlichen, was eine riskante und was eine sichere Spezialisierung ist:

7. Schritt:

Riskante Spezialisierung	Sichere Spezialisierung
Jersey-Kleider	Abendkleider, Freizeitkleider
Surfbretter	Geräte für den Wassersport
Stilmöbel	Eßzimmer, Wohnzimmer, Schlafzimmer

FAZIT *Die Spezialisierung auf ein Produkt oder ein Produktionsverfahren erfordert einen geringeren Kraftaufwand als die Herstellung einer breiten Produktpalette und erhöht auch die Leistungsfähigkeit Ihres Unternehmens. Diese Strategie beinhaltet aber ein großes Risiko, wenn sich die Bedürfnisse oder Produktionsverfahren leicht ändern können. Sicherer ist es, wenn Sie sich auf das Grundbedürfnis einer Zielgruppe konzentrieren.*

7.2.2 Die „Schuster-Strategie"

In den 60er und Anfang der 70er Jahre versuchten viele Unternehmen in den USA, aber auch in Deutschland, ihr zukünftiges Wachstum durch eine aggressive Diversifikationsstrategie abzusichern. Neben der Absicherung des Wachstums versprachen sich die Strategen dieser Unternehmen vor allem noch einen weiteren Effekt: Durch das Zusammenlegen unterschiedlicher Unternehmen sollte ein Synergieeffekt entstehen, der die Wettbewerbsposition aller Beteiligten verbessern sollte. Dieses Argument diente auch Daimler-Benz zur Rechtfertigung für den Erwerb der AEG Ende 1985.

Jede Branche durchwandert Konjunkturzyklen mit mehr oder weniger großen Schwankungen. Damit ergeben sich für das einzelne Unternehmen Umsatzschwankungen, die mit erheblichen Risiken verbunden sein können. Viele Strategen versprachen sich von einer Diversifikation einen Ausgleich dieser Zyklen und damit auch eine Streuung des Risikos für das Unternehmen. Diese Überlegung ist in der Theorie sicherlich richtig. In der Praxis sieht es aber so aus, daß sich zwar die Ergebnisse der Einzelunternehmen eines diversifizierten Konzerns ausgleichen lassen, aber nur bedingt die Kapazitäten. Aber gerade ein Kapazitätsausgleich wäre notwendig, um das Gesamtergebnis zu optimieren.

In den USA und in Europa entstanden Riesen-Konglomerate von Unternehmen. So hat sich z. B. die Firma ITT von einem Elektronik-Unternehmen zu einem breit diversifizierten Mammut-Konzern entwickelt. Seine Aktivitäten umfaßten neben dem Stammbereich Bereiche wie Lebensmittelproduktion

(z. B. Lacroix-Suppen), Hotels, Kfz-Zulieferer (z. B. Ate, SEW) und viele andere. AEG versuchte zur gleichen Zeit durch Aufkauf vieler, zum Teil maroder Firmen seine Geschäftstätigkeit zu verbreitern.

Es gibt viele Beispiele von namhaften Unternehmen, die zeigen, wie sie durch Diversifikationen ihre Kräfte verzettelt und damit das ganze Unternehmen in Schwierigkeit gebracht haben. Beispiele dafür gibt es genug, denken wir nur an die Entwicklung von VW. VW wollte sich ein zusätzliches Standbein in der Bürotechnik aufbauen und kaufte das Unternehmen Triumpf-Adler. VW steckte über 2 Mrd. DM in diese Diversifikation, und ein Ende der Subventionen wäre nicht abzusehen gewesen, wenn nicht 1986 Olivetti diese VW-Tochter übernommen hätte. Diese 2 Mrd. DM wären sicherlich besser in die Verbesserung der Produkte, der Produktion oder der Vertriebsorganisation des Stammgeschäftes gesteckt worden.

Die Probleme durch eine Diversifikationspolitik müssen zwangsläufig kommen, wenn die Führungskräfte des übernehmenden Unternehmens kein oder kein ausreichendes Know-how für die neue Branche haben. Neben den personellen Kräften erfordert ein Engagement in neue Unternehmen vor allem auch einen finanziellen Aderlaß, der in der Regel unterschätzt wird.

Diversifikationen in branchenfremde Gebiete haben zur Folge, daß große Energien aufgebracht werden müssen, die zwangsläufig dem angestammten Geschäft entzogen werden müssen. Die abgezogene Energie, das sind in der Regel personelle Kapazitäten und finanzielle Mittel, zehrt das Stammunternehmen aus und führt somit zu dessen Schwächung.

In der Februarausgabe 1985 der Zeitschrift „Industriemagazin" erschien ein Artikel über die Firma Berthold AG, Hersteller von Fotosatzgeräten für Druckereien. Dieses Unternehmen wurde durch eine verfehlte Diversifikationspolitik an den Rand einer das Unternehmen bedrohenden Krise geführt. Eine neue Geschäftsführung beschloß eine Radikalkur und trennte sich von allen Diversifikationen und konzentrierte die freiwerdenden Kräfte ausschließlich auf das angestammte Geschäft. „Auf diesem Feld", so sagte der neue Geschäftsführer, „sind wir zu Hause. Entwicklungspotential, Produktprogramm, Qualität, Tradition und Ruf des Unternehmens begründen hier unsere Wettbewerbsstärke."

FAZIT

Jeder kennt das Sprichwort „Schuster bleib bei Deinen Leisten". Es bedeutet soviel wie, Hände weg von Dingen, die man nicht versteht. Die Aussage dieses Sprichwortes gilt auch für Ihr Unternehmen. Unternehmen, die sich immer auf ihre Stärken

7. Schritt:

> **bzw. ihr Know-how konzentriert haben, überstanden Krisen unbeschadet, denn sie konnten ihre Kräfte darauf ausrichten, ihr Nutzenbieten laufend zu verbessern.**

7.2.3 Wachstum in die Tiefe

Nachdem wir im vorigen Abschnitt so große Vorbehalte gegenüber einer Diversifikationsstrategie vorgetragen haben, wollen wir Ihnen im folgenden eine Möglichkeit aufzeigen, wie besonders ein mittelständisches Unternehmen, ohne sich zu verzetteln, ein gesundes Wachstumsziel realisieren kann.

Wachstum als langfristiges, strategisches Ziel kann vor allem durch drei Strategien erzielt werden:

1. Durch *Erhöhung des Marktanteils,*
2. durch eine *horizontale Angebotserweiterung* und
3. durch eine *vertikale Angebotserweiterung.*

Jede *Erhöhung des Marktanteils* geht zwangsläufig zu Lasten der Wettbewerber. Ein Unternehmen kann seinen Marktanteil erhöhen, wenn es entweder seine Produkte mit Eigenschaften ausstattet, die den Produkten der Wettbewerber überlegen sind, oder seine Produkte billiger anbietet als die anderen Anbieter. Auf diese beiden Strategien werden wir im nächsten Abschnitt noch näher eingehen.

Bei einer *horizontalen Angebotserweiterung* dehnt ein Unternehmen sein Angebot auf weitere Zielgruppen aus, die es bisher noch nicht beliefert hat. Dies ist beispielsweise der Fall, wenn ein Hersteller von Motorsägen für den professionellen Waldarbeiter seine Produkte zusätzlich den Hobbygärtnern anbietet.

Wenn der Absatz mit dem ursprünglichen Angebotsprogramm auf neue Zielgruppen ausgedehnt wird, besteht die Gefahr, daß mit dem Angebot die Bedürfnisse der Zielgruppe nicht genau getroffen werden. Beim Beispiel des Motorsägenherstellers ist die Wahrscheinlichkeit groß, daß die für den professionellen Bedarf gedachten, hochwertigen Motorsägen für den Hobbymarkt zu teuer sind. Von den Hobbygärtnern werden die Motorsägen lange nicht so beansprucht. Leichtere und damit auch billigere Motorsägen haben deshalb bei dieser Zielgruppe eine größere Verkaufschance. Dieses Beispiel zeigt, daß mit einer horizontalen Angebotserweiterung ein erhebliches Risiko verbunden ist.

Besonders riskant ist eine *horizontale Angebotserweiterung,* wenn das Wachstum gleichzeitig mit neuen Zielgruppen *und* mit neuen Produkten angestrebt wird.

Auf die Schwierigkeiten haben wir bereits im vorhergehenden Abschnitt hingewiesen. Dieses Risiko bleibt für die Unternehmen in Grenzen, die auch auf dem neuen Markt schon ein gutes Image haben. Wenn z. B. die Firma Stihl (Weltmarktführer auf dem Profisägenmarkt) mit einfacheren Motorsägen auf den Hobbymarkt expandieren wollte, wäre dies für sie sicherlich nicht sehr riskant, da sie schon heute bei den Hobbygärtnern einen sehr guten Namen hat.

Wachstum durch eine vertikale Angebotserweiterung kann von Ihrem Unternehmen dadurch erzielt werden, daß es seine Angebotspalette bei seiner bisherigen Zielgruppe erweitert. Diese Erweiterung kann entweder durch eigene neue Produkte, durch zusätzliche Dienstleistungen oder aber auch durch Handelsartikel erfolgen.

Ist Ihr Unternehmen bei einer bestimmten Zielgruppe mit seinen Produkten oder Dienstleistungen gut eingeführt, werden ihm durch das bisher aufgebaute Vertrauen Chancen für das Verkaufen zusätzlicher Angebote eröffnet. Der Bekanntheitsgrad und das Vertrauen in Ihr bisheriges Angebot wird auch auf Ihr neues Produkt übertragen. Es ist einleuchtend, daß Sie ein neues Produkt Ihren bisherigen Kunden leichter verkaufen können als neuen Kunden, die Ihr Unternehmen noch nicht kennen. Diese Wachstumsstrategie ist deshalb wesentlich weniger riskant.

Die Strategie der vertikalen Angebotserweiterung basiert im Prinzip auf der „Spezialisierungs-Strategie" und hat deshalb wie diese auch erhebliche Rationalisierungseffekte. So können Sie z. B. die zusätzlichen Produkte der Angebotserweiterung in der Regel über die gleichen Verkäufer vertreiben, so daß deren Produktivität steigt.

Auch Ihrem Unternehmen bieten sich vielfältige Möglichkeiten, mit Ihren bisherigen Kunden mehr Umsatz zu machen. Ansatzpunkte für konkrete Möglichkeiten finden Sie, wenn Sie in das Arbeitsblatt Nr. 7.01 alle Arbeitsprozesse eintragen, die Ihrem Produkt oder Ihrer Dienstleistung bei Ihren Kunden vor- bzw. nachgelagert sind. Bei der Zusammenstellung der einzelnen Prozesse dürfen Sie nicht nur den Fertigungsbereich berücksichtigen, sondern auch den Vertriebs- und Verwaltungsbereich (z. B. Angebotserstellung, Buchhaltung etc.), d. h. alle Abteilungen beim Kunden, die Ihr Produkt oder Ihre Dienstleistung direkt oder indirekt tangiert. Ihre Strategie muß es sein, nicht nur ein Produkt oder eine Dienstleistung anzubieten, sondern ein ganzes System oder eine komplette Problemlösung.

Ein hervorragendes Beispiel einer erfolgreich praktizierten Wachstumsstrategie nach dem Prinzip der vertikalen Angebotserweiterung liefert die Firma GARDENA in Ulm. 1961 begann dieses Unternehmen mit Schlauchkupplungen aus Kunststoff für Gartenschläuche. In den Folgejahren wurden diese Produkte zu

7. Schritt:

Arbeitsblatt Nr. 7.01: Vertikaler Arbeitsprozeß
Verarbeitungsprozeß unserer Zielgruppe Blechverarbeiter

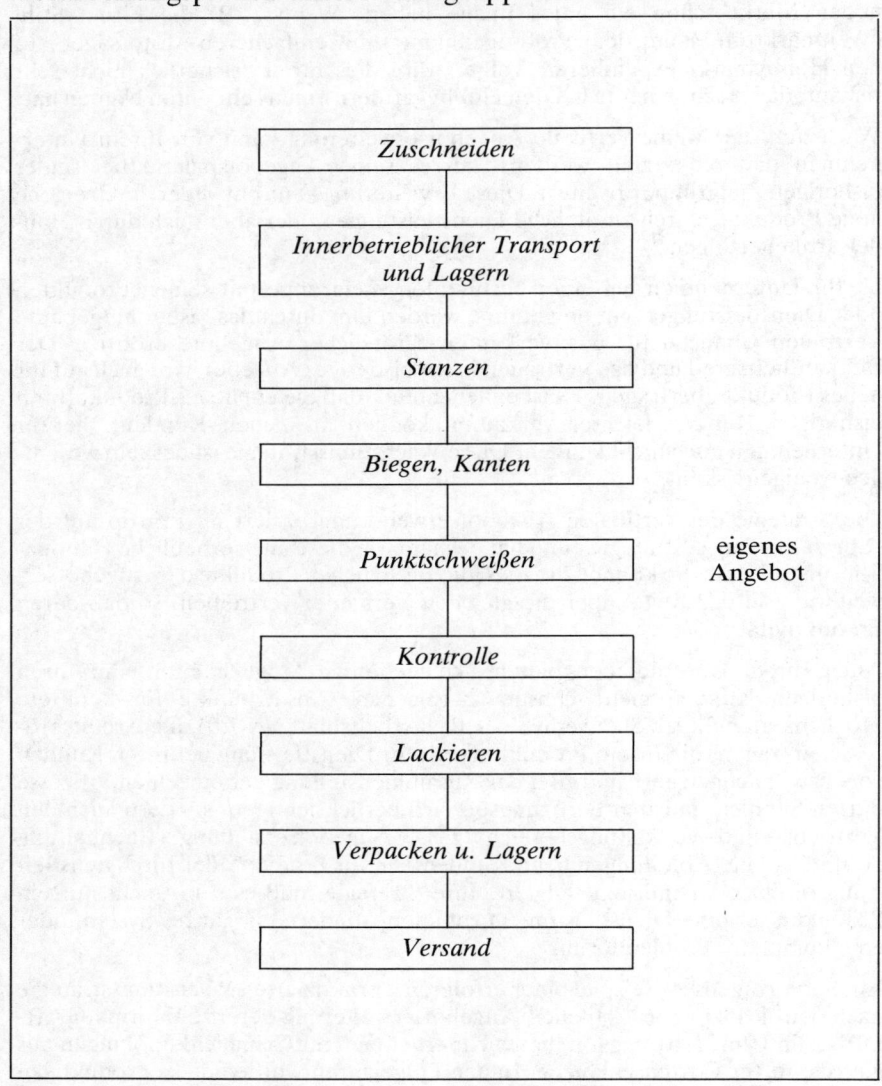

```
        ┌─────────────────────────────────┐
        │           Zuschneiden           │
        └─────────────────────────────────┘
        ┌─────────────────────────────────┐
        │  Innerbetrieblicher Transport   │
        │          und Lagern             │
        └─────────────────────────────────┘
        ┌─────────────────────────────────┐
        │             Stanzen             │
        └─────────────────────────────────┘
        ┌─────────────────────────────────┐
        │         Biegen, Kanten          │
        └─────────────────────────────────┘
        ┌─────────────────────────────────┐
        │         Punktschweißen          │         eigenes
        └─────────────────────────────────┘         Angebot
        ┌─────────────────────────────────┐
        │            Kontrolle            │
        └─────────────────────────────────┘
        ┌─────────────────────────────────┐
        │            Lackieren            │
        └─────────────────────────────────┘
        ┌─────────────────────────────────┐
        │       Verpacken u. Lagern       │
        └─────────────────────────────────┘
        ┌─────────────────────────────────┐
        │             Versand             │
        └─────────────────────────────────┘
```

Unternehmensstrategien

einem kompletten System ausgebaut, das heute von den einfachen Kupplungen bis hin zu einem elektronisch gesteuerten Bewässerungssystem reicht. Außerdem wurde inzwischen das Programm um zahlreiche Produkte für die Gartenpflege ergänzt. Es ist offensichtlich die Strategie von GARDENA, durch Erweiterung des Gartenpflegesystems, d. h. in die Tiefe, zu wachsen.

Unter dem Motto „Reinigung ist unsere Sache" hat die Firma Kärcher in Winnenden bei Stuttgart für die Kraftfahrzeugwerkstätten ein umfangreiches Reinigungssystem entwickelt. Dieses System umfaßt Hochdruckreinigungsgeräte in allen Größen und Ausführungen sowie spezielle Kfz-Staubsauger. Selbstverständlich werden mit diesen Reinigungsgeräten auch die erforderlichen Chemikalien angeboten. Dieses System wird übrigens nach dem Prinzip der horizontalen Angebotserweiterung nach und nach in abgewandelter Form auch anderen Zielgruppen angeboten.

Noch an einem weiteren Beispiel wollen wir die Anwendung dieser Grundstrategie erläutern:

Stellen Sie sich einmal ein Bauunternehmen vor, das bisher im Wohnungsbau tätig war und nun Überlegungen anstellt, wie ein weiteres Wachstum erzielt werden kann. Das vereinfacht und unvollständig dargestellte Schaubild auf der nächsten Seite zeigt, welche Wachstumsmöglichkeiten es für dieses Bauunternehmen geben könnte. So wäre z. B. der Einstieg in den Straßenbau oder Industriebau denkbar. Dies wäre für dieses Bauunternehmen aber eine horizontale Angebotserweiterung, die einen hohen personellen und finanziellen Aufwand erfordern würde. Eine weniger riskante vertikale Angebotserweiterung wäre das zusätzliche Anbieten von Leistungen wie „Grundstücksbeschaffung", „Finanzierung" oder „Ausbauarbeiten" usw.

Bevor Ihr Unternehmen zusätzliche Leistungen anbietet, müssen sie selbstverständlich prüfen, ob die ins Auge gefaßten Angebotserweiterungen Ihren Möglichkeiten, d. h. Ihrem Know-how und Ihren Ressourcen, entsprechen. Zur Durchführung dieser Aufgabe erstellen Sie Ihr *Leistungsprofil* (Arbeitsblatt Nr. 7.02), das den Analyseblättern aus der Unternehmensanalyse ähnelt.

In dieses Arbeitsblatt tragen Sie in die linke Spalte alle ins Auge gefaßten Angebotserweiterungen ein. Anschließend machen Sie sich ein Bild über die Voraussetzungen (Know-how, Ressourcen) Ihres Unternehmens, die es für jede mögliche Angebotserweiterung bereits vorweisen kann. Sie kennzeichnen Ihre Fähigkeiten und Ihr Know-how in diesen Bereichen entsprechend der angegebenen Skala. Die Bewertung der wichtigsten, zu erwartenden Wettbewerber tragen Sie ebenfalls in dieses Arbeitsblatt ein. Durch Vergleich Ihres Leistungsprofils mit denen Ihrer Wettbewerber erkennen Sie sehr gut, in welche Bereiche Sie Ihre Aktivitäten erfolgversprechend ausdehnen können.

7. Schritt:

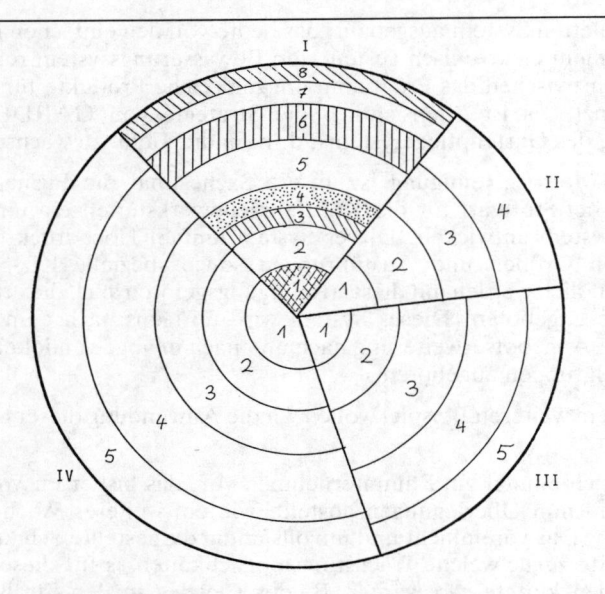

I. Einfamilienhausbauherr
1. Planung
2. Grundstücksbeschaffung
3. Finanzierung
4. Rohbau
5. Dach
6. Heizung/Sanitär
7. Verputzarbeiten
8. Fliesenleger

II. Industrie
1. Planung
2. Erdarbeiten
3. Rohbau
4. Dachaufbau

III. Hochbauamt
1. Rohbau
2. Abbrucharbeiten
3. Sanierung
4. Erdarbeiten
5. Fassadenverkleidung

IV. Tiefbauamt
1. Erdarbeiten
2. Straßenbau Asphalt
3. Straßenbau Beton
4. Brückenbau
5. Betonsanierung

Der Baumarkt

Unternehmensstrategien

Arbeitsblatt Nr. 7.02: Leistungsprofil

Wie groß sind unsere Fähigkeiten und unser Know-how für diese Leistungen? →	ungenügend	mangelhaft	ausreichend	befriedigend	gut	sehr gut	Wettbewerber	
Mögliche vertikale Angebotserweiterungen								
1. Architektur- und Planungsleistungen	▓	▓	▓	▓			1	
	▓	▓	▓	▓	▓	▓	2	
	▓	▓	▓	▓	▓	▓	3	
2. Beschaffung von Grundstücken	▓	▓	▓	▓	▓		1	3 = Wettbewerber B
	▓	▓	▓	▓	▓	▓	2	
	▓	▓	▓	▓	▓	▓	3	
3. Finanzierung von Grundstück und Bauleistungen	▓						1	
	▓	▓	▓	▓			2	
	▓	▓	▓	▓	▓	▓	3	
4. Dachdeckerarbeiten	▓	▓					1	
	▓	▓	▓	▓	▓	▓	2	
	▓	▓	▓	▓	▓	▓	3	2 = Wettbewerber A
5. Zimmermannsarbeiten	▓	▓	▓				1	
	▓	▓	▓	▓	▓		2	
	▓	▓	▓	▓	▓	▓	3	
6. Schreinerarbeiten Fensterbau	▓	▓					1	
	▓	▓	▓	▓			2	
	▓	▓	▓	▓	▓		3	
7. Installationsarbeiten für Sanitär und Heizung	▓	▓	▓	▓			1	1 = eigenes Unternehmen
	▓	▓					2	
							3	
8. Landschafts- und Gartenbau	▓	▓	▓				1	
	▓	▓	▓	▓	▓		2	
	▓	▓	▓	▓	▓	▓	3	
							1	
							2	
							3	
							1	
							2	
							3	
							1	
							2	
							3	

7. Schritt:

Selbstverständlich müssen Sie auch noch durch Gespräche mit Ihren Kunden klären, ob Sie als kompetenter Partner für die neuen Leistungsangebote akzeptiert werden.

Wenn Sie sich entschieden haben, Ihr Angebot durch die eine oder andere Leistung zu erweitern, müssen Sie auf jeden Fall darauf achten, daß keine personellen oder finanziellen Kapazitäten abgezogen werden, die Ihr angestammtes Geschäft schwächen oder gar gefährden könnten.

FAZIT *Streben Sie das Wachstum Ihres Unternehmens primär durch eine vertikale Angebotserweiterung an, indem Sie Ihre Angebotstiefe bei der Ihnen bekannten Zielgruppe erweitern.*

7.3 Die Wettbewerbsstrategien

Eine Wettbewerbsstrategie haben wir definiert als eine Strategie, die darauf abzielt, dem Unternehmen gegenüber seinen Wettbewerbern eine besondere Wettbewerbsposition zu verschaffen. Es bedarf wohl keiner besonderen Betonung, daß dies auch eine gewinnbringende Position sein muß.

Es gibt zahlreiche Strategien, mit denen man dieses Ziel erreichen kann, so wie es bekanntlich auch viele Wege nach Rom gibt. Im folgenden wollen wir die drei wichtigsten Wettbewerbsstrategien behandeln; dies sind:

1. Die Preisführerschaft
2. Die Differenzierung
3. Die Marktnischenpolitik

7.3.1 Die Strategie der Preisführerschaft

Unternehmen, die die Strategie der Preisführerschaft praktizieren, treten am Markt mit einer aggressiven oder flexiblen Preispolitik auf und bieten den Kunden immer einen günstigeren Preis als die Wettbewerber. Ein typisches Beispiel für diese Strategie sind die japanischen Hersteller von Personenwagen oder Werkzeugmaschinen.

Unternehmensstrategien

Die Strategie der Preisführerschaft kann nur von einem Unternehmen praktiziert werden, das auch mit den geringsten Kosten der Branche arbeitet. Man spricht deshalb auch von der Kostenführerschaft-Strategie. Wenn die Voraussetzung der geringsten Kosten nicht vorhanden ist, führt diese Strategie ein Unternehmen in den Ruin.

Vielfach erleben wir heute in übersetzten Märkten, daß mehrere Unternehmen gleichzeitig die Strategie der Preisführerschaft anstreben, ohne auf der Kostenseite der Günstigste zu sein. Die Folge dieser Politik ist fatal. Ein typisches Beispiel für einen ruinösen Preiskampf als Folge einer Strategie der Preisführerschaft ist die Branche des Lebensmitteleinzelhandels. ALDI fing Anfang der 60er Jahre mit seinen Discount-Märkten an. Durch eine konsequente Strategie bei der Kosteneinsparung konnte ALDI immer der billigste auf dem Markt sein und hat dabei auch noch gut verdient. Nach und nach wollten andere Mitbewerber diese Konzeption nachmachen, mit der Folge, daß ein ruinöser Preiskampf ausgelöst wurde, der mittlerweile praktisch alle Einzelhandelsbranchen erfaßt hat.

Wenn Sie mit Ihrem Unternehmen Kostenführer einer Branche oder eines Marktsegmentes sein wollen, muß die Summe aller Kosten der einzelnen Funktionen Ihres Unternehmens niedriger sein als die Ihrer Wettbewerber. Der strategische Wert des Kostenvorsprungs hängt davon ab, ob er sich behaupten läßt. Das ist dann gegeben, wenn die Faktoren des Kostenvorsprungs von den Wettbewerbern nur sehr schwer übernommen werden können.

Die relative Kostenposition eines Unternehmens hängt von den Kosten der einzelnen Funktionen ab, die das Produkt während seines Herstellungsprozesses durchläuft. Im folgenden wollen wir Ihnen einige Punkte aufzeigen, wo Sie ansetzen können, um zu einer Kosten- und damit Preisführerschaft zu kommen.

(1) *Größenbedingte Kostendegression*
Die Kosten eines Unternehmens lassen sich in fixe und variable Kosten unterteilen. Die fixen Kosten, z. B. Gehälter, Gemeinkostenlöhne, Versicherungen, Zinsen etc., fallen unabhängig von der Kapazitätsauslastung an. Die variablen Kosten, z. B. Fertigungslöhne, Material, Versandkosten etc., entstehen dagegen nur, wenn ein Unternehmen auch eine Leistung erbringt. Da die variablen Kosten proportional zum Ausstoß steigen, nennt man sie auch proportionale Kosten.
Wie aus nachstehender Abbildung hervorgeht, sinken bei steigendem Ausstoß die Stückkosten, da sich die Fixkosten auf eine immer größere Produktionsmenge verteilen. Je höher der Anteil der Fixkosten an den Gesamtkosten ist, um so stärker fällt die Degression der Stückkosten aus.

7. Schritt:

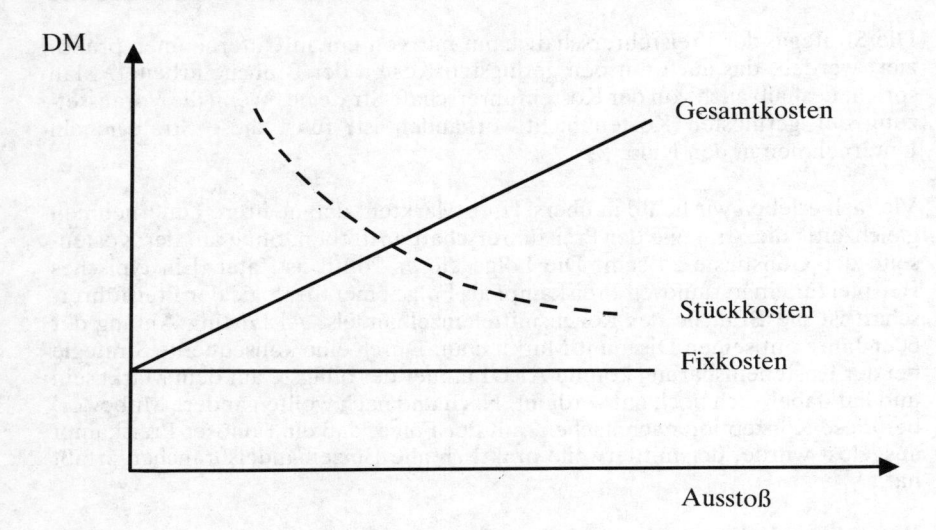

Diagramm: DM (y-Achse) über Ausstoß (x-Achse) mit den Kurven Gesamtkosten (steigende Gerade), Stückkosten (fallende gestrichelte Kurve) und Fixkosten (waagerechte Linie).

Aus dieser Abbildung ersehen Sie auch, daß Unternehmen mit dem größten Marktanteil, d. h. dem relativ größten Ausstoß, theoretisch auch einen Kostenvorteil haben. Aus dieser Tatsache erklärt sich auch, warum manche Unternehmen mit aller Gewalt die Marktführerschaft anstreben. Vielfach wird dabei nicht genügend berücksichtigt, daß Marktanteile nur über zusätzliche Preisnachlässe, die später nicht mehr korrigiert werden können, erkauft werden können. Außerdem zeigt die Praxis, daß die Fixkostenkurve nicht waagrecht verläuft, sondern in mehr oder weniger großen Sprüngen nach oben, so daß die Kostendegression viel flacher verläuft als angenommen.

Wenn eine Erhöhung des Marktanteils angestrebt wird, ist auch zu berücksichtigen, daß ein Unternehmen mit zunehmender Betriebsgröße schwerfälliger und damit unproduktiver wird, so daß der vermeintliche Kostenvorteil wieder aufgehoben wird.

(2) *Kapazitätsauslastung*

Jedes Unternehmen ist saisonalen und konjunkturellen Schwankungen der Nachfrage ausgesetzt, die eine schwankende Kapazitätsauslastung zur Folge haben. Aus der vorigen Abbildung geht auch hervor, daß sich je nach Fixkostenanteil die Kapazitätsschwankungen mehr oder weniger positiv oder negativ auf die Stückkosten auswirken. Aus dieser Tatsache folgen zwei strategische Zielsetzungen:

Unternehmensstrategien

- Das Unternehmen arbeitet immer mit einer optimalen Kapazitätsauslastung, indem der Betrieb auf eine mittlere Kapazität ausgelegt ist und die Kapazitätsspitzen über die sog. verlängerte Werkbank abgedeckt werden. Diese Strategie ist natürlich nur in solchen Fällen anwendbar, in denen Arbeiten auch ausgelagert werden können.
- Das Unternehmen arbeitet mit minimalen Fixkosten, um gegenüber Beschäftigungsschwankungen nicht so empfindlich zu sein.

(3) *Standort*

Auch der Standort kann die Kosten eines Unternehmens beeinflussen. Neben den Kosten für den Transport vom Lieferanten zum Unternehmen oder vom Unternehmen zum Kunden gibt es noch eine Reihe weiterer zahlreicher Kosten, die von Standort zu Standort sehr stark schwanken können:

- Steuern
- Lohnkosten, viele Großunternehmen haben ihre Produktion teilweise in Entwicklungsländer (z. B. Fernost) mit geringeren Lohnkosten verlagert
- Rohstoffe
- Produktivität und Qualität der Mitarbeiter
- Energiekosten
- öffentliche finanzielle Anreize

Die Entscheidung für einen Standort kann nicht ohne weiteres korrigiert werden. Aus diesem Grund sollten bei der Entscheidung für einen Standort möglichst alle Gesichtspunkte unter ihrer langfristigen Wirkung beurteilt werden.

(4) *Verhandlungsmacht als Abnehmer*

In jedem Unternehmen kommt dem Einkauf eine strategische Bedeutung zu. Zum Einkauf zählen das Anmieten von Dienstleistungen ebenso wie das Beschaffen von Anlagen, Betriebsmitteln und Fertigungsmaterial. Obwohl der Einkauf in vielen Branchen den größten Kostenfaktor darstellt, ist es unverständlich, wie amateurhaft der Einkauf in vielen Unternehmen praktiziert wird. Nicht umsonst besagt ein altes Sprichwort: „Im Einkauf liegt der Gewinn."

Viele Unternehmen sind einem sehr harten Preiswettbewerb ausgesetzt und versuchen deshalb durch eine Verbesserung ihrer Position gegenüber den Lieferanten dieses Problem zu mildern. Dabei werden hauptsächlich die beiden folgenden Maßnahmen eingesetzt:

- Zusammenfassen einzelner Bestellungen zu Jahresabschlüssen
- Bildung von Einkaufskooperationen

7. Schritt:

Die Strategie der Vergrößerung der Verhandlungsmacht wird vor allem vom Handel sehr stark praktiziert. Wenige große Firmen kaufen nach und nach die kleineren auf, z. B. im Lebensmitteleinzelhandel, so daß eine immer größere Nachfragemacht entsteht. In vielen Fällen ist es dabei schon zu verhängnisvollen Abhängigkeiten der Lieferanten (meist mittelständische Unternehmen) von ihren Kunden gekommen.

(5) *Fertigungstechnologie*
Die Fertigungstechnologie ist einer der wichtigsten Faktoren, mit denen sich die Produktionskosten positiv verändern lassen. Denken Sie nur an die Möglichkeiten der neuesten CNC-Maschinen oder Automationseinrichtungen.

Die Fertigungskosten sind, wie wir eingangs schon betont haben, auch eine Frage der Kapazitätsauslastung. Aus diesem Grunde sollten Sie vor jeder Investitionsentscheidung in eine neue Fertigungstechnologie auch die Frage der späteren Kapazitätsauslastung dieser Investition prüfen. Was nützt die modernste Anlage, wenn sie nur teilweise genutzt werden kann?

Die Fertigungstechnologie kann für Sie vor allem dann zu einem wirkungsvollen Wettbewerbsvorteil werden, wenn Ihr Unternehmen z. B. über ein Herstellungsverfahren verfügt, das die Wettbewerber nicht kennen oder aus schutzrechtlichen Gründen nicht einsetzen können.

(6) *Produktivität*
Die Produktivität ist nicht nur eine Frage der eingesetzten Fertigungstechnologie, sondern vor allem eine Frage der Organisation.

In der Produktion ist es Aufgabe der Arbeitsvorbereitung, für einen optimalen Fertigungsablauf zu sorgen mit dem Ziel, die Fertigungszeiten und den Fertigungsflußfaktor (Verhältnis von Durchlaufzeit zu Bearbeitungszeit eines Auftrages) zu minimieren. Dies sind die beiden Ansatzpunkte, um sowohl die Fertigungslöhne als auch die Kapitalkosten positiv zu verändern.

Der Vollständigkeit halber sei auch noch auf die Einführung eines Leistungslohnsystems hingewiesen. Auch dies ist eine sehr wirkungsvolle Maßnahme, um die Produktivität zu steigern.

Auch in der Verwaltung gibt es zahlreiche Möglichkeiten, die Produktivität zu erhöhen. Als Beispiel seien hier nicht nur organisatorische Maßnahmen, sondern vor allem auch der von der Unternehmensleitung und von den Führungskräften praktizierte Führungsstil genannt. Gerade der Führungsstil, auf den wir noch später näher eingehen werden, ist ein Motivationsfaktor, der die Produktivität positiv beeinflußt.

Unternehmensstrategien

(7) *Konstruktion*

In der Konstruktion und Entwicklung gibt es zwei Möglichkeiten, auf die Kosten Einfluß zu nehmen:

- die Kosten der Konstruktionsarbeiten an sich
- die Produktkosten als Folge der Konstruktion

Die Kosten der Konstruktion lassen sich nicht nur durch den Einsatz von CAD-Systemen reduzieren, sondern vor allem durch Standardisieren der einzelnen Konstruktionsarbeiten. Vor allem muß darauf geachtet werden, daß nicht bei jedem Konstruktionsauftrag „das Rad von neuem erfunden wird." Häufig wird übersehen, daß die Produktkosten primär eine Folge der Konstruktion sind. So lassen sich z. B. durch ein Baukastensystem nicht nur die Konstruktionskosten, sondern auch die Kosten der Fertigung erheblich senken.

In diesem Zusammenhang wollen wir Sie auch auf die „Wertanalyse" und die „wertgestaltende Konstruktion" hinweisen. Aus eigener Erfahrung wissen wir, daß durch diese Methode Einsparungen von 10 bis 20% möglich sind. Auf dieses umfangreiche und interessante Thema an dieser Stelle weiter einzugehen, würde den Rahmen dieses Buches sprengen.

(8) *Gemeinkosten*

Die Gemeinkosten sind die Kosten, die keinem Kostenträger direkt zugerechnet werden können. Sie werden vielfach auch „unproduktive" Kosten genannt, da sie unabhängig von der Produktion anfallen. Die Gemeinkosten beinhalten einen Großteil der Fixkosten. Zu den Gemeinkosten gehören auch die Kosten der Verwaltung, die in einem breiten Bereich anfallen. Eine straffe Organisation und das Weglassen von unnötigem Luxus (wir haben darauf schon bei der Auflistung der Managementfehler hingewiesen) sind die Voraussetzung geringer Gemeinkosten.

Sie können einen Kostenvorteil nur behaupten, wenn Ihre Wettbewerber durch bestimmte Barrieren daran gehindert werden, die Möglichkeiten Ihrer Kostenvorteile ebenfalls zu nutzen. Vor allem folgende Barrieren sorgen für nachhaltige Kostenvorteile:

- Der Marktanteil als Faktor für die Betriebsgröße und damit Grad der Kostendegression kann von Wettbewerbern oft nur sehr schwer aufgeholt werden.
- Die Produkt- und Fertigungstechnologie als Know-how Ihres Unternehmens kann vor allem dann schwer kopiert werden, wenn sie durch Schutzrechte abgesichert sind. Als Beispiel sei hier die Firma STOROPACK genannt, der

7. Schritt:

Welt größter Hersteller von Styropor-Verpackungen, die für ihr Herstellungsverfahren zahlreiche Patente hat.

Jede Strategie hat ihre Besonderheiten und damit Vor- und Nachteile. Wir wollen Ihnen deshalb abschließend auch die Risiken und damit die Grenzen der Strategie der Preisführerschaft aufzeigen:

- Durch technologische Veränderungen können die zuvor genannten Kostenvorteile entfallen, so daß auch die Wettbewerber im Preis nachziehen können.
- Wettbewerbern gelingt es, die Kostenvorteile des Preisführers zu übernehmen.
- Jeder Markt unterliegt einem bestimmten Lebenszyklus mit einer Wachstums-, einer Sättigungs- und einer Schrumpfungsphase. Je weiter dieser Lebenszyklus fortschreitet, um so mehr besteht die Gefahr, daß die Kostenvorteile von den Wettbewerbern aufgeholt werden, da die Innovationsreserven mit der Zeit immer kleiner werden.

Auch wenn Sie mit Ihrem Unternehmen nicht eine Strategie der Preisführerschaft verfolgen wollen, so sollten Sie doch auf der Kostenseite alle Möglichkeiten ausschöpfen, die ein Preisführer einschlagen muß. Die Kosten zu senken ist immer ein Gebot der Stunde!

FAZIT *Die Strategie der Preisführerschaft kann auf einem Markt nur von einem Unternehmen angestrebt werden. Im allgemeinen führt diese Strategie zu einer Verschärfung des Wettbewerbs. Sie kann deshalb nur von kapitalstarken Unternehmen erfolgreich praktiziert werden. Voraussetzung für den Erfolg dieser Strategie ist außerdem das Vorhandensein von uneinholbaren Kostenvorteilen.*

7.3.2 Die Strategie der Differenzierung

Eine Kaufentscheidung wird immer von Menschen getroffen und daher auch immer von subjektiven Kriterien beeinflußt. Der eigentliche Wert für Ihren Kunden setzt sich deshalb zum einen aus seinem *objektiven* Wert und zum anderen aus seinem *subjektiven* Wert Ihres Angebotes zusammen, wie nachstehende Abbildung zeigt.

Unternehmensstrategien

Abnehmer-Wert

subj. Wert

obj. Wert

Unternehmen A   Unternehmen B

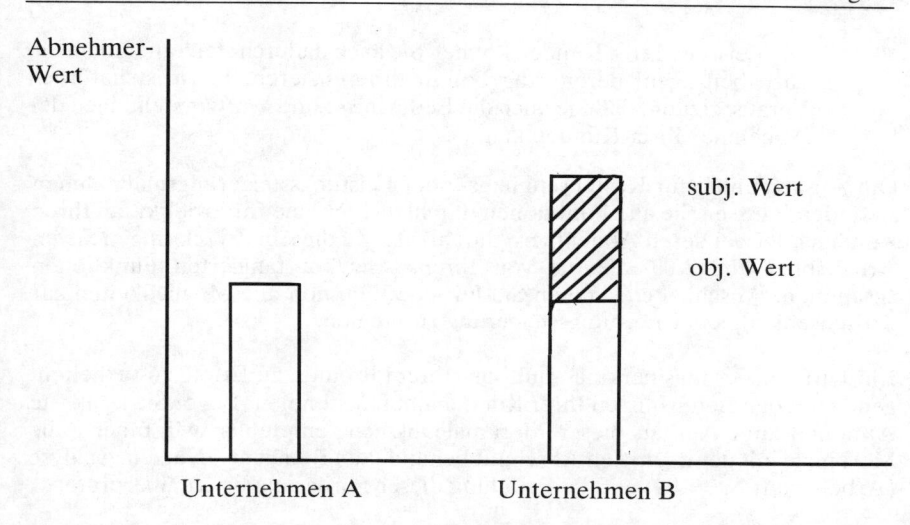

Den objektiven Wert Ihres Angebotes können Sie mit einer Differenzierungsstrategie steigern, indem Sie Ihr Angebot mit einem oder mehreren Merkmalen ausstatten, die für Ihre Kunden einen besonderen Wert darstellen. Ihre Differenzierungsstrategie ist dann am erfolgreichsten, wenn Sie Ihrem Kunden damit selbst besondere Wettbewerbsvorteile verschaffen. Diese Wettbewerbsvorteile können bestehen in einer

1. *Senkung der Kosten* und/oder in einer
2. *Steigerung der Leistung* Ihrer Kunden.

Mit diesen beiden Wettbewerbsvorteilen schaffen Sie für Ihren Kunden einen besonderen, vielfach meßbaren Wert, der entweder einen höheren Preis rechtfertigt oder bei gleichem Preis eine Präferenz verschafft.

zu 1:   *Senkung der Kosten der Abnehmer*
Ausgangspunkt einer Differenzierung ist alles, was dazu beiträgt, daß beim Kunden die Gesamtkosten, die bei der Verwendung Ihres Angebotes oder anderweitig entstehen, gesenkt werden. Um möglichst viele Differenzierungschancen wahrnehmen zu können, müssen Sie genau die Funktionen kennen, die Ihr Produkt beim Kunden durchläuft bzw. die es beeinflußt.

zu 2:   *Steigerung der Leistung der Abnehmer*
Der Wert Ihres Angebotes erhöht sich, wenn es zur Leistungssteigerung des Personals oder der Maschinen Ihrer Kunden beiträgt, denn mit jeder Leistungssteigerung ist auch eine Kostensenkung verbunden.

7. Schritt:

Die Leistung Ihrer Kunden können Sie auch dadurch steigern, indem Sie dazu beitragen, deren Angebot zu differenzieren. Dazu ist natürlich Voraussetzung, daß Sie auch die Bedürfnisse und Wertvorstellungen der Abnehmer Ihrer Kunden kennen.

Um Ansatzpunkte für Kostensenkungs- oder Leistungssteigerungsmaßnahmen zu finden, müssen Sie alle Funktionen durchleuchten, die Ihr Produkt bei Ihren Kunden oder bei deren Abnehmern durchläuft. Zu diesem Zweck tragen Sie im Arbeitsblatt Nr. 7.03 alle die von Ihrem Angebot tangierten Funktionen zusammen. Anschließend stellen Sie für jede Funktion alle Möglichkeiten zur Kostensenkung oder Leistungssteigerung zusammen.

Ein Differenzierungsmerkmal muß, um Ihrem Produkt zu Erfolg zu verhelfen, genau mit den Bedürfnissen Ihrer Kunden übereinstimmen. Bevor Sie konkrete Aktionen zum Aufbau dieser Merkmale planen, empfehlen wir Ihnen, alle Merkmale mit der im dritten Abschnitt behandelten Bedürfnis-/Nutzen-Analyse (Arbeitsblatt Nr. 3.02) auf die Erfüllung dieser Forderung hin zu überprüfen.

Nachstehend haben wir für verschiedene betriebliche Funktionen einige Ansatzpunkte zusammengestellt, die erkennen lassen, wie Ihr Angebot zur Kostensenkung bzw. Leistungssteigerung beitragen kann:

- *Eingangslogistik:* Tätigkeiten im Zusammenhang mit der Annahme, Lagerung, Kontrolle, Bestandskontrolle, Materialrückgabe und dem innerbetrieblichen Transport von Produktionsmaterial und Betriebsmitteln.
- *Produktion:* Tätigkeiten im Zusammenhang mit der Verarbeitung bis zum endgültigen Produkt wie maschinelle Bearbeitung, Montage, Verpackung oder Instandhaltung der Maschinen. Auch die Menge, Stärke oder Qualität des verarbeiteten Produktionsmaterials bietet Ansatzpunkte für Kostensenkungen oder der Energieverbrauch von Heizung und Maschinen.
- *Ausgangslogistik:* Tätigkeiten im Zusammenhang mit der Lagerung der Fertigwaren, Materialtransport (inner- und außerbetrieblich), Verpacken oder Auftragsabwicklung.
- *Marketing und Vertrieb:* Tätigkeiten zur Bereitstellung von Hilfsmittel, durch die die Abnehmer zum Kauf des Produktes angeregt werden wie z. B. Werbung, Verkaufsförderung, Regalpflege, Unterstützung des Außendienstes etc.
- *Kundendienst:* Tätigkeiten im Zusammenhang mit Dienstleistungen zur Werterhaltung des Produkts, zur Aufrechterhaltung der Betriebsbereitschaft, Reparaturen, Instandhaltung, Ersatzteillieferung und Schulung.
- *Entwicklung und Konstruktion:* Dienstleistungen zur Leistungssteigerung des Personals wie Konstruktionshilfen, Arbeitsunterlagen und Beratung.

Arbeitsblatt Nr. 7.03: Differenzierungsmerkmale

Funktionen unserer Abnehmer, die unsere Produkte tangieren	Differenzierungsmerkmal (Möglichkeiten zur Kostensenkung oder Leistungssteigerung)
Eingangslogistik	– *Günstige Finanzierungskonditionen* – *Schulung der Mitarbeiter*
Produktion	– *Kurze Rüstzeiten* – *Schnelle Bearbeitungszeit* – *Hohe Betriebssicherheit = keine Ausfallzeiten*

7. Schritt:

Neben dem Preis und den objektiven Differenzierungsmerkmalen bildet der subjektive Wert den Gesamtwert Ihres Angebotes. Je höher dieser subjektive Wert ist, um so höher schätzt der Kunde den Wert Ihres Angebotes ein. Der subjektive Wert wird vor allem durch folgende Faktoren bestimmt:

1. *Das Design und die Farbe Ihrer Produkte*
   „Kleider machen Leute" heißt es so schön. Auch bei allen Produkten, ob Konsum-, Gebrauchs- oder Investitionsgut, wird das Aussehen ein immer kaufentscheidenderer Faktor. Bei der Entwicklung neuer Produkte wird deshalb von erfolgreichen Unternehmen vielfach ein Industriedesigner mit eingeschaltet, der dem Produkt das richtige „Kleid" verpaßt.

2. *Die Verpackung Ihrer Produkte*
   Die Verpackung spielt eine ähnliche Rolle wie die Farbe und das Design Ihrer Produkte. Die Verpackung vermittelt dem Kunden den ersten Eindruck, wenn er ein Produkt z. B. im Regal liegen sieht. Neben dem eigentlichen Zweck einer Verpackung, nämlich das Produkt beim Transport zu schützen, können Sie mit der Verpackung noch viele zusätzliche Nutzen bieten. So kann z. B. eine Verpackung nach Gebrauch als Spielzeug für die Kinder oder als Vorratsbehälter für Flüssigkeiten usw. Verwendung finden.

3. *Werbung*
   Den subjektiven Wert eines Angebotes beurteilt ein Käufer nach den ihm zur Verfügung stehenden Informationen. So kann Ihr Unternehmen durch eine Verbesserung dieser Informationen den subjektiven Wert seiner Angebote weiter steigern.
   Der Werbung kommt in diesem Zusammenhang eine große Bedeutung zu. Sie ist ganz entscheidend für den Erfolg einer Differenzierungsstrategie. Es nützt nämlich nichts, wenn Ihr Unternehmen teure Maßnahmen zur Differenzierung seiner Produkte oder Dienstleistungen ergreift, wenn diese nachher von den Kunden nicht erkannt und vor allem nicht anerkannt werden. Ohne eine entsprechende „Bekanntmachung" der Differenzierungsmerkmale kann Ihr Unternehmen nicht die Früchte der Differenzierung ernten.

Jedes Produkt und jede Dienstleistung bietet eine Vielzahl von Differenzierungsmöglichkeiten. Ihr Unternehmen kann mit seiner Differenzierungsstrategie aber nur dann erfolgreich sein, wenn es sich dadurch eine Alleinstellung verschafft hat. Im Gegensatz zur Kostenführerstrategie können auf einem Markt gleichzeitig mehrere Anbieter eine Differenzierungsstrategie verfolgen. Jedes Unternehmen muß sich dabei aber auf eigene Merkmale spezialisieren.

Fast jede Differenzierungsmaßnahme bedeutet zusätzliche Kosten. So haben z. B. die Breite des angebotenen Sortiments oder die Lieferzeit einen sehr

Unternehmensstrategien

großen Einfluß auf die Kosten. Mit der Breite des Sortiments steigen nicht nur die Fertigungskosten, sondern genauso die Kosten für die Lagerhaltung. Kurze Lieferzeiten erfordern eine größere Lagerhaltung und evtl. höhere Versandkosten. Die Kosten der Differenzierung müssen deshalb in Ihre strategischen Überlegungen mit einbezogen werden, damit ein Optimum zwischen den Wertvorstellungen Ihrer Kunden und den Kosten Ihres Unternehmens gefunden wird.

Die durch eine Differenzierung erzielten höheren Preise dürfen durch eine unterlegene Kostenposition nicht wieder zunichte gemacht werden. Ein sich differenzierendes Unternehmen muß immer zumindest auf annähernde Kostenparität zu den Wettbewerbern achten.

Zusammenfassend wollen wir noch einmal die Schritte zur Festlegung einer Differenzierungsstrategie aufzeigen:
1. Bestimmung der Zielgruppe Ihrer Produkte oder Dienstleistungen (s. Abschnitt 3.2)
2. Ermittlung der Entscheidungsträger Ihrer Kunden
3. Ermittlung der Kaufkriterien (objektive und subjektive Merkmale) Ihrer Kunden
4. Zusammenstellen der von Ihrem Angebot tangierten Funktionen bei Ihren Kunden und Auflisten aller Möglichkeiten zur Kostensenkung und Leistungssteigerung (Arbeitsblatt Nr. 7.03)
5. Ermittlung der Kosten der Differenzierungs-Kriterien
6. Endgültige Festlegung der Differenzierungs-Kriterien und Planung der notwendigen Maßnahmen

FAZIT

Hat ein Unternehmen mit seinem Angebot etwas Einmaliges zu bieten, kann es am Markt einen höheren Preis und damit auch eine bessere Rentabilität erzielen. Mit der Strategie der Differenzierung kann Ihr Unternehmen eine solche Alleinstellung erreichen. Eine Differenzierung kann aus speziellen Produkteigenschaften oder aus zusätzlichen Dienstleistungen bestehen.

Die mit einer Differenzierungsstrategie angestrebte Alleinstellung erreichen Sie erst dann, wenn der aus der Einmaligkeit resultierende Wert auch von Ihren Kunden erkannt und anerkannt wird.

7. Schritt:

7.3.3 Die Strategie der Marktnischenpolitik

Auf einem freien Markt erhält bei gleichem Nutzenangebot, d. h. bei gleichem objektiven und subjektiven Wert, derjenige Anbieter den Zuschlag, der am preisgünstigsten ist. Die Situation des reinen Preiswettbewerbs auf vielen Märkten kann nur von Unternehmen gemeistert werden, die auch am kostengünstigsten produzieren, das sind in der Regel die größeren Unternehmen.

Ein mittelständisches Unternehmen kann sich diesem harten Wettbewerb vor allem dadurch entziehen, daß es sich auf Marktnischen zurückzieht. Marktnischen sind die kleineren Marktsegmente einer Branche, die von Großunternehmen weniger bearbeitet werden, weil das Marktpotential für deren Fertigungskapazität zu klein ist. In einer Marktnische treten vielfach kleinere, nur regional anbietende Unternehmen auf. Anhand von zwei Beispielen wollen wir die Merkmale einer Marktnische verdeutlichen:

Bei der Bedürfnisanalyse haben wir ein Unternehmen der Kühlmöbelbranche zitiert. An Hand dieser Branche wollen wir zeigen, wie sich der sehr heterogene Kühlmöbelmarkt entsprechend der Zielgruppengliederung in einzelne Marktsegmente einteilen läßt:

- Kühlmöbel für den Haushalt (Kühlschrank, Tiefkühltruhe, Hausbar-Kühlschränke)
- Kühlmöbel für den Lebensmittelhandel (Kühltheken, -regale, -truhen)
- Kühlmöbel für die Gastronomie (Bierkühltheken, Kühlschränke, Kühlräume)
- Kühlmöbel für Metzgereien (Kühltheken, Kühlräume)
- Kühlmöbel für Konditoreien (Kühltheken, Kühlräume)
- Kühlmöbel für Krankenhäuser und pharmazeutische Unternehmen (Kühlschränke)

Diese einzelnen Marktsegmente unterscheiden sich sowohl durch die Art des Produktangebotes als auch durch die Absatzmenge. Der Markt für Haushaltkühlmöbel z. B. ist sehr groß. Praktisch jeder Haushalt benötigt ein oder mehrere Kühlmöbel. Dieser Markt verlangt deshalb eine Massenfertigung, die nur von Großunternehmen aufgebaut werden kann. Die Märkte für Gastronomie-, Metzgerei- oder Konditoreikühlmöbel sind dagegen typische „Marktnischen". Sie sind relativ klein und vor allem auch dadurch gekennzeichnet, daß jeder Kunde individuelle Bedürfnisse hat (um sich zu differenzieren), die teilweise nur durch Sonderanfertigungen befriedigt werden können. Anbieter dieser Marktnischen können nur kleinere Unternehmen sein, die flexibel auf die individuellen Kundenwünsche eingehen können.

Unternehmensstrategien

Ein weiteres, allgemein bekanntes Beispiel für eine Marktnische war der Markt von BMW. Als es BMW Anfang der 60er Jahre nicht sehr gut ging, hat der damalige Verkaufschef Paul Hahnemann, der als „Nischen-Paule" bekannt wurde, sein Unternehmen auf ein klar definiertes Marktsegment konzentriert. Dieses Marktsegment waren dynamische, sportliche, erfolgreiche und damit auch relativ wohlhabende Leute. Im Vergleich zum gesamten Automobilmarkt stellt diese Zielgruppe eine relativ kleine Marktnische dar. Die Menschen dieser Zielgruppe betrachten das Autofahren nicht nur als Mittel zum Zweck, sondern als Freizeitbeschäftigung, als Hobby. Jeder kennt den Slogan von BMW: „Aus Freude am Fahren". Die Firma BMW hat in den Folgejahren einen beachtlichen Aufschwung erlebt, weil sie es verstand, sich unter diesem Motto durch eine geschickte Differenzierung von den anderen großen Automobilherstellern abzusetzen.

So einleuchtend die Vorteile der Marktnischenstrategie auch aussehen, so dürfen Sie bei Ihren Überlegungen jedoch nicht übersehen, daß ein Unternehmen, das sich auf ein Marktsegment einer Branche konzentriert, nicht unerheblichen Risiken ausgesetzt ist. So hat BMW einen erheblichen Rückschlag einstecken müssen, als sich auch Daimler-Benz daranmachte, seine Fahrzeuge immer mehr den Bedürfnissen der „sportlichen" Zielgruppen anzupassen. Als Daimler-Benz Anfang der 80er Jahre mit dem relativ sportlichen Modell „190" auf den Markt kam, bekam BMW erhebliche Absatzprobleme mit seiner „3er-Serie".

Bevor Sie mit Ihrem Unternehmen eine Strategie der Marktnischenpolitik einschlagen, sollten Sie deshalb vor allem das Eintreten folgender Risiken abwägen:

- Marktsegmente unterliegen auch konjunkturellen Schwankungen. Wenn das Segment klein ist und nur von wenigen Abnehmern gebildet wird, kann ein Nachfrageschwund eine verhängnisvolle Auswirkung haben.
- Jede Branche unterliegt einer mehr oder weniger großen Dynamik, die die Grenzen eines Marktsegments verändern oder wegfallen lassen.
- Die Bedürfnisse der wenigen Abnehmer in einem Marktsegment können sich ändern.
- Neue Wettbewerber treten in das Marktsegment ein.

Damit Sie diese Risiken in Grenzen halten können, muß Ihr Unternehmen absolut kundenorientiert und flexibel sein. Sie müssen Marktveränderungen laufend beobachten und ggf. schnell darauf reagieren können.

FAZIT *Die Marktnischenstrategie ist für viele mittelständische Unternehmen die einzige Möglichkeit, sich dem Wettbewerb mit den Großunternehmen zu entziehen. Sie dürfen jedoch nicht überse-*

7. Schritt:

> hen, daß diese Strategie erhebliche Risiken beinhaltet. Diese Risiken werden noch verstärkt, wenn sich Ihr Unternehmen auf ein Herstellungsverfahren oder gar auf ein modisches Produkt spezialisiert hat.

7.3.4 Die Festlegung der Wettbewerbsstrategie

Mit einer Wettbewerbsstrategie verfolgt ein Unternehmen das Ziel, sich innerhalb einer Branche so günstig zu plazieren, daß es sich gegenüber dem Wettbewerb eine gewinnbringende Position verschafft. Es gibt keine „Idealstrategie", für jedes Unternehmen muß vielmehr eine individuelle Strategie maßgeschneidert werden. Nachdem wir in den vorangegangenen Abschnitten die Besonderheiten der einzelnen Wettbewerbsstrategien behandelt haben, wollen wir Ihnen im folgenden aufzeigen, unter welchen Voraussetzungen Sie welche Strategien anwenden sollten.

Bevor Sie sich für eine der beschriebenen Strategien oder Strategiekombinationen entscheiden, müssen Sie sich über folgende Fragen Klarheit verschaffen:

1. *Wie sind die strategierelevanten Voraussetzungen Ihres Unternehmens?*
Für den Erfolg jeder Strategie-Variante sind unterschiedliche Voraussetzungen erforderlich. Zu diesen Voraussetzungen gehören die Struktur des Unternehmens ebenso wie seine Fähigkeiten, sein Know-how und seine Unternehmensphilosophie. Eine Unternehmensstruktur, die durch lange Tradition und ältere, schwerfällige Mitarbeiter gekennzeichnet ist, wird wohl kaum ihre Stärke in der Kreativität haben, die für eine erfolgreiche Differenzierungsstrategie erforderlich ist. Diese Struktur ist eher geeignet, durch straffe Organisation und Planung die Kosten in den Griff zu bekommen. Umgekehrt hat ein Unternehmen mit vorwiegend kreativ tätigen Mitarbeitern Probleme mit einer straffen Planung der Kosten.
Auch die Größe und die Kapitalkraft eines Unternehmens sind für die Festlegung der Strategie von entscheidender Bedeutung. So kann z. B. ein relativ kleines Unternehmen in einem großen Markt nicht die Strategie der Preisführerschaft verfolgen. Dies würde nur die Großen zu einem Preiswettbewerb auffordern, dem das kleine Unternehmen früher oder später zum Opfer fallen würde. Ein kleines Unternehmen ist vor allem durch seine Flexibilität für eine Marktnischenpolitik prädestiniert.

2. *Wie stark sind die Abnehmer Ihres Unternehmens?*
Die Stärke, d. h. die Verhandlungsmacht, Ihrer Abnehmer bestimmt in

Unternehmensstrategien

erheblichem Maße den Preis und damit die Rentabilität Ihres Unternehmens. Kleinere Unternehmen tun sich in Märkten, auf denen sie relativ großen Abnehmern gegenüberstehen, sehr schwer. Als Beispiel möchten wir hier wieder den Lebensmittelhandel anführen: Wenige große Handelsketten stehen einer Vielzahl von oft kleineren Herstellern gegenüber.

Wenn sich Ihr Unternehmen nicht durch eine Differenzierungsstrategie eine entsprechende Position der Stärke aufbauen kann, sollten Sie versuchen, sich in Marktnischen mit vielen kleineren Abnehmern zurückzuziehen.

3. *Welche Preispolitik verfolgen die Wettbewerber Ihres Unternehmens?*
Wenn bereits einer Ihrer Wettbewerber eine Strategie der Preisführerschaft praktiziert, wäre es verhängnisvoll, wenn Sie mit Ihrem Unternehmen die gleiche Strategie verfolgen würden, es sei denn, sie könnten sich erhebliche Kostenvorteile aufbauen, die die Konkurrenz nicht so schnell einholen kann. Je stärker der Preisführer ist, um so ausgeprägter und wirkungsvoller muß Ihre Differenzierungsstrategie oder Marktnischenpolitik sein.

Das Ergebnis dieser Überlegungen tragen Sie in das Arbeitsblatt Nr. 7.04 ein, wie es das Beispiel auf der folgenden Seite zeigt. Aus der Anzahl der Kreuze erkennen Sie, wie der Schwerpunkt Ihrer Strategie aussehen muß. In der Praxis wird es meistens so sein, daß eine Kombination aus zwei Strategie-Varianten gewählt wird.

Anhand der am Anfang dieses Abschnitts aufgelisteten erfolgreichen Unternehmen haben wir uns einmal überlegt, an welchen Wettbewerbsstrategien sich diese Unternehmen wohl orientieren. Das Ergebnis unserer Überlegung zeigt nachstehende Aufstellung:

Unternehmen	Wettbewerbsstrategie		
	Preisführerschaft	Differenzierung	Marktnischenpolitik
Herlitz		X	
Daimler-Benz		X	X
Otto-Versand		X	X
McDonald's	X		
Boss		X	
Aldi	X		

7. Schritt:

Arbeitsblatt Nr. 7.04: Wettbewerbsstrategie-Auswahl

Bestimmungsfaktoren \ Wettbewerbsstrategien	Preisführerschaft	Differenzierung	Marktnischenpolitik
Größe und Kapitalkraft des Unternehmens		X	X
Mitarbeiterstruktur des Unternehmens			X
Realisierte oder potentielle Kostenvorteile des Unternehmens		X	
Verhandlungsstärke der Abnehmer			X
Preispolitik der Wettbewerber		X	X

Unternehmensstrategien

Selbstverständlich basiert der Erfolg dieser Unternehmen nicht nur auf diesen Strategien. Der Erfolg ist vielmehr das Ergebnis einer Vielzahl von Faktoren, von Faktoren, die das Unternehmen bestimmen kann (z. B. Mitarbeiterführung), und solchen, auf die das Unternehmen keinen Einfluß hat (z. B. Konjunkturentwicklung).

FAZIT *Bevor Sie sich für eine bestimmte Wettbewerbsstrategie entscheiden, müssen Sie folgende Fragen geklärt haben:*

1. *Welches sind die strategierelevanten Voraussetzungen Ihres Unternehmens, und wie gut werden sie von Ihrem Unternehmen erfüllt?*
2. *Wie stark sind die Abnehmer Ihres Unternehmens in Relation zu Ihrer Marktstärke?*
3. *Welche Preispolitik verfolgen Ihre Wettbewerber, können Sie evtl. von mächtigen Wettbewerbern an die Wand gedrückt werden?*

7.4 Verschaffen Sie sich strategische Wettbewerbsvorteile!

7.4.1 Das Wesen strategischer Wettbewerbsvorteile

„Als zentrales Erfolgskriterium für lebende Systeme schlechthin kann die Überlebensfähigkeit der Art im allgemeinen oder des Individuums im speziellen gesehen werden", sagt Prof. Pümpin von der Hochschule St. Gallen. Daraus folgt, daß der Erfolg eines Unternehmens um so größer ist, je größer dessen Überlebensfähigkeit ausgeprägt ist.

Die Fähigkeit Ihres Unternehmens, langfristig zu überleben, basiert nicht auf Glück, sondern ist das Ergebnis eines geplanten Handelns. Nur durch ein geplantes Handeln können Sie die internen und externen Voraussetzungen für einen langfristigen Erfolg schaffen. Im Zentrum Ihrer Überlegungen darf deshalb nicht die Frage nach Gewinn oder Wachstum stehen, sondern die Frage: *Welches sind die Wettbewerbspositionen, die den Erfolg Ihres Unternehmens langfristig sicherstellen?*

Ähnlich wie ein Feldherr in einer Schlacht versucht, strategisch wichtige Stellungen wie Hügelkuppen oder Flußübergänge zu erobern und zu halten,

7. Schritt:

müssen Sie für Ihr Unternehmen Positionen aufbauen, in denen Sie Ihren Wettbewerbern auf dem Markt überlegen sind. Diese Positionen nennen wir die „strategischen Wettbewerbsvorteile".

Die Bedeutung und das Wesen der strategischen Wettbewerbsvorteile wollen wir an drei Beispielen verdeutlichen:

Beispiel 1:
Zu immer neuen Höhenflügen setzt die in Annecy/Frankreich ansässige Skibindungsfirma SALOMON S.A. an. Innerhalb weniger Jahre ist dieses Unternehmen Marktführer auf dem Markt für Skibindungen geworden. Als SALOMON vor wenigen Jahren mit einem technisch völlig neuartigen Skistiefel auf den Markt kam, war die 2. Marktposition innerhalb von drei Jahren erreicht. Zur Zeit tüfteln die 130 Ingenieure an einem neuen Ski, der allerdings erst dann in Produktion gehen wird, wenn er den Markt mit revolutionären Ideen umkrempeln kann.
Es ist ganz offensichtlich, daß SALOMON mit dem strategischen Wettbewerbsvorteil „technologisch führend" in der durch Überkapazitäten gekennzeichneten Wintersportartikelbranche laufend Marktanteile gewinnt.

Beispiel 2:
Als die Volkswagen AG vor einigen Jahren die Audi-NSU AG übernommen hat, stand dieses Unternehmen vor großen Problemen. Innerhalb weniger Jahre war es dem neuen Management von Audi-NSU gelungen, dieses Unternehmen wieder erfolgreich zu machen.
Audi-NSU hat sich neue strategische Wettbewerbsvorteile formuliert, die in den nächsten Jahren systematisch ausgebaut werden sollen. Das gesamte Produktionsprogramm wurde entsprechend dem Slogan „Vorsprung durch Technik" umgestaltet. Dieser Slogan beinhaltet mehrere Wettbewerbsvorteile:
- Lange Werterhaltung durch hohe Technologie (z. B. verzinktes Karosserieblech),
- Hohe Wirtschaftlichkeit durch technische Innovationen bei Motor, Fahrgestell und Karosserie,
- Hohe Sicherheit der Produkte (aktive und passive Sicherheit),
- Günstige Fertigungskosten durch rationellste Produktionstechnologie.

Die strategischen Wettbewerbsvorteile von Daimler-Benz sind so bekannt, daß sie sogar beinahe jedes Kind kennt:
- Qualität
- Sicherheit
- Komfort

Unternehmensstrategien

Wenn man die strategischen Wettbewerbsvorteile aufzählen sollte, die für Ford oder Opel charakteristisch sind, hätte man bestimmt große Probleme. Spiegelt sich darin nicht auch der Erfolg dieser Firmen wider?

Beispiel 3:
Auf dem Markt des Lebensmitteleinzelhandels hat der Lebensmitteldiscounter ALDI einen von allen beneideten Erfolg erzielt. Aus bescheidenen Anfängen in den 60er Jahren ist dieses Unternehmen bis heute auf einen Umsatz von über 18 Mrd. DM (1985) geklettert und ist damit der mit Abstand größte Lebensmittelfilialist in Deutschland.

Wenn man den Erfolg dieses Unternehmens analysiert, findet man strategische Wettbewerbsvorteile, die in folgendem Werbeslogan zusammengefaßt wurden: „Wer Preise vergleicht, wer Qualität testet, der kommt an ALDI nicht vorbei". Die beiden strategischen Wettbewerbsvorteile „Preis" und „Qualität" werden durch folgende strategische Maßnahmen erreicht:
● Hohe Qualität durch scharfe Kontrollen
● Günstiger Preis durch strenges Kostenmanagement:
   - Sortimentsbegrenzung
   - Günstiger Einkauf durch große Mengenabschlüsse
   - Einfache Verwaltung, Logistik und Vertrieb

FAZIT *Die strategischen Wettbewerbsvorteile sind die wichtigsten Erfolgsfaktoren eines Unternehmens. Streben Sie deshalb mit Ihrem Unternehmen eine überlegene Wettbewerbsposition an.*

7.4.2 Der Aufbau strategischer Wettbewerbsvorteile

Ausgangspunkte für die Festlegung Ihrer aufzubauenden strategischen Wettbewerbsvorteile sind einmal das Arbeitsblatt Nr. 4.01, mit dem Sie Ihre Stärken analysiert haben, die in der Vergangenheit zu Ihrem Erfolg beigetragen haben, und zum anderen die Ausarbeitung der Differenzierungsmerkmale (Arbeitsblatt Nr. 7.03). Aus diesen Ausarbeitungen übertragen Sie die Faktoren in das Arbeitsblatt Nr. 7.05, von denen Sie glauben, daß sie Ihrem Unternehmen zu einem langfristigen Erfolg verhelfen.

Die systematische Ausbildung eines Wettbewerbsvorteils bindet erhebliche personelle Kräfte und finanzielle Mittel. Wenn Sie gleichzeitig viele strategische Wettbewerbsvorteile aufbauen wollen, laufen Sie Gefahr, Ihre Kräfte zu verzetteln. Aus diesem Grunde sollten Sie an nicht mehr als maximal fünf strategischen Wettbewerbsvorteilen arbeiten. Dies müssen die Positionen sein, die Ihrem

7. Schritt:

Unternehmen den größten Vorsprung gegenüber Ihren Wettbewerbern verschaffen, der auch langfristig gehalten werden kann. Auf den Aufbau dieser Wettbewerbspositionen müssen Sie sich konzentrieren.

Welche der möglichen Wettbewerbspositionen Sie zu strategischen Wettbewerbsvorteilen aufbauen sollten, müssen Sie an Hand externer und interner Kriterien beurteilen. Die externen Beurteilungskriterien werden dabei durch den Markt und die Kunden und die internen durch Ihr Unternehmen gebildet. Sie müssen sich fragen, mit welcher Wettbewerbsposition Sie aus der Sicht Ihrer Kunden auch eine Position der Überlegenheit (strategischer Wettbewerbsvorteil) gegenüber Ihren Wettbewerbern einnehmen. Des weiteren müssen Sie fragen, wie gut diese Wettbewerbspositionen zu Ihrem Unternehmen passen, d. h. können diese Positionen mit den Stärken und Fähigkeiten Ihres Unternehmens aufgebaut werden, und decken sie sich mit Ihren Unternehmensgrundsätzen und -strategien?

Nach allgemeiner Erfahrung dauert es mindestens fünf Jahre, bis ein Unternehmen sich einen wirkungsvollen strategischen Wettbewerbsvorteil aufgebaut hat. Denken Sie daran, wie lange BMW gebraucht hat, um beim Qualitätsimage halbwegs mit Daimler-Benz gleichziehen zu können. Aus diesem Grunde ist es für Sie außerordentlich wichtig, die Anstrengungen und Ressourcen in den Aufbau nur der erfolgswirksamen strategischen Wettbewerbsvorteile zu stecken. Wenn Sie erst nach mehreren Jahren erkennen, daß Sie auf einen falschen und damit wirkungslosen strategischen Wettbewerbsvorteil gesetzt haben, sind nicht nur wertvolle Ressourcen vertan, sondern in vielen Fällen ist eine Kurskorrektur nicht mehr möglich. Aus diesem Grunde kommt einer guten Informationserhebung und objektiven Entscheidungsfindung so große Bedeutung zu.

Die erfolgversprechendsten strategischen Wettbewerbsvorteile erhalten Sie, wenn Sie alle im Arbeitsblatt Nr. 7.05 gesammelten möglichen Wettbewerbspositionen anhand der folgenden zehn Kriterien bewerten:

1. Da im Gegensatz zu den kurzfristigen Erfolgsfaktoren, die sich in relativ kurzer Zeit auch von der Konkurrenz durch entsprechende Maßnahmen aufbauen lassen, der Aufbau der strategischen Wettbewerbsvorteile mehrere Jahre benötigt, müssen Sie sich auf solche Wettbewerbspositionen konzentrieren, die von der Konkurrenz nicht so leicht eingeholt werden können. Ihr Ziel muß es sein, dem Unternehmen eine Position der Alleinstellung zu verschaffen.
2. Langfristiger Erfolg kann nur durch Wettbewerbspositionen erzielt werden, die die zukünftige Markt- und Umfeldentwicklung beinhalten. Positionen auf einem Gebiet zu beziehen, die in Zukunft unwichtig sind, wäre strategisch wenig sinnvoll.

3. Ein strategischer Wettbewerbsvorteil führt erst dann zu einem nachhaltigen Erfolg, wenn er sich mit den wichtigsten Bedürfnissen der Zielgruppe deckt.
4. Wie gut verbessert der Wettbewerbsvorteil die Leistung und die Kostenstruktur Ihrer Kunden? Wie Sie im vorigen Abschnitt erfahren haben, ist diese Frage entscheidend für den Erfolg Ihres Angebotes.
5. Eine strategische Wettbewerbsposition muß der Konkurrenz überlegen sein. Durchschnitt oder Unterlegenheit kann zu keinem Erfolg führen.
6. Wie gut entspricht der für den Aufbau des strategischen Wettbewerbsvorteils notwendige Kapitalaufwand den Möglichkeiten Ihres Unternehmens?
7. Wie gut trägt der jeweilige Wettbewerbsvorteil zur Verbesserung der Differenzierung Ihres Angebotes bei?
8. Wie stark würde durch den Wettbewerbsvorteil Ihr Wachstum und Ihr Marktanteil verbessert werden? (Höhere Stückzahlen – geringere Fertigungskosten)
9. Wie stark würde der Wettbewerbsvorteil die Kostenstruktur Ihres Unternehmens verbessern (Kostenvorteile)?
10. Wie gut deckt sich der Wettbewerbsvorteil mit den vorhandenen Stärken Ihres Unternehmens? (Wenn dies nicht der Fall ist, besteht die Gefahr, daß Sie überfordert werden – s. „Schuster-Strategie".)

Jeden einzelnen, in die nähere Auswahl genommenen, möglichen Wettbewerbsvorteil bewerten Sie nun an Hand dieser Kriterien. Die Bewertung führen Sie so durch, daß Sie für jeden Wettbewerbsvorteil bei jedem Kriterium eine Bewertungsziffer zwischen [1] und [3] eintragen. Die Ziffern haben dabei folgende Bedeutung:

[1] = Der Wettbewerbsvorteil deckt sich sehr gut mit der Forderung des Kriteriums.

[2] = Der Wettbewerbsvorteil deckt sich nur mittelmäßig mit der Forderung des Kriteriums.

[3] = Der Wettbewerbsvorteil deckt sich nicht mit der Forderung des Kriteriums.

Wenn Sie die Ziffern in die jeweiligen Spalten eingetragen haben, addieren Sie für jeden zu beurteilenden Wettbewerbsvorteil die Bewertungsziffern. Die Positionen mit der niedersten Summe entsprechen dann am ehesten den Fähigkeiten und Ressourcen Ihres Unternehmens und erfüllen auch die Forderungen des Marktes und Ihrer Kunden. Sie erhalten auf diese Weise einen relativ objektiven Maßstab für Ihre Entscheidung, welche strategischen Wettbewerbsvorteile in Zukunft von Ihrem Unternehmen zu verfolgen sind.

Wenn Sie eine Entscheidung über die strategischen Wettbewerbsvorteile getroffen haben, gilt es, durch eine methodische Maßnahmenplanung diese „strategi-

7. Schritt:

Arbeitsblatt Nr. 7.05: Bewertung der Wettbewerbsvorteile

Bewertungskriterium	Günstige Finanzierungskonditionen	Schulung u. Beratung	Qualität (lange Lebensdauer)	Technologische Innovationen	Flexibilität bei Sonderwünschen	Wirkungsvolle Verkaufshilfen	Patente	Bewertung
1. Wie gut deckt sich der Wettbewerbsvorteil mit dem wichtigsten Kundenbedürfnis?	1	2	1	1	1	2	3	
2. Wie schwer ist der Wettbewerbsvorteil von der Konkurrenz nachzumachen?	3	3	2	1	1	3	1	1 = sehr gut, sehr stark, sehr schwer 2 = mittelmäßig gut bzw. stark/schwer 3 = nicht gut bzw. leicht
3. Wie gut beinhaltet der Wettbewerbsvorteil zukünftige Markt- und Umweltentwicklungen?	2	2	1	1	1	2	1	
4. Wie stark ist der Wettbewerbsvorteil der Konkurrenz überlegen?	2	2	2	1	1	3	1	
5. Wie gut entspricht der notwendige Kapitalaufwand den Möglichkeiten des Unternehmens?	3	1	1	3	2	2	1	
6. Wie gut trägt der Wettbewerbsvorteil zur Differenzierung bei?	2	1	1	1	1	2	2	
7. Wie gut fördert der Wettbewerbsvorteil Wachstum und Marktanteil?	2	2	1	1	1	2	1	
8. Wie stark verbessert der Wettbewerbsvorteil die Kostenstruktur unseres Unternehmens?	3	3	3	3	3	3	3	
9. Wie gut trägt der Wettbewerbsvorteil zur Leistungssteigerung und Kostensenkung d. Kunden bei?	1	1	1	1	2	2	2	
10. Wie gut deckt sich der Wettbewerbsvorteil mit den Stärken unseres Unternehmens?	3	1	1	1	1	2	1	
Bewertungsergebnis	22	18	14	14	14	23	16	

Unternehmensstrategien

schen Wettbewerbsvorteile" auszubauen und zu verteidigen. Diese Arbeiten müssen sehr gewissenhaft vorgenommen werden.

Da sich aus diesen Arbeiten Ziele und Aktionen für alle Verantwortungsbereiche ergeben, müssen Sie alle Führungskräfte Ihres Unternehmens an dieser Arbeit beteiligen. Durch die Gemeinschaftsarbeit stellen Sie einerseits sicher, daß ein möglichst breiter Erfahrungs- und Wissensschatz genutzt wird und sich andererseits die sonst notwendigen Informationen und Überzeugungsarbeiten erübrigen.

Jedes Unternehmen wird laufend mit den dynamischen Veränderungen des Marktes und der Umwelt konfrontiert. Daraus folgt, daß ein strategischer Wettbewerbsvorteil auch niemals etwas Statisches sein kann. Jeden strategischen Wettbewerbsvorteil müssen Sie einmal jährlich mit einer entsprechenden Informationserhebung absichern und ggf. anpassen, damit er als Wettbewerbsvorteil erhalten bleibt.

FAZIT *Die strategischen Wettbewerbsvorteile müssen sowohl zu den Fähigkeiten und Ressourcen Ihres Unternehmens passen als auch den Bedürfnissen Ihrer Kunden entsprechen. Strategische Wettbewerbsvorteile sind wie Diamanten – sie müssen zuerst entdeckt, dann geschliffen und schließlich gehütet werden.*

7.5 Strategien aus der Portfolio-Analyse

Mit der Portfolio-Analyse im Abschnitt 3.5 haben Sie die Marktposition Ihrer Produkte bzw. Dienstleistungen ermittelt und sie in der Matrix dargestellt. So haben wir in unserem Beispiel festgestellt, daß sich das Produkt A im Feld „Fragezeichen" (links oben), das Produkt B im Feld „Melkkühe" (rechts unten) und das Produkt C im Feld „arme Hunde" (links unten) befindet.

Alle Märkte sind einem bestimmten Lebenszyklus unterworfen. Aus diesem Grunde durchlaufen auch alle Produkte bzw. Dienstleistungen die Portfolio-Matrix im Uhrzeigersinn. Wenn ein Produkt neu auf den Markt gebracht wird, ist seine Position in der Regel im linken oberen Feld. Mit der Markterschließung wandert das Produkt mit der Zeit in das rechte obere Feld und nach Erreichen der Marktsättigung in das rechte untere. Das Produkt verschwindet wieder vom Markt, wenn es das Feld links unten erreicht hat.

Ideal wäre es, wenn alle Ihre Produkte „Stars" oder „Melkkühe" wären oder zumindest in diese Felder tendieren würden. Damit ein Produkt aber eine dieser

7. Schritt:

gewünschten Positionen einnimmt, bedarf es großer Anstrengungen. Produkte, die sich in den Feldern „Fragezeichen" oder „arme Hunde" befinden, tragen nicht zum langfristigen Ertrag eines Unternehmens bei. Für diese Produkte besteht deshalb ein besonderer Handlungsbedarf.

Im folgenden wollen wir darstellen, welche Strategien Sie für die Produkte in den einzelnen Feldern der Portfolio-Matrix anwenden sollten, um den Ertrag Ihres Unternehmens langfristig zu optimieren.

	niedrig	hoch
hoch (Marktwachstum)	Fragezeichen	Stars
niedrig	arme Hunde	Melkkühe

relativer Marktanteil

„Fragezeichen":

Produkte, die sich in diesem Feld befinden, sind in der Regel neue Produkte auf wachsenden Märkten. Der Marktanteil ist noch gering und die Rendite entsprechend schwach. Um diese Produkte zu profitablen „Stars" zu machen, bedarf es erheblicher finanzieller und personeller Kapazitäten. Sie können für Produkte in diesem Feld folgende Strategien zur Verbesserung der Rentabilität Ihres Unternehmens einschlagen:

- Der Marktsegmentierung kommt eine zentrale Bedeutung zu. Man muß sich auf die Segmente konzentrieren, in denen man sich gegenüber der Konkurrenz behaupten kann.
- Entsprechend gezielt muß der Einsatz für Produktwerbung und für Verkaufsförderung sein.
- Eine Konzentrationsstrategie ist hier wichtig, und man sollte dazu auf eine breite Sortimentsausweitung verzichten und vielmehr Spezialisierung in der Programmpolitik betreiben.

Unternehmensstrategien

- Die Kostenseite (Fertigung, Vertrieb, Marketing) ist genau zu planen und zu kontrollieren.
- Das Management muß über eine entsprechende Marketing-Qualifikation verfügen und sich überdurchschnittlich einsetzen.

„Stars"

„Stars" sind die idealen Produkte, sie haben einen relativ hohen Marktanteil und befinden sich außerdem in einem Markt mit hohem Wachstum. Wenn Sie Produkte in dieser Position haben, muß es Ihre Aufgabe sein, mit folgenden Strategien diese Position zu halten:

- Konsequente Anwendung der Wettbewerbsstrategien Preisführerschaft oder Differenzierung.
- Aufbau von Marktbarrieren (Schutzrechten).
- „Stars" müssen gepflegt werden, d. h., Schwachstellen müssen systematisch beseitigt werden.
- Aktiver Einsatz von Werbemitteln, Verkaufsförderungsmaßnahmen.
- Einführen von Zweitmarken.
- Evtl. muß auch ein kurzfristig geringeres Ergebnis und weiterer Kapitalbedarf in Kauf genommen werden.

„Melkkühe"

Ihre Produkte, die das rechte untere Feld erreicht haben, haben zwar den Zenith ihres Lebenszyklus überschritten, bilden aber das Gewinnpotential Ihres Unternehmens. Die „Melkkühe" sind ausgereifte und eingefahrene Produkte, in die nicht mehr viel investiert werden muß. Durch folgende Strategien sollten Sie versuchen, diese Position so lange als möglich zu halten:

- Ausnutzung aller Rationalisierungsreserven in Produktion, Verwaltung und Vertrieb. Investitionen nur in Rationalisierungsmaßnahmen. Konsolidierung der Kosten.
- Aufwand für Werbung und Verkaufsförderung reduzieren, denn den Marktanteil noch weiter auszubauen, bringt keine großen Vorteile.
- Kundenselektion und Marktanteile zugunsten von Erträgen aufgeben.
- Keine neuen Produkte einführen, Sortiment bereinigen.

Die „Melkkühe" sind die Finanzquellen für die jungen Produkte. Aus diesem Grunde sollte der Umsatzanteil der „Melkkühe" im Produkt-Mix Ihres Unternehmens etwa 40 bis 60% betragen. Ein zu hoher Anteil an jungen Produkten belastet die Finanzsituation negativ.

7. Schritt:

„Arme Hunde"

Dieses Feld ist die problematischste Position eines Produktes, die unbedingt ein Handeln erfordert. Wenn keine Maßnahmen ergriffen werden, verschlechtern die „Hunde" das Ergebnis und die Liquidität. Folgende strategische Stoßrichtungen sollten Sie prüfen, wenn Sie Produkte in diesem Feld haben:

- Noch vorhandene Kostensenkungspotentiale (z. B. Wertanalyse, Maßnahmen zur Erhöhung der Arbeitsproduktivität) ausschöpfen.
- Wenn alle Maßnahmen die cash-flow-Situation des Produktes nicht verbessern, muß der Rückzug (Verkauf oder Liquidation) aus dem Markt geplant werden.
- Kapazität dem zu erwartenden zukünftigen Bedarf anpassen.
- Ein Zukauf von zusätzlichem Marktanteil lohnt sich nicht.
- Ausweichen in eine Marktnische.
- Personal in lukrativere Bereiche umsetzen, z. B. zum Aufbau neuer Produkte.

FAZIT *Aus der Portfolio-Analyse können Sie Strategien ableiten, die Ihnen helfen, den langfristigen Erfolg Ihres Unternehmens abzusichern.*

7.6 Ohne Innovation kein Erfolg

Wenn wir von „Innovation" sprechen, denken wir immer zunächst an Ideen für neue Produkte oder Dienstleistungen. Der Duden bezeichnet Innovation allgemein als Erneuerungsprozeß. Wie ein Organismus ständig seine Zellen erneuert, so muß auch ein Unternehmen durch Innovationen ständig seine Organisation und seine Angebote an Produkten oder Dienstleistungen erneuern, um lebensfähig zu bleiben.

Den Mangel an Innovationen haben wir bei der Behandlung des zweiten Schrittes als einen der häufigsten und gravierendsten Managementfehler beschrieben. „Wer damit aufhört, besser zu werden, hört auf, gut zu sein." Unter diesem Motto hat Thomas Watson immer wieder seine Mitarbeiter angespornt, die Angebote an Produkten und Dienstleistungen bei IBM immer weiter zu verbessern, um gegenüber der Konkurrenz einen Wettbewerbsvorsprung zu sichern. Unternehmen, die sich auf den Erfolgen von gestern ausruhen, werden sehr schnell von der Konkurrenz eingeholt und schließlich vom Markt verdrängt. Nur ein fortwährendes Bemühen um Innovationen auf allen Ebenen, in allen

Unternehmensstrategien

Funktionsbereichen (Produktentwicklung, Vertrieb, Organisation, Fertigung etc.) kann deshalb die Wettbewerbsfähigkeit auch Ihres Unternehmens sichern. Neue Produkte gelten nur dann als Innovationen, wenn sie auch vom Markt aufgenommen werden. Prof. Winter definiert deshalb: Innovation ist, wenn der Markt „hurra" schreit.

Bei der Behandlung der Strategien haben wir die strategischen Wettbewerbsvorteile als wichtige Erfolgsfaktoren des Unternehmens bezeichnet. Bei der sich ständig verändernden Markt- und Wettbewerbssituation bedarf es aber großer innovativer Anstrengungen, um diese Wettbewerbsvorteile zu erreichen und auch zu halten. Innovationen sind mit die wichtigste Voraussetzung zur Erreichung und Sicherung Ihrer Wettbewerbsvorteile und damit auch die Voraussetzung zur Sicherung Ihres Unternehmenserfolges.

Da es zum Thema „Innovation" eine umfangreiche Literatur und ein breites Angebot an Spezialseminaren gibt, wollen wir uns im Rahmen dieser Abhandlung auf eine kurze Aufzählung der verschiedenen Innovationsmethoden beschränken.

a) Qualitätszirkel

Die sog. *„Qualitätszirkel"* (QC), wie sie besonders von japanischen Unternehmen praktiziert werden, sind Arbeitsgruppen von etwa 6 bis 10 Mitarbeitern, die sich regelmäßig unter Leitung eines Moderators treffen, um über Probleme oder Aufgaben aus den eigenen und übergreifenden Arbeitsbereichen nachzudenken und realistische Lösungen zu entwickeln. Die Themen, die von den Qualitätszirkeln bearbeitet werden, können sich entweder zufällig ergeben oder sie werden von der Geschäftsleitung vorgegeben. Hinter der Idee der QC steckt die Erkenntnis, daß in den Mitarbeitern ein großes Fähigkeitspotential schlummert, das sich zur Verbesserung von Produkten oder Produktionsabläufen nutzen läßt.

b) Wertanalyse

Eine weitere Innovationsmethode zum Aufbau und zur Sicherung der strategischen Wettbewerbsvorteile ist die *Wertanalyse*. Bei der Wertanalyse geht es um die Senkung der Material- und Lohnkosten eines Produktes, ohne dabei eine Einbuße an der Qualität oder der Funktionserfüllung hinnehmen zu müssen. Gegenstand der Wertanalyse sind entweder komplette Produkte oder auch nur Einzelteile. Das Ziel der Kostenoptimierung wird durch konstruktive Vereinfachungen, durch die Reduktion von Teilen, durch neue Technologien oder Werkstoffe und durch Standardisieren von Produktreihen erzielt. Die Wertanalyse kann man nach der Vorgehensweise in zwei Formen unterscheiden:

7. Schritt:

1. *Wertverbesserung*
   Hierbei werden vorhandene Produkte mit dem Ziel der Kosten- oder Funktionsoptimierung überarbeitet.

2. *Wertgestaltung*
   Ideal ist es, wenn die Wertanalyse schon während der Neuentwicklung eines Produktes eingesetzt wird, da dann schon vor Produktionsbeginn die Kosten und Funktionen der Einzelteile und damit des ganzen Produktes optimiert sind.

Im Zusammenhang mit der Wertanalyse wollen wir noch auf einen Punkt hinweisen: Neben dem Preis und der Funktionalität entscheidet noch ein weiterer Faktor über den Erfolg eines Produktes – das *Design*. Wie wir schon darauf hingewiesen haben, entscheidet der Kunde auch nach subjektiven Kriterien. Nicht nur beim Auto, sondern auch z. B. bei Werkzeugmaschinen ist das Design ein entscheidendes Kaufargument. Nach Prof. Schröder gilt ein Produkt nur dann als gelungen, wenn die vier Einflußfaktoren aufeinander abgestimmt sind: die Materialqualität, die Funktion, die Formgebung und die Farbe.

Von einem guten Design wird automatisch auch auf eine gute Qualität geschlossen. Wenn Sie eines Ihrer Produkte wertanalytisch bearbeiten, sollten Sie deshalb immer auch die Designgestaltung mit einbeziehen. Dabei ist darauf zu achten, daß das Design mit der Corporate Identity Ihres Unternehmens harmoniert. Viele erfolgreiche, designbewußte Unternehmen haben für diese Aufgabe einen erfahrenen, externen Industriedesigner als freien Mitarbeiter verpflichtet.

c) Produktplanung

Jedes Unternehmen muß sich laufend durch neue Produkte oder Dienstleistungen den Bedürfnissen des Marktes anpassen. Vorhandene Produkte müssen immer wieder mit dem Ziel verbessert werden, ihre erreichte Marktposition zu erhalten oder weiter auszubauen.

Aufgabe der Produktplanung ist die systematische Suche nach neuen Produkten (bzw. Dienstleistungen) oder Produktteilen. Auch die Suche nach Möglichkeiten der Verbesserung vorhandener Produkte oder Dienstleistungen ist Aufgabe der Produktplanung.

Damit die Produktplanung im Unternehmen kein isoliertes Eigenleben führt, sollte dies organisatorisch entsprechend berücksichtigt werden. Zweckmäßig ist es, wenn Sie Ihre Produktplanung als Schwerpunktaufgabe innerhalb eines Marketing-Arbeitskreises installieren würden.

Unternehmensstrategien

Die einzelnen Techniken der Produktplanung, wie z. B. „Brainstorming", „Synektik" oder „Morphologie", zu behandeln, würde den Rahmen dieses Buches sprengen. Wir haben schon darauf hingewiesen, daß es zu diesen Themen eine umfangreiche Spezialliteratur gibt, so daß wir nachstehend nur einige Anmerkungen zu zwei Fragen geben wollen:

1. Was sind die Quellen erfolgreicher Produkt-Innovationen?

- Die führenden Kunden sind die beste Informationsquelle für bahnbrechende Innovationen. Die Mehrheit neuer Ideen stammt von Kunden. Auch aus diesem Grunde ist deshalb ein guter Kundenkontakt besonders wichtig. Bei der Firma 3M z. B. müssen alle Mitarbeiter aus Forschung und Entwicklung regelmäßig an Verkaufsbesprechungen mit Kunden teilnehmen.
 Einen guten Kontakt zu Ihren Kunden können Sie auch dazu nutzen, mit ihnen Innovationsvorschläge zu diskutieren oder bei ihnen sogar Prototypen zu erproben. Von einigen Unternehmen ist uns auch bekannt, daß sie einen speziellen Kundenbeirat gebildet haben, dessen Aufgabe es ist, das Unternehmen bei seiner Innovationstätigkeit zu beraten.
- Die Bedürfnisse und Probleme Ihrer Kunden sind die Basis Ihrer Produkt-Innovationen. Zusätzlich zu der im dritten Abschnitt erarbeiteten Kunden-Bedürfnisanalyse müssen Sie noch erforschen, welche Probleme Ihre Kunden mit der Benutzung Ihrer Produkte haben. Dies können z. B. Probleme bei der Bedienung, der Wartung, der Lagerung oder der Logistik sein. Zu dieser Untersuchung gehört auch, daß Sie klären, was die Ursachen dieser Probleme sind.
- Jeder Mangel ist auch eine Erfolgschance. Aus diesem Grunde sind auch die Reklamationen und Beschwerden Ihrer Kunden eine Chance ohnegleichen! Sie sollten es sich zur Regel machen, daß Sie über jede Reklamation und über jede Beschwerde informiert werden. Lee Iacocca von Chrysler hat sich ein spezielles „Reklamations-Telefon" installieren lassen, dessen Nummer allen Händlern bekanntgegeben wurde. Über dieses Telefon läßt sich Iacocca über ihre Beschwerden direkt informieren.

2. Was sind die Voraussetzungen erfolgreicher Innovationen?

- Es müssen *klare und eindeutige Zielvorgaben* vorliegen. Entscheidend für den Erfolg eines permanenten und systematischen Innovationsprozesses ist das Vorhandensein von Rahmenbedingungen wie der Unternehmensphilosophie und den langfristigen, strategischen Unternehmenszielen. Auch die angestrebten strategischen Wettbewerbsvorteile und die Differenzierungsmerkmale, die bei der Festlegung der Differenzierungsstrategie erarbeitet wurden, müssen bekannt sein.

7. Schritt:

Bei innovativen Unternehmen besteht das Risiko, daß die Produktinnovationen zu „Flops" werden, wenn sich die Innovationen nicht an den Bedürfnissen der Kunden orientieren. Entscheidend für den Erfolg eines neuen Produktes oder einer neuen Dienstleistung ist es deshalb, daß die den Innovationen zugrundeliegenden Rahmenbedingungen absolut kundenorientiert sein müssen. Die Produktinnovation darf nicht als Selbstzweck betrieben werden.

- Zu einer erfolgreichen Innovation gehört auch, daß Sie und Ihre Führungskräfte über *methodische Hilfsmittel* verfügen, mit denen Sie eine Diagnose der Innovationsnotwendigkeit durchführen (z. B. Portfolio-Analyse), die genauen Bedürfnisse Ihrer Kunden erforschen (Bedürfnis-Nutzenanalyse) und die notwendigen Differenzierungsmerkmale (Differenzierungsmerkmal-Analyse) ermitteln können.
- Die Entwicklung und noch viel mehr die Vermarktung von Innovationen erfordert in der Regel einen nicht unerheblichen Finanzbedarf. Aus diesem Grunde sind auch die entsprechenden *finanziellen Ressourcen* eine weitere Voraussetzung für den Erfolg einer Innovation.
- *Kreative Mitarbeiter* sind eine weitere, wichtige Voraussetzung für erfolgreiche Innovationsaktivitäten. Kreative Mitarbeiter erhalten Sie aber nur, wenn Sie Ihren Mitarbeitern ein großes Maß an Freiheit einräumen, eine Freiheit, die sich selbstverständlich an klar definierten Zielen orientieren muß. Zu dieser Freiheit gehört auch, daß Sie Fehlschläge Ihrer Mitarbeiter riskieren und tolerieren. Fehlschläge sind auf dem Weg zum Erfolg unvermeidlich.
Kreative Mitarbeiter müssen Sie motivieren und anerkennen. Von innovativen und erfolgreichen Unternehmen ist uns bekannt, daß sie deshalb gute Ideen prämieren, indem sie z. B. einen Preis für die beste Idee des Monats aussetzen. Des weiteren werden die kreativsten Mitarbeiter auf Betriebsversammlungen oder Betriebsfesten mit ihren Innovationen vorgestellt und geehrt.
- *Schnelligkeit* ist bei Innovationen besser als langes Planen und Perfektionismus. Auch hier gilt das Sprichwort: Probieren geht über Studieren! Howard Head, der Vater des Head-Skis und des Prince-Tennisschlägers, sagt: „Wir probieren, so schnell wie möglich einen Prototyp herzustellen. Ich möchte eine Idee sehen, ich möchte sie halten und berühren."
Ein guter Plan, der sofort ausgeführt ist, ist besser als ein perfekter Plan, der erst nächste Woche ausgeführt wird. Ein nur beinahe perfektes Produkt ist in der Praxis in den meisten Fällen dem theoretisch perfekten Produkt überlegen. Seine Teilsysteme sind flexibler, Fehler werden früher erkannt und seine Entwicklung geht schneller voran. Bei der Verwirklichung jeder Innovation müssen wir uns vor übertriebenem Perfektionismus hüten.

- Eine weitere Voraussetzung erfolgreicher Innovationen ist das Vorhandensein eines besonderen *Innovationsklimas*. Alle Mitarbeiter im Unternehmen müssen von der Notwendigkeit eines permanenten Innovationsprozesses durchdrungen sein. Erfolgreiche Unternehmen drücken deshalb die Notwendigkeit zur Innovation auch in einem Leitsatz aus. So sagt z. B. die Firma TRUMPF, führender Hersteller von Blechbearbeitungsmaschinen: „Wir wollen die schnellsten, die leisesten und die vielseitigsten Maschinen bauen." Oder die Firma ERNST WINTER & SOHN, Westeuropas größter Hersteller von Diamantwerkzeugen für die mechanische Industrie: „Auf jeder Messe mit einem neuen Produkt oder einem neuen Anwendungsgebiet."

FAZIT *Ein Unternehmen ist wie ein Organismus: Wenn es aufhört, sich ständig zu erneuern, wird es degenerieren und schließlich aufhören zu existieren nach dem bekannten Sprichwort: „Wer rastet, der rostet." Sich selbst und Ihre Mitarbeiter zu permanenter Innovation anzuhalten, muß deshalb eine Ihrer wichtigsten Aufgaben sein. Innovationen dürfen dabei nicht nur die Angebotsseite umfassen, sondern alle Bereiche Ihres Unternehmens.*

7.7 Die operationalen Strategien

Schon das alte Sprichwort sagt: „Viele Wege führen nach Rom." Auf die Unternehmenspolitik übertragen heißt das, daß Ihre Unternehmensziele meistens auf mehreren Wegen realisiert werden können. Die verschiedenen Möglichkeiten, Ziele zu erreichen, bezeichnen wir als *operationale Strategien*.

Das Ziel der Stärkung der Eigenkapitalbasis können Sie beispielsweise durch folgende operationale Strategien erreichen, wobei die eine Strategie die andere nicht ausschließt:

- Erhöhung des Unternehmensertrages
- Aufnahme eines neuen Gesellschafters
- Verkauf von nicht genutzten Immobilien etc.

Welche dieser Strategien Sie für dieses Unternehmensziel festlegen, hängt entscheidend von der Situation Ihres Unternehmens ab. Fragen der Dringlichkeit und der Höhe der Kapitalerhöhung müssen Sie ebenso berücksichtigen wie die Frage, ob Sie einen neuen Gesellschafter in der Unternehmensleitung akzeptieren oder nicht. Auch die Frage, in welchem Maße Sie Immobilien veräußern können, muß geprüft werden.

7. Schritt:

Es würde im Rahmen dieser Abhandlung zu weit führen, Ihnen für alle eventuellen Ziele alternative Strategien aufzuzeigen. Wir wollen Ihnen an dieser Stelle nur die wichtigsten operationalen Strategien in Stichworten für die behandelten strategischen Unternehmensziele auflisten:

I. Kapitalbildungsstrategien
   1) Gewinnerhöhung
   2) Kapitalerhöhung (eigen oder fremd)
   3) Desinvestitionen von nicht betriebsnotwendigem Vermögen
   4) Investitionsstop

II. Ergebnisoptimierungsstrategien
   1) Kostenminimierung
      a) Fertigungskosten
         – Wertanalyse (Material- und Lohnkosten)
         – Produktionsverlagerung in Billiglohnland
         – Kostendegression durch höhere Stückzahlen (Absatz?)
         – Senkung des Materialfußfaktors
      b) Materialkosten
      c) Personalkosten
      d) Organisatorische Kosten
      e) Gemeinkosten
   2) Umsatzsteigerung
   3) Preiserhöhung

III. Wachstumsstrategien
   1) Expansion
      a) Gewinnung neuer Kunden in bekannten Märkten (Erhöhung des Marktanteils)
      b) Gewinnung neuer Kunden in neuen Märkten
   2) Diversifikation
      1) Horizontale Angebotserweiterung (neue Produkte, neue ZG)
      2) Vertikale Angebotserweiterung (neue Produkte, bekannte ZG)

IV. Produktivitätssteigerungsstrategien
   1) Automatisierung
   2) Rationalisierung des Produktionsablaufs
   3) Leistungsanreizsystem

Die Wachstumsstrategien beinhalten unter diesen Strategien das größte Risiko, weil sie einerseits langfristig angelegt sind und andererseits erhebliches Kapital binden.

8. Schritt: Schaffen Sie die Voraussetzungen einer ökonomischen Betriebsführung

8.1 Was sind die Voraussetzungen einer ökonomischen Betriebsführung?

Wie wir im Abschnitt 2.3.1 dargelegt haben, ist die dritte Grundaufgabe eines Unternehmers oder Managers die Planung von Maßnahmen zur Erreichung der Unternehmensziele. Da im Mittelpunkt des unternehmerischen Handelns die Erzielung eines Gewinnes steht, beinhaltet diese Grundaufgabe die permanente Überlegung, wie die Unternehmensziele mit möglichst geringem Aufwand erreicht werden können.

Aufgabe einer ökonomischen Betriebsführung ist es, für einen reibungslosen und rationellen Arbeitsablauf an allen Stellen Ihres Unternehmens zu sorgen. Dieses Ziel wird dann erreicht, wenn:

- Alle Mitarbeiter an einem Strick ziehen, d. h., wenn sie sich an klaren Zielen orientieren können.
- Alle Mitarbeiter über ein lückenloses Kommunikationssystem alle notwendigen Informationen erhalten, damit u. a. diese erste Bedingung erfüllt werden kann.
- Die Aufgaben und Verantwortlichkeiten für jeden Mitarbeiter eindeutig festgelegt sind, damit Kompetenzüberschneidungen und Doppelarbeit vermieden wird.
- Alle Mitarbeiter für ihren Arbeitsplatz und ihre Aufgabe entsprechend qualifiziert und mit optimalen Arbeitsmitteln ausgestattet sind.
- Alle Kosten durch ein umfassendes Kostenmanagement immer wieder durchleuchtet und kontrolliert werden mit dem Ziel, Maßnahmen zur Kostensenkung auszuarbeiten und zu realisieren.

Um die Forderung nach einer ökonomischen Betriebsführung erfüllen zu können, sollten Sie in Ihrem Unternehmen außer dem schon ausführlich behandelten Zielplanungssystem noch nachstehend aufgelistete Voraussetzungen einführen:

(1) Organisationsplan
(2) Aufgabenanalyse des Mitarbeiters
(3) Arbeitsplatzmethodik
(4) Kommunikations- und Informationssystem

8. Schritt:

      (5) Betriebliche Planungsrechnung mit einem entsprechenden Kostenmanagement
      (6) Zeitmanagement

Diese Voraussetzungen sorgen für eine umfassende gegenseitige Information, für mehr Ordnung am Arbeitsplatz und für eine Zuverlässigkeit nach innen und nach außen. Wenn diese Voraussetzungen geschaffen sind, werden Sie und Ihre Mitarbeiter merklich entlastet und die Arbeitsabläufe werden klarer und damit die Arbeit jedes Beteiligten erfolgreicher. Wenn Ihre Mitarbeiter Erfolg haben, sind sie motivierter und leistungsfähiger, und es entsteht ein positives Betriebsklima.

8.2 Der Organisationsplan gibt Ihnen den Überblick über alle Funktionen im Unternehmen

Im Abschnitt 2.3 haben wir bereits auf die Bedeutung eines Organisationsplanes hingewiesen. An dieser Stelle wollen wir Ihnen nun aufzeigen, wie Sie einen einfachen und übersichtlichen Organisationsplan aufstellen können.

Der Organisationsplan ist ein Organigramm, das alle Funktionen eines Unternehmens in hierarchischer Gliederung darstellt. Dabei werden die einzelnen Funktionen und deren Beziehung zueinander aufgezeigt. Durch die hierarchische Zuordnung der verschiedenen Funktionen und Bereiche werden auch die führungstechnischen Unterstellungsverhältnisse sichtbar gemacht und die für die Entscheidungsfindung bestehenden Regelungen aufgezeigt.

Aus dem Organisationsplan erkennt man die zum Erreichen des Unternehmenszieles notwendigen Aufgabenbereiche und ihre personelle Besetzung. Der Organisationsplan muß außerdem die Stellvertretung jeder Aufgabe zeigen, die bei Ausfall eines Stelleninhabers automatisch eintritt. Er ist damit die Basis für die im nächsten Abschnitt zu behandelnde *Aufgabenanalyse des Mitarbeiters*.

Ihr Organisationsplan muß alle Funktionen enthalten, die zur Erreichung Ihrer Unternehmensziele notwendig sind. Denken Sie hierbei auch an die Aufgaben, die Sie heute noch selbst so zwischen Tür und Angel erledigen, wie z. B. Werbung oder Controlling. Auch wenn Ihr Unternehmen noch klein ist, müssen alle Funktionen erfüllt werden, wenn auch in der einfachsten Form. Es kann z. B. auch sein, daß Sie selbst oder einer Ihrer Mitarbeiter mehrere Aufgaben gleichzeitig durchführen.

Jede Funktion wird im Organisationsplan durch ein Kästchen dargestellt. Im Kopfteil eines Kästchens tragen Sie die Funktion und in den beiden Fußteilen das

Kurzzeichen des Stelleninhabers (links) und das des Stellvertreters (rechts) ein. Stellen Sie in Ihrem Organisationsplan alle Funktionen dar, auch wenn sie im Moment noch nicht besetzt sind. Dies erleichtert Ihnen den Überblick über die momentane Situation, und Sie erkennen an den Lücken leicht die Fehlbesetzungen.

Da der Organisationsplan hierarchisch aufzubauen ist, wird in die Kästchen der obersten Zeile die Geschäftsleitung und deren Stabsabteilungen eingetragen. In der zweiten Zeile stehen die Hauptabteilungen bzw. Hauptbereiche und darunter die ihnen zugeordneten Abteilungen.

Stabsabteilungen haben im Gegensatz zu den *Linienabteilungen* keine Weisungsbefugnis. Sie können nur beraten und empfehlen. Die Entscheidung über den Vollzug der Vorschläge und die Verantwortlichkeit für die Durchführung liegt bei dem mit Linienvollmacht ausgestatteten Mitarbeiter, welchem die Stabsstelle zugeordnet ist.

Im Rahmen dieser Beschreibung wollen wir auch noch kurz einige Hinweise zum Bilden von *Kurzzeichen* geben:

Kurzzeichen haben die Aufgabe, Ihren internen Schriftverkehr und damit die Kommunikation zu vereinfachen. Anstelle der vollen Anrede „Herr" oder „Frau" in Verbindung mit dem vollen Familiennamen verwenden Sie im internen Schriftverkehr ein Kurzzeichen, das aus zwei, maximal drei Buchstaben besteht.

Das Kurzzeichen setzen Sie auch als Diktatzeichen auf Briefen oder als Bearbeitungszeichen auf Schriftstücken ein. Damit keine Verwechslungen vorkommen, müssen die Kurzzeichen eindeutig sein. Es empfiehlt sich, die Kurzzeichen mit in das Telefonverzeichnis aufzunehmen.

Diese Erläuterungen werden durch das Beispiel auf der folgenden Seite verdeutlicht. Dieses Beispiel eines Organisationsplanes stammt aus einem Produktionsunternehmen. Im Dienstleistungs- oder Handelsunternehmen werden die technischen Funktionen selbstverständlich durch andere ersetzt.

Wenn mit Hilfe des Organisationsplanes alle Funktionen im Unternehmen dargestellt sind, gilt es, diese weiter zu unterteilen. Mit der „Aufgabenanalyse" im Abschnitt 2.3 haben Sie bereits eine Methode kennengelernt, mit der die einzelnen Aufgaben einer Funktion detailliert beschrieben und analysiert werden. Die *Aufgabenanalyse des Mitarbeiters* setzt sich im Prinzip aus den gleichen Elementen zusammen wie die *Aufgabenanalyse des Unternehmers*. Wir verweisen deshalb auf die schon gemachten Ausführungen und wollen im folgenden nur einige ergänzende Bemerkungen machen.

8. Schritt:

Organisationsplan der Firma Müller & Schulze GmbH

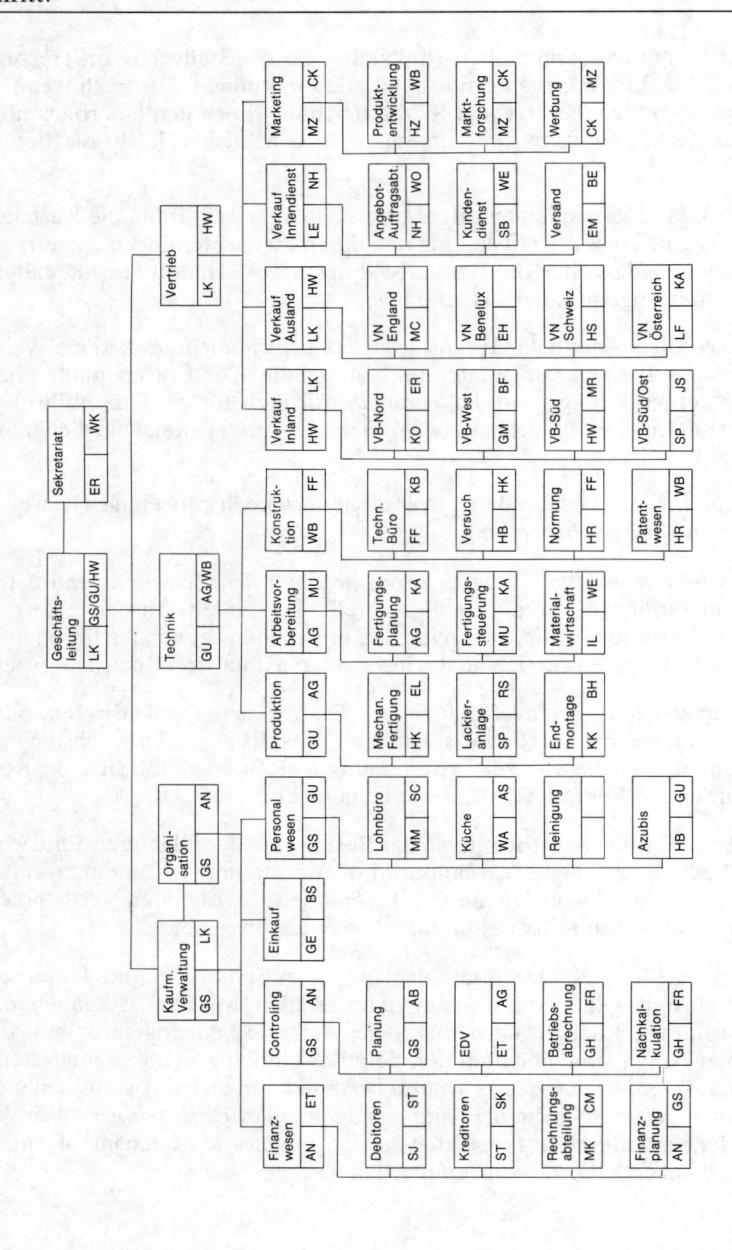

Geschäftsleitung LK GS/GU/HW

Sekretariat ER | WK

Kaufm. Verwaltung GS | LK

- **Organisation** AN / GS
  - **Personalwesen** GS | GU
    - Lohnbüro MM | SC
    - Küche WA | AS
    - Reinigung KK | BH
    - Azubis HB | GU
- **Einkauf** GE | BS
- **Controling** GS | AN
  - Planung GS | AB
  - EDV ET | AG
  - Betriebsabrechnung GH | FR
  - Nachkalkulation GH | FR
- **Finanzwesen** AN | ET
  - Debitoren SJ | ST
  - Kreditoren ST | SK
  - Rechnungsabteilung MK | CM
  - Finanzplanung AN | GS

Technik GU | AG/WB

- **Produktion** GU | AG
  - Mechan. Fertigung HK | EL
  - Lackieranlage SP | RS
  - Endmontage KK | BH
- **Arbeitsvorbereitung** AG | MU
  - Fertigungsplanung AG | KA
  - Fertigungssteuerung MU | KA
  - Materialwirtschaft IL | WE
- **Konstruktion** WB | FF
  - Techn. Büro FF | KB
  - Versuch HB | HK
  - Normung HR | FF
  - Patentwesen HR | WB

Vertrieb LK | HW

- **Verkauf Inland** HW | LK
  - VB-Nord KO | ER
  - VB-West GM | BF
  - VB-Süd HW | MR
  - VB-Süd/Ost SP | JS
- **Verkauf Ausland** LK | HW
  - VN England MC
  - VN Benelux EH
  - VN Schweiz HS
  - VN Österreich LF | KA
- **Verkauf Innendienst** LE | NH
  - Angebot-Auftragsabt. NH | WO
  - Kundendienst SB | WE
  - Versand EM | BE
- **Marketing** MZ | CK
  - Produktentwicklung HZ | WB
  - Marktforschung MZ | CK
  - Werbung CK | MZ

182

Ökonomische Betriebsführung

Im Gegensatz zu der vielfach angewendeten „Stellenbeschreibung", bei der die einzelnen Tätigkeiten des Mitarbeiters bis ins Detail vom Vorgesetzten vorgeschrieben werden, ist die „Aufgabenanalyse" eine Gemeinschaftsarbeit von Vorgesetztem und Mitarbeiter. Während die Stellenbeschreibung eine Festlegung des Soll-Zustandes ist, ist die Aufgabenanalyse eine Beschreibung des momentanen Zustandes. Die Stellenbeschreibung wirkt auf den Mitarbeiter oft frustrierend, weil in ihr ein Zustand festgeschrieben ist, der in vielen Fällen nie erreicht werden kann. Nicht selten verschwinden deshalb die Stellenbeschreibungen für immer in der Schublade.

Die Hauptaufgaben, Unteraufgaben und die Nutzenbeschreibung stellt der Mitarbeiter gemeinsam mit seinem Vorgesetzten zusammen, da dieser wissen und entscheiden muß, welche Aufgaben für die Erreichung der Unternehmensziele erforderlich sind. Die erforderlichen Mittel werden dagegen vom Mitarbeiter bestimmt. Die endgültigen Formulierungen der Aufgabenbeschreibungen werden vom Vorgesetzten abgezeichnet. Außerdem erhält der Vorgesetzte von jedem seiner ihm direkt unterstellten Mitarbeiter eine Kopie dieser Ausarbeitungen.

Wie wir schon erwähnt haben, werden aus der Gegenüberstellung der Aufgabenbeschreibung und der Zielbeschreibung Mängel und Unzulänglichkeiten sichtbar, die einer zweckgerechten Aufgabendurchführung im Wege stehen. Wenn Ihre Mitarbeiter alle Mängel, Probleme und Schwierigkeiten in ihrer *Aktionsliste* (Arbeitsblatt Nr. 2.07) festhalten, haben sie den Ausgangspunkt für systematische Rationalisierungsüberlegungen in ihrem Arbeitsbereich.

Die Aufgabenanalyse dient auch als Arbeitsgrundlage für den Stellvertreter, wenn dieser die Aufgaben seines Kollegen bei dessen Abwesenheit übernehmen muß. Aus diesem Grunde sollten Sie darauf achten, daß nicht nur der Vorgesetzte, sondern auch der jeweilige Stellvertreter eine Kopie der Aufgabenbeschreibung erhält.

Die Aufgabenbeschreibungen sind für Sie auch sehr hilfreich, wenn Sie eine Stelle neu ausschreiben wollen, sie sind dann Basis für den Text Ihres Stellenangebotes. Mit Hilfe einer vorliegenden Aufgabenbeschreibung kann sich dann auch der neue Mitarbeiter sehr schnell in sein neues Aufgabengebiet einarbeiten.

FAZIT *Der Organisationsplan ist eine übersichtliche, graphische Darstellung aller in einem Unternehmen wahrzunehmenden Funktionen. Die Darstellung als Organigramm zeigt die Hierarchien und Informationswege im Unternehmen.*

8. Schritt:

Die Aufgabenanalyse aller Mitarbeiter ist eine Detaillierung des Organisationsplanes. Sie muß dabei alle Aufgaben umfassen, die ein Mitarbeiter zur Realisierung Ihrer Unternehmensziele durchführen muß.

8.3 Die richtige Arbeitsplatzmethodik für rationelles Arbeiten

Praktisch ist jede Schreibtischtätigkeit eine Informationsverarbeitung. Am Schreibtisch wird eine Vielzahl von Schriftstücken und Vorgängen gelesen, neue angelegt, überwacht oder weitergegeben. Dabei fällt immer mehr Papier an, so daß immer mehr Zeit für deren Verwaltung aufgewendet werden muß. Im folgenden wollen wir Ihnen einige Hilfsmittel erläutern, die Ihnen diese Arbeit erleichtern.

a) Das Arbeitshandbuch

Als erstes wollen wir Ihnen das Arbeitshandbuch vorstellen und beschreiben, das die Aufgabe hat, alle Informationen zu speichern, die Sie täglich im beruflichen und privaten Bereich benötigen. Das Arbeitshandbuch ist Ihr „externes Gedächtnis", das, richtig genutzt, zu einem Ihrer wesentlichen Erfolgsfaktoren wird.

Als Arbeitshandbuch können Sie jedes im Handel erhältliche Ringbuch (DIN A5 oder DIN A4) verwenden. Damit Sie alle Informationen und Daten übersichtlich sortieren können und damit immer einen schnellen Zugriff haben, versehen Sie das Arbeitshandbuch mit einem Register, das eine 10- oder 12fache Unterteilung hat. Das Inhaltsverzeichnis dieses Registers passen Sie Ihren individuellen Bedürfnissen an. Für einen Unternehmer oder Manager könnte es z. B. folgendermaßen aussehen:

(1) Zahlen zur Geschäftsentwicklung
  – monatliche GuV-Rechnung
  – Liquiditätsplan
  – Kreditübersicht und Bankkonditionen
  – Umsatzplan
  – Auftragseingang
  – Kundenstruktur etc.
(2) Organisation
  – Organisationsplan
  – Personalliste
  – Fehlzeitenstatistik
  – Aufgabenlisten Ihrer wichtigsten Mitarbeiter

Ökonomische Betriebsführung

(3) Unternehmensziele
   - Strategische Ziele
   - operative langfristige Ziele
   - Jahresziele
(4) Unternehmensphilosophie
(5) Unternehmensanalyse
   - Aktionsliste
(6) Unternehmeranalyse
   - Aufgabenanalyse
   - Profilanalyse
   - Aktionsliste
(7) Persönliche Ziele
   - Lebenszielübersicht
   - Lebenszielanalyse
   - Lebensziel-Maßnahmenplan

Die weiteren Register richten Sie entsprechend Ihrem individuellen Bedarf ein, wie z. B.: Preise, Lieferanten und Konditionen, Lieferzeiten, Wettbewerbspreise, Geburtstage usw.

In einem Register empfehlen wir Ihnen ein Blatt anzulegen, auf dem Sie Dinge notieren, die Sie ge- oder verliehen haben. Nützlich ist es auch, wenn Sie in diesem Register ein Blatt anlegen, auf dem Sie Ideen für Geschenke für Ihre Familie oder Freunde festhalten.

Im letzten Register heften Sie Ihre in Arbeit befindlichen Aktionspläne zu den verschiedenen Problemen ab, bis Sie die konkreten Maßnahmen in Ihre Zeitplanung (s. Abschnitt 9) übernommen haben. Wann immer Sie eine Idee oder einen Lösungsvorschlag für ein bestimmtes Problem haben, sollten Sie Ihre Gedanken auf einem Blatt Papier festhalten und dieses dann zu den jeweiligen Aktionsplänen heften.

Damit auch Ihre Mitarbeiter durch dieses Arbeitsmittel erfolgreicher werden, sollten Sie auf jeden Fall alle Verantwortung tragenden Mitarbeiter mit einem Arbeitshandbuch ausstatten. Entsprechend der unterschiedlichen Aufgabenstellung muß auch der Inhalt des Arbeitshandbuches eines Mitarbeiters individuell zusammengestellt werden. So könnte das Register Nr. (1) bis (6) etwa folgendermaßen aussehen:

   (1) Aufgabenliste
   (2) Aktionsliste
   (3) Aufgabenliste der unterstellten Mitarbeiter
   (4) Persönliche Ziele
   (5) Unternehmensziele
   (6) Organisationsplan u. Telefonverzeichnis m. Kurzzeichen

8. Schritt:

b) Ordnung am Arbeitsplatz

Es ist eine Tatsache, daß jemand, der seinen Arbeitsplatz geordnet hält, auch seine Gedanken in eine Ordnung bringt und deshalb leistungsfähiger ist als ein Mensch, der im Chaos lebt. Unordnung hat nicht nur zur Folge, daß ein erheblicher Zeitaufwand für das Suchen bestimmter Dinge anfällt, sondern es besteht auch die Gefahr, daß wichtige Dinge vergessen werden. Prägen wir uns deshalb den Ausspruch von Goethe ein: „Ordnung ist Intelligenz."

Die Arbeit am Schreibtisch können Sie vom Prinzip her auch mit der Fertigung an der Werkbank vergleichen. Dieser Vergleich erleichtert Ihnen das Verständnis für eine systematische Schriftgutgliederung:

Das „Werkstück" der Fertigung entspricht dem „Geschäftsvorgang" am Schreibtisch. Beides wird *bearbeitet*. Und die „Werkzeuge" der Fertigung sind den „Nachschlageunterlagen" am Schreibtisch vergleichbar. Mit ihnen wird *gearbeitet*.

Die Trennung von Nachschlageunterlagen (= Werkzeugen) und Geschäftsvorgängen (= Werkstücken) ist Voraussetzung jeder systematischen Organisation am Arbeitsplatz. So wenig wie an der Werkbank Werkzeuge und Werkstücke in derselben Schublade verstaut werden dürfen, so wenig sollten Sie die Vorgänge mit den Nachschlageunterlagen zusammenlegen.

Auf alle Nachschlageunterlagen, hierzu gehören das Arbeitshandbuch, Preislisten, Pläne, Verzeichnisse, Anweisungen und Kataloge, müssen Sie schnell zugreifen können. Sie sind deshalb in unmittelbarer Nähe Ihres Arbeitsplatzes griffbereit aufzubewahren. Als Aufbewahrungsort eignen sich am besten die handelsüblichen Hängemappen, die im Hänge-Auszug Ihres Schreibtisches untergebracht werden. Diese Aufbewahrung schafft Übersicht, und Sie haben bei Bedarf alles schnell zur Hand.

Um die Ordnung am Arbeitsplatz zu erleichtern, sollten Sie noch zwei weitere Arbeitsmittel einführen:
– einen Arbeitsordner und
– je einen Postein- und -ausgangskorb

Der *Arbeitsordner* ist ein Pultordner mit zwölf beschriftbaren Registern. Dieser Arbeitsordner hat die Aufgabe, alle Unterlagen aufzunehmen, die Sie gerade an Ihrem Arbeitsplatz in Bearbeitung haben. Durch diese übersichtliche Zwischenablage erreichen Sie, daß die Stapel und vielleicht manchmal chaotischen Zustände auf Ihrem Schreibtisch verschwinden. Eine sinnvolle Einteilung des Registers ermöglicht einen schnellen Zugriff zur jeweiligen Arbeitsunterlage. Das Register sollten Sie entsprechend Ihren persönlichen Belangen anlegen. Nachstehende Gliederung wollen wir als Anregung geben:

(1) Unerledigte und noch nicht zur Ablage freigegebene Unterlagen. Um diese Unterlagen übersichtlich zu halten, ist es zweckmäßig, pro Hauptaufgabe ein Fach zu verwenden.
(2) Dringende Vorgänge sollten in einem Fach „Eilt" abgelegt werden, das Sie jeden Morgen als erstes aufschlagen.
(3) Es empfiehlt sich, für jeden engeren Mitarbeiter je ein Fach zu reservieren, so daß Sie für Besprechungen und Rücksprachen die entsprechenden Unterlagen gleich zur Hand haben.
(4) Fachzeitschriften legen Sie bis zum Lesen in einem gesonderten Fach ab. Bei Zeitschriften, die mehrere Mitarbeiter im Umlaufverfahren erhalten, sollten Sie die Anweisung ausgeben, daß sie spätestens nach drei bis vier Tagen weitergegeben werden, um sicherzustellen, daß auch der letzte Mitarbeiter noch aktuelle Informationen erhält.

Anstelle des Arbeitsordners können Sie selbstverständlich auch Hängemappen verwenden, wenn Ihr Schreibtisch eine entsprechende Schubladeneinrichtung hat.

Postein- und -ausgangskörbe auf Ihrem Schreibtisch tragen ebenfalls zur Ordnung am Arbeitsplatz bei. Neu zugehende oder zur Ablage vorbereitete Vorgänge finden hier einen klar definierten Platz. Ein organisierter Botendienst versorgt dabei diese Fächer.

c) Die Terminüberwachung

Die Planung und Überwachung von Terminen und Aufgaben werden wir ausführlich im Abschnitt 9 behandeln. An dieser Stelle wollen wir jedoch schon einen Hinweis zur Überwachung von Vorgängen geben, die Sie nicht in Ihre Zeitplanung eintragen können. Zu diesen Vorgängen gehören z. B. Briefe, bei denen Sie auf eine Antwort warten oder Notizen für terminierte Besprechungen usw.

Für diese Arbeit verwenden Sie eine sog. *Wiedervorlagemappe*. Diese Wiedervorlagemappe ist ebenfalls ein Pultordner wie der Arbeitsordner, jedoch mit einer Unterteilung von (1) bis (31), d. h., für jeden Tag steht ein Fach zur Verfügung. Vorgänge, die Sie terminlich überwachen müssen, kommen in das entsprechende Register der Wiedervorlagemappe. Wenn Sie jeden Tag das jeweilige Register aufschlagen, stoßen Sie automatisch auf den terminierten Vorgang.

Die Wiedervorlagemappe kann entweder an Ihrem Arbeitsplatz liegen, oder sie wird im Sekretariat zentral, evtl. für mehrere Mitarbeiter, geführt. Hat Ihr Sekretariat die Führung der Wiedervorlagemappe übernommen, trägt jeder von Ihrem Sekretariat Betreute am Kopf des Vorganges sein Kurzzeichen mit dem

8. Schritt:

gewünschten Wiedervorlagetermin ein und legt den Vorgang in den Postausgangskorb. Zum gewünschten Termin muß dann der Vorgang wieder im Posteingangskorb liegen.

FAZIT **Mit den hier aufgeführten Arbeitshilfsmitteln und der beschriebenen Arbeitsorganisation erreichen Sie**
- **eine sichere Ordnung und vollkommene Übersicht,**
- **eine schnellere und damit rationellere Abwicklung der Aufgaben,**
- **eine Sicherheit und Zuverlässigkeit gegenüber Kunden und Mitarbeitern**
- **einen Abbau von Zeitdruck und Streß.**

8.4 Die betriebliche Planungsrechnung als Basis eines wirksamen Kostenmanagements

Die Ergebnisse der Insolvenzursachenforschung zeigen immer wieder, wie wichtig eine Planung und Kontrolle der Kosten ist. Bei den meisten insolvent gewordenen Unternehmen zeigt sich, daß gerade dieser Bereich sehr vernachlässigt wurde.

Die *betriebliche Planungsrechnung* beinhaltet eine detaillierte Planung aller Kostenarten und Kostenstellen im Unternehmen. Sie ist ein besonderer Teil der Jahreszielplanung. Wegen ihrer Komplexität muß sie von der Unternehmensleitung und allen Führungskräften gemeinsam vorgenommen werden.

Im Gegensatz zu den Planungen von Schwachstellenbeseitigungen oder Maßnahmen zur Entwicklung bestimmter Marketingmaßnahmen, die in der Regel nur einmal durchgeführt werden, ist die betriebliche Planungsrechnung eine Zielplanung, die alljährlich nach den gleichen Methoden durchgeführt wird.

Die betriebliche Planungsrechnung setzt sich aus zwei Hauptplänen, dem Ergebnisplan (oder „Planerfolgsrechnung") und dem Liquiditätsplan, und je nach Branche mehr oder weniger vielen Teilplänen (z. B. Vertriebsplan, Produktionsplan, Beschaffungsplan usw.) zusammen, wie auf der folgenden Seite dargestellt ist. Diese einzelnen Teilpläne bilden ein in sich geschlossenes System, d. h., sie hängen voneinander ab und ergänzen sich gegenseitig.

Die beiden Hauptpläne leiten sich direkt von dem ersten strategischen Unternehmensziel ab, der festgelegten Kapitalquote, und bilden dann die Vorgabe für die Teilpläne. Die Teilpläne werden zeitlich nach den Hauptplänen erstellt. Da

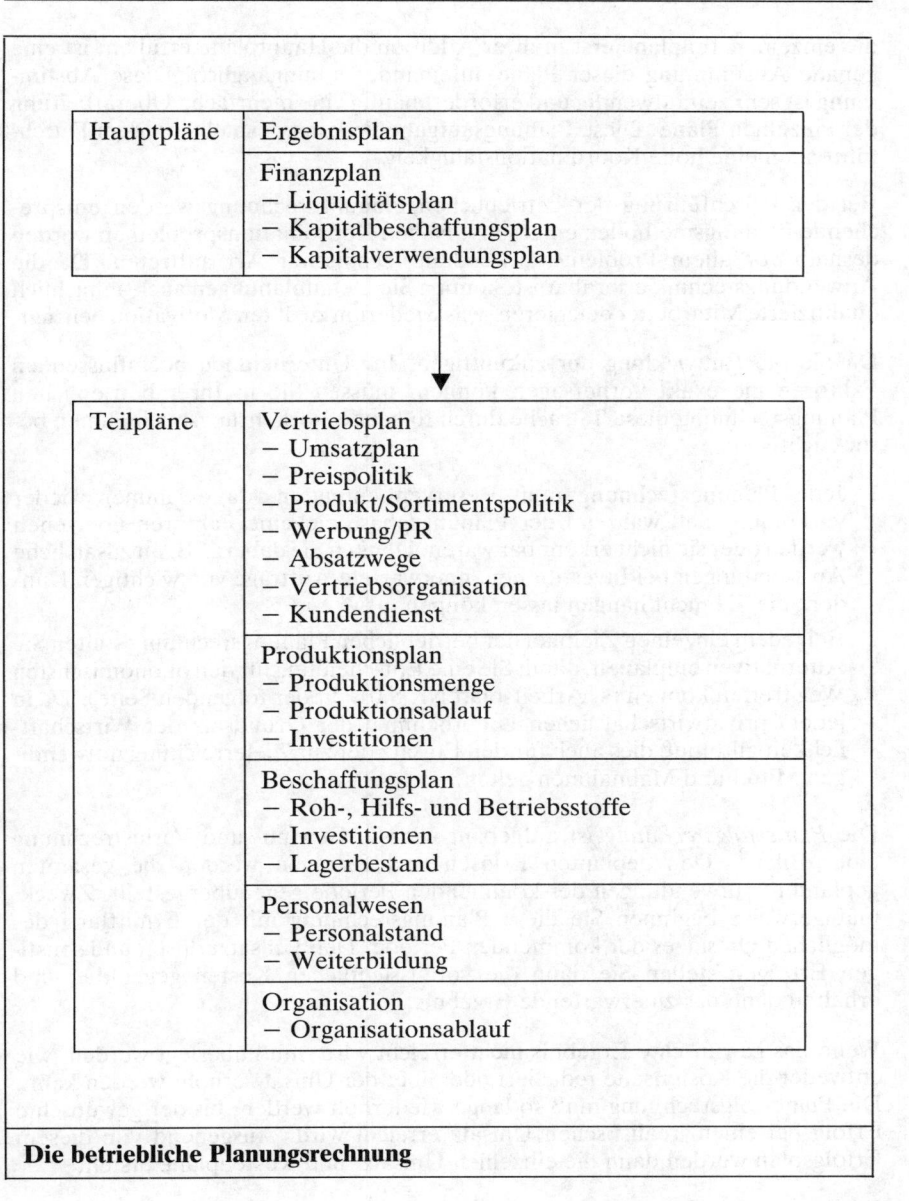

Hauptpläne	Ergebnisplan
	Finanzplan – Liquiditätsplan – Kapitalbeschaffungsplan – Kapitalverwendungsplan

↓

Teilpläne	Vertriebsplan – Umsatzplan – Preispolitik – Produkt/Sortimentspolitik – Werbung/PR – Absatzwege – Vertriebsorganisation – Kundendienst
	Produktionsplan – Produktionsmenge – Produktionsablauf – Investitionen
	Beschaffungsplan – Roh-, Hilfs- und Betriebsstoffe – Investitionen – Lagerbestand
	Personalwesen – Personalstand – Weiterbildung
	Organisation – Organisationsablauf

Die betriebliche Planungsrechnung

8. Schritt:

die einzelnen Teilpläne erst in ihrer Addition die Hauptpläne erfüllen, ist eine genaue Abstimmung dieser Pläne aufeinander unumgänglich. Diese Abstimmung ist sehr zeitaufwendig und erfordert häufig eine mehrfache Überarbeitung der einzelnen Pläne. Diese Planungsaufgabe verlangt deshalb von dem Durchführenden eine hohe Koordinationsfähigkeit.

Bei der Durchführung der betrieblichen Planungsrechnung werden entsprechende Planungsmethoden eingesetzt. Neben Koordinationsproblemen werden deshalb vor allem Probleme anwendungstechnischer Art auftreten. Da die Anwendungstechnik erlernbar ist, können Sie Detailplanungen auch an fachlich qualifizierte Mitarbeiter delegieren, was wiederum zu deren Motivation beiträgt.

Da Sie die Entwicklung der zukünftigen, Ihr Unternehmen beeinflussenden Faktoren nie exakt vorhersagen können, müssen Sie in Ihrer betrieblichen Planungsrechnung diese Tatsache durch folgende Vorkehrungsmaßnahmen berücksichtigen:

1. Jede Planungsrechnung muß Reserven enthalten, da es immer wieder vorkommt, daß während der Planungsphase einzelne Faktoren übersehen werden oder sie nicht erkennbar waren. Denken Sie dabei z. B. an zusätzliche Aufwendungen bei Investitionen, unerwartete Aufträge von wichtigen Kunden, die Sie nicht hängen lassen können, usw.
2. Bei jedem einzelnen Zielplan der betrieblichen Planungsrechnung sollten Sie Alternativen einplanen, damit Sie eine Entscheidung für den ökonomischsten Weg treffen können (s. Arbeitsblatt Nr. 8.01 auf der folgenden Seite). Da in jedem privatwirtschaftlichen Unternehmen der Grundsatz der Wirtschaftlichkeit gilt, muß dies auch für den Einsatz der zur Zielerreichung notwendigen Mittel und Maßnahmen gelten.

Die *Planerfolgsrechnung* ist aufgebaut wie die Gewinn- und Verlustrechnung einer Bilanz. Den geplanten Erlösen und Erträgen werden die gesamten geplanten Aufwendungen der kommenden Periode gegenübergestellt. Zweckmäßigerweise beginnen Sie diese Planungsrechnung mit der Ermittlung des möglichen Umsatzes der kommenden Periode. Den Umsatzerlösen und sonstigen Erträgen stellen Sie dann die voraussichtlichen Kosten gegenüber und erhalten dann das zu erwartende Ergebnis.

Wenn das gewünschte Ergebnis nicht erreicht wird, muß überlegt werden, wie entweder die Kostenseite reduziert oder aber der Umsatz erhöht werden kann. Die Planerfolgsrechnung muß so lange wiederholt werden, bis der gewünschte Erfolg bei einem realistischen Umsatz erreicht wird. Ausgehend von diesem Erfolgsplan werden dann die einzelnen Umsatz- und Kostenpläne erstellt.

Ökonomische Betriebsführung

Arbeitsblatt Nr. 8.01: Planerfolgsrechnung *1988*

	Planungsalternativen		
	I	II	III
1. Umsatzerlöse	*45.450*	*49.250*	*51.250*
2. Bestandsänderungen fertiger und unfertiger Erzeugnisse	–	*340*	*340*
3. Andere aktivierte Eigenleistungen	*150*	*150*	*150*
4. **Gesamtleistung**	*45.600*	*49.740*	*51.740*
5. Aufwendungen für Roh-, Hilfs- u. Betriebsstoffe sowie für bezogene Waren	*18.660*	*20.109*	*20.904*
6. **Rohertrag**	*26.940*	*29.631*	*30.836*
7. Sonstige Zinsen u. ähnl. Erträge	*70*	*60*	*60*
8. Erträge aus Abgang v. Gegenständen des Anlagevermögens	*20*	*10*	*10*
9. Sonstige Erträge	*340*	*360*	*360*
	27.370	*30.061*	*31.266*
10. *Löhne u. Gehälter*	*14.840*	*15.910*	*16.110*
11. Soziale Abgaben	*2.670*	*2.895*	*2.930*
12. Aufwand f. Altersversorgung	*140*	*140*	*140*
13. Abschreibungen auf Anlagen	*500*	*500*	*500*
14. Abschreibungen auf Umlaufvermögen	*100*	*100*	*100*
15. Zinsen u. ähnl. Aufwendungen	*940*	*960*	*960*
16. Steuern	*160*	*160*	*160*
17. Sonstige Aufwendungen	*7.510*	*9.003*	*9.258*
	26.860	*29.668*	*30.158*
18. Ergebnis	*510*	*393*	*1.108*

8. Schritt:

Mit dem *Liquiditätsplan* (Arbeitsblatt Nr. 8.02), dem zweiten Hauptplan, ermitteln Sie den Geldbedarf über das Jahr, der für die geplanten Umsatz- und Kostenzahlen erforderlich ist. Für jeden Monat sind in Abhängigkeit der Umsätze und Erträge die Zahlungseingänge und in Abhängigkeit der Aufwendungen die Ausgaben zu ermitteln. Das Arbeitsblatt Nr. 8.02 ist so aufgebaut, daß Sie darin immer die kumulierten Werte eintragen, so daß die rechte Spalte sehr übersichtlich den aufgelaufenen Geldbedarf bzw. Überschuß zeigt.

Mit dem Arbeitsblatt Nr. 8.03 zeigen wir an Hand eines *Umsatzplanes* wie ein Teilplan aufgebaut sein kann. Horizontal ist dieser Plan nach den einzelnen Produktgruppen oder Geschäftsfeldern und vertikal nach den zwölf Monaten untergliedert. Jeder Monat enthält drei Zeilen. In die beiden „Soll"- und „Ist"-Zeilen tragen Sie jeweils die kumulierten Werte ein. Durch Gegenüberstellung dieser beiden Werte erhalten Sie die aufsummierte Abweichung „aAbw". Für die Kostenpläne verwenden Sie zweckmäßigerweise das gleiche Schema, wenn Sie hierfür kein EDV-Programm haben.

FAZIT

Ohne eine detaillierte betriebliche Planungsrechnung, die alle Kostenarten und alle Zahlungsein- und -ausgänge umfaßt, können Sie Ihr Unternehmen auf keinen klaren Erfolgskurs steuern. So wie ein Kapitän zur Steuerung seines Schiffes eine Karte und einen Kompaß benötigt, so braucht jeder Unternehmer eine betriebliche Planungsrechnung und eine Kontrolle (s. nächster Abschnitt).

8.5 Das Controlling ist die Navigation des Unternehmers

Ein Unternehmen, das sich Ziele gesetzt, Pläne erstellt und Entscheidungen getroffen hat, muß wissen, ob die Ziele erreicht wurden und die Entscheidungen richtig waren. Vertrauen ist zwar sehr wichtig, aber ohne Kontrolle können Sie nicht feststellen, ob Ihr Unternehmen „aus dem Ruder läuft". Aus diesem Grund sagte schon Lenin: „Vertrauen ist gut, Kontrolle ist besser." Ohne die Grundaufgabe „Kontrolle" (s. Abschnitt 2.3.1) schließt sich nicht der kybernetische Regelkreis der Unternehmensführung. Sie müssen wie der Kapitän auf einem Schiff reagieren: Wenn der Navigator (= Controller im Unternehmen) eine Kursabweichung des Schiffes feststellt, muß dieser Kurs wieder durch eine Veränderung des Ruders korrigiert werden.

Jede Kontrolle erfordert einen meistens nicht unerheblichen Aufwand. Deshalb gilt die Forderung, daß die Kontrolle immer im Rahmen des wirtschaftlich

Arbeitsblatt Nr. 8.02: Liquiditätsplan *1988*

		Zahlungseingang	Zugang fälliger Ausgaben	Geldbedarf/Überschuß
Januar	Soll kum.	*3.500*	*3.400*	+ *100*
	Ist kum.	*3.350*	*3.480*	− *130*
Februar	Soll kum.	*6.700*	*6.800*	+ *100*
	Ist kum.	*6.630*	*7.000*	− *370*
März	Soll kum.	*10.900*	*10.950*	− *50*
	Ist kum.	*10.980*	*10.750*	+ *230*
April	Soll kum.	*14.900*	*14.800*	+ *100*
	Ist kum.	*14.680*	*14.730*	− *50*
Mai	Soll kum.	*18.400*	*18.250*	+ *150*
	Ist kum.	*18.380*	*18.480*	− *100*
Juni	Soll kum.	*22.500*	*22.850*	− *350*
	Ist kum.	*22.375*	*23.020*	− *645*
Juli	Soll kum.	*26.800*	*26.950*	− *150*
	Ist kum.	*26.930*	*27.070*	− *140*
August	Soll kum.	*31.300*	*31.250*	+ *50*
	Ist kum.	*31.180*	*31.125*	+ *55*
September	Soll kum.	*36.300*	*36.450*	− *150*
	Ist kum.	*35.975*	*36.375*	− *400*
Oktober	Soll kum.	*41.000*	*40.650*	+ *350*
	Ist kum.	*40.880*	*40.960*	− *80*
November	Soll kum.	*47.000*	*46.600*	+ *400*
	Ist kum.	*47.130*	*46.660*	+ *470*
Dezember	Soll kum.	*51.800*	*51.250*	+ *550*
	Ist kum.	*51.640*	*51.260*	+ *380*

8. Schritt:

Arbeitsblatt Nr. 8.03: **Umsatzplan** *1988*

		Umsatz pro Produkt/Bereich in TDM					GESAMT
		Mö	GK	IK	WP	ErsT	
JANUAR	SOLL	1.240	300	–	145	135	1.820
	IST	1.400	386	207	145	154	2.292
	aAbw	160	86	207	–	19	472
FEBRUAR	SOLL	2.295	400	238	269	270	3.472
	IST	2.300	474	129	43	341	3.287
	aAbw	165	160	98	– 226	90	287
MÄRZ	SOLL	3.350	500	300	100	315	4.565
	IST	3.320	503	127	159	433	4.542
	aAbw	135	163	– 75	– 176	208	265
APRIL	SOLL	3.000	465	360	100	405	4.330
	IST	3.150	588	209	60	339	4.346
	aAbw	285	286	– 226	– 216	274	280
MAI	SOLL	2.395	300	460	150	270	3.575
	IST	3.050	495	366	51	402	4.364
	aAbw	940	481	– 320	– 315	406	1.051
JUNI	SOLL	2.680	400	260	150	630	4.120
	IST	2.720	426	1.187	106	766	5.205
	aAbw	980	507	607	– 359	542	2.136
JULI	SOLL	3.000	465	260	250	405	4.380
	IST	2.250	354	712	127	355	3.798
	aAbw	230	396	1.059	– 482	492	1.554
AUGUST	SOLL	2.300	395	650	100	360	3.805
	IST	3.469	520	633	83	355	5.188
	aAbw	1.399	521	1.042	– 499	487	2.987
SEPTEMBER	SOLL	4.220	400	650	250	405	5.925
	IST	3.050	311	793	18	677	4.849
	aAbw	229	432	1.185	– 731	759	1.861
OKTOBER	SOLL	4.200	420	550	250	315	5.735
	IST	4.350	410	340	125	335	5.560
	aAbw	379	422	975	– 856	779	1.686
NOVEMBER	SOLL	3.150	350	250	125	425	4.300
	IST	3.080	280	176	86	487	4.103
	aAbw	309	352	901	– 895	841	1.489
DEZEMBER	SOLL	2.000	310	150	150	520	3.130
	IST	1.890	275	165	65	486	2.881
	aAbw	199	317	916	– 980	807	1.240

Ökonomische Betriebsführung

Vertretbaren gehalten werden muß. Das gleiche gilt ja auch in noch stärkerem Maße für die Planung. Bei der Genauigkeit der Datenerfassung dürfen Sie die ökonomische Grenze nicht überschreiten. Auch für die Durchführung der Kontrolle gilt das Gesetz vom abnehmenden Grenzertrag. Ab einem bestimmten Punkt bringt ein zusätzliches Mehr an Kontrollaufwand keine wesentlich besseren Erkenntnisse.

Eine weitere Forderung an jede Kontrolle ist die, daß sie so aktuell als möglich sein soll. Die Feststellung einer Planabweichung aus weit zurückliegenden Monaten bringt Ihnen keine Erkenntnisse und gibt Ihnen auch nicht die Möglichkeit, noch gegensteuernd eingreifen zu können. Je aktueller Ihre Informationen aus der Kontrolle sind, um so eher können Sie Gegenmaßnahmen einleiten, um die Planabweichungen zu korrigieren.

Wie sollte nun das Führungsinstrument „Kontrolle" aufgebaut sein, und welche Aufgaben sollte es umfassen? Bei der Kontrolle unterscheidet man in:

1) Die Plankontrolle
   a) Erfolgs- und Kostenkontrolle
   b) Liquiditätskontrolle
2) Die Zielkontrolle
3) Die Analyse der Plan- und Zielabweichungen

zu 1: *Plankontrolle*
Ausgangspunkt für die Plankontrolle sind die *Haupt- und Teilpläne* aus der betrieblichen Planungsrechnung.

Aufgabe einer Erfolgskontrolle ist es, in periodischen Abständen (monatlich oder jährlich) den Erfolg eines Unternehmens durch eine GuV-Rechnung (Arbeitsblatt Nr. 8.04) zu ermitteln und zu analysieren. Die Kosten sind dabei die Daten dieser Kontrolle.

Bei der Kostenkontrolle sind die Kosten Gegenstand der Untersuchung. Durch einen Vergleich mit dem Plan (Arbeitsblatt Nr. 8.05) stellen Sie die Abweichungen fest.

Eine weitere Art der Kostenkontrolle ist die Nachkalkulation. Durch die Nachkalkulation werden alle Kosten eines Produktes, eines Auftrages oder einer Serie erfaßt, um sie den vorkalkulierten Kosten oder dem Verkaufserlös gegenüberstellen zu können.

Die Kostenkontrolle hat den Zweck, einerseits Abweichungen der Kostenentwicklung festzustellen und andererseits die Kosten und deren Verursachung zu analysieren. Die Kostenkontrolle ist damit Ausgangspunkt der Preispolitik. Die

8. Schritt:

Arbeitsblatt Nr. 8.04: Zusammengefaßte GuV-Rechnung/Liquiditätskontrolle

	Jan.	Febr.	März	April	Mai	Juni	Juli	Aug.	Sept.	Okt.	Nov.	Dez.
1. Umsatzerlöse	2.292	3.287	4.542	4.346	4.364	5.205	3.798	5.188	5.560	4.103	4.849	2.881
± 2. Bestandsveränderungen	+ 687	+ 297	+ 7	+ 1	–	– 201	+ 200	– 397	– 410	–	– 230	+ 360
+ 3. Aktiv. Eigenleistungen	15	12	18	13	9	11	18	11	15	14	7	8
= 4. Gesamtleistung	2.994	2.243	2.697	2.573	4.373	5.015	4.016	4.802	5.165	4.117	4.626	3.249
÷ 5. Aufwand für RHB	931	1.341	1.852	1.774	1.784	2.128	1.547	2.120	1.979	2.271	1.678	1.176
= 6. Rohertrag	2.033	2.231	2.679	2.560	2.571	2.865	2.433	2.660	2.625	2.865	2.418	1.997
+ 7. Zins- u. ao. Erträge	54	35	42	17	26	32	12	17	8	11	13	21
SUMME ERTRÄGE	2.087	2.266	2.721	2.577	2.597	2.897	2.445	2.677	2.633	2.876	2.431	2.018
8. Löhne u. Gehälter	1.512	1.480	1.635	1.565	1.571	1.673	1.567	1.471	1.515	1.591	1.477	1.337
9. Sozialaufwand	140	140	140	140	140	140	140	140	140	140	140	140
10. Abschreibungen	50	50	50	50	50	50	50	50	50	50	50	50
11. Zinsen u. ä. Aufwand	60	60	60	60	60	60	60	60	60	60	60	60
12. Steuern	20	20	20	20	20	20	20	20	20	20	20	20
13. Sonstiger Aufwand	499	584	515	556	571	744	614	776	700	859	720	654
SUMME AUFWENDUNGEN	2.281	2.334	2.420	2.391	2.412	2.687	2.451	2.517	2.485	2.720	2.467	2.261
14. Überschuß/Fehlbetrag	– 194	– 68	+ 301	+ 191	+ 185	+ 210	– 6	+ 160	+ 148	+ 156	– 36	– 243
15. Ergebnis kumuliert	– 194	– 262	+ 39	+ 230	+ 415	+ 625	+ 619	+ 779	+ 927	+ 1.083	+ 1.047	+ 804
Geldeingang	3.150	2.622	3.750	4.650	4.954	5.474	5.233	5.229	5.614	5.628	6.338	4.777
+ Kasse u. Bankguthaben	39	89	94	75	56	36	74	91	87	75	86	49
+ Kreditspielraum	1.503	1.062	– 234	– 1.140	– 1.223	– 1.026	– 953	– 391	– 251	245	264	1.758
÷ kurzfr. Verbindlichk.	3.630	4.007	4.750	4.808	4.813	5.437	4.745	5.180	5.205	5 684	4.930	4.019
= Liquidität	1.062	– 234	– 1.140	– 1.223	– 1.026	– 953	– 391	– 251	– 245	– 264	1.758	2.565

Aussagekraft einer Erfolgs- und Kostenkontrolle hängt davon ab, wie gewissenhaft immer alle Kosten erfaßt werden!

Mit der *Liquiditätskontrolle* überwachen Sie die Zahlungsein- und -ausgänge Ihres Unternehmens mit dem Ziel, dessen Zahlungsfähigkeit sicherzustellen. Gerade die Krisenjahre Anfang der 80er Jahre haben gezeigt, wie wichtig es ist, die Liquiditätsentwicklung jederzeit im Griff zu behalten, um ggf. rechtzeitig Korrekturmaßnahmen einleiten zu können.

Zur Überwachung Ihrer Liquidität verwenden Sie das schon behandelte Arbeitsblatt Nr. 8.02 und die unteren Zeilen des Arbeitsblattes Nr. 8.04. Die Arbeit mit diesem Arbeitsblatt ist einfach, so daß wir uns eine Beschreibung ersparen können.

Die Zahlungsfähigkeit ist wie das oberste Unternehmensziel eine Nebenbedingung für jede unternehmerische Entscheidung. Sie dürfen keine Entscheidung treffen, die die Zahlungsfähigkeit Ihres Unternehmens gefährdet. Daraus ergibt sich die Notwendigkeit, die finanziellen Vorgänge laufend zu überwachen. Das ist nicht nur wichtig in wirtschaftlich schwierigen Zeiten. Auch in relativ gut florierenden Unternehmen gilt es, den Finanzbereich optimal zu ordnen, damit die durch die Aufträge gewonnenen Erträge nicht durch unnötige Finanzierungskosten wieder verspielt werden. Besonders in kleineren Unternehmen, die betriebswirtschaftlich nicht so gut organisiert sind, wird diese Tatsache oft übersehen.

zu 2: *Zielkontrolle*
Ausgangspunkt für Ihre *Zielkontrolle* sind die verschiedenen Zielpläne und -übersichten (Arbeitsblätter Nr. 6.01 bis 6.04). Auf diesen einzelnen Arbeitsblättern haben Sie die einzelnen Ziele mit ihren Soll-Terminen und Verantwortlichkeiten festgehalten.

Jeder Ihrer Mitarbeiter, der für ein oder mehrere Jahresziele die Verantwortung trägt, sollte das Recht und die Pflicht haben, den Weg, der zur Erreichung seiner Ziele führt, selbst zu bestimmen. Zu diesem Zweck sollten Sie ihn mit den vorgestellten Planungstechniken für die Erarbeitung der Monats- und Tagesziele vertraut machen.

Ihre Aufgabe als Controller ist es dann, diese Ziele unter folgenden Gesichtspunkten zu kontrollieren:

- Stehen die Monatsziele des Mitarbeiters nicht im Gegensatz zu den anderen Unternehmenszielen?
- Werden die Ziele termingerecht erreicht und die anderen Ziele nicht gefährdet?

8. Schritt:

Arbeitsblatt Nr. 8.05: Monatliche Kontrolle

		\multicolumn{10}{c	}{KONTROLLPUNKT}
		Material	Löhne	Gehälter	Kfz.-Kosten	Telefon	Porto	Werbung	Reisekosten	Bewirtung
Januar	SOLL IST aABW	750 770 20								
Februar	SOLL IST aABW	810 820 30								
März	SOLL IST aABW	780 740 −10								
April	SOLL IST aABW	920 970 60								
Mai	SOLL IST aABW	850 840 50								
Juni	SOLL IST aABW	970 990 70								
Juli	SOLL IST aABW	810 790 50								
August	SOLL IST aABW	750 710 10								
Sept.	SOLL IST aABW	980 1050 80								
Oktober	SOLL IST aABW	1020 970 30								
Nov.	SOLL IST aABW	970 950 10								
Dez.	SOLL IST aABW	650 690 50								

Ökonomische Betriebsführung

Eine wertvolle Hilfe für Sie zur Durchführung dieser Kontrollaufgabe ist der sog. „Monatsbericht" des Mitarbeiters (Arbeitsblatt Nr. 8.06). Jeder Mitarbeiter im Innen- und Außendienst, dem Sie eine Zielverantwortung übertragen haben, hat monatlich einen kurzen Bericht zu erstellen, der folgende Fragen beantwortet:

1. Was waren die Ziele für den abgelaufenen Monat?
2. Wurden diese Ziele erreicht bzw. nicht erreicht?
3. Aus welchen Gründen habe ich diese Ziele nicht erreicht?
4. Besteht zu dem Jahresziel ein Rückstand oder nicht?
5. Wie lauten die Ziele für den nächsten Monat?

Das Ausfüllen dieses Monatsberichtes erfordert einen minimalen Zeitaufwand. Wenn Ihre Mitarbeiter sich mit diesem Arbeitsmittel vertraut gemacht haben, werden sie diesen Bericht in wenigen Minuten erstellen. Ein Beispiel eines Monatsberichts finden Sie auf der folgenden Seite.

Der Monatsbericht erleichtert nicht nur Ihnen als Controller die Arbeit, sondern er hat noch eine Reihe weiterer Vorteile:

- Dadurch, daß sich Ihre Mitarbeiter einmal im Monat mit ihrer eigenen Zielkontrolle beschäftigen müssen, werden sie gezwungen, sich auch mit den Unternehmenszielen auseinanderzusetzen.
- Die eigene Kontrolle ist ein Motivationsfaktor.
- Sie erfahren kurzfristig Zielrückstände und können rechtzeitig Gegenmaßnahmen einleiten.

Es hat sich als zweckmäßig erwiesen, die einzelnen Monatsberichte im Anschluß an eine APV-Sitzung (s. Abschnitt 8.6) vorzutragen. Dadurch erreichen Sie einen optimalen Informationsaustausch unter Ihren Mitarbeitern. Der einzelne an der Sitzung teilnehmende Mitarbeiter bekommt einen Überblick über den Stand in den anderen Abteilungen und kann sogar an der Lösung von auftretenden Problemen mitwirken.

In dem sicherlich allgemein bekannten Buch „Iacocca – eine amerikanische Karriere" berichtet *Lee Iacocca,* daß er zur Kontrolle seiner Mitarbeiter einen Monatsbericht einsetzt, der dem hier beschriebenen ähnlich sein muß. Er bezeichnet den Monatsbericht als einfachstes und wirkungsvollstes Führungsinstrument.

zu 3:   *Abweichungs- und Fehleranalyse*
Bei Planabweichungen genügt es nicht, nur die Abweichungen am Ende einer Periode aufzuzeigen. Der Vergleich der Ist- mit den Solldaten muß vielmehr zeitlich weitergeführt werden, damit Sie frühzeitig aufkommende Probleme und Trends erkennen. Controlling in diesem Sinne ist eine laufende Entwicklungsbeobachtung.

8. Schritt:

Arbeitsblatt Nr. 8.06: Monatsbericht für den Monat *Mai 88*

ABTEILUNG: NAME:
Buchhaltung *E. Müller*

1. Meine Ziele für den Berichtsmonat waren:
    a) *Übernahme der Lieferantenstammdaten auf EDV*
    b) *Einarbeitung von Frl. Schubert in EDV-Eingabeplatz*

2. Diese Ziele
    habe ich erreicht   ⓐ ☐ ☐ ☐ ☐
    habe ich nicht erreicht   ⓑ ☐ ☐ ☐ ☐

3. Aus folgenden Gründen habe ich diese Ziele nicht erreicht:
    b) *Frl. Schubert war zwei Wochen krank*

4. Zu meinem Jahresziel
    ☒ bin ich auf dem laufenden
    ○ bin ich in Rückstand
    ○ habe ich einen Vorsprung

5. Meine Ziele für den nächsten Monat lauten:
    a) *Ausdrucken der Lieferantenchecks über EDV*
    b) *Einarbeitung von Frl. Schubert*

Stuttgart, den 3. 5. 88

(Unterschrift)

Ökonomische Betriebsführung

Um eine Analyse der Kosten durchführen zu können, müssen Sie interne und externe Informationen auswerten (z. B. Vergleiche mit den Zahlen des Vorjahres und Betriebsvergleiche innerhalb Ihres Verbandes).

Wir haben schon darauf hingewiesen, wie wichtig es ist, daß Sie Ihre Mitarbeiter bei der Kontrolle und hier speziell bei der Abweichungs- und Fehleranalyse beteiligen.

Zusammenfassung
Die hier vorgestellten Kontrolltechniken und -hilfsmittel erfordern einerseits eine rein methodische Vorgehensweise und andererseits ein strategisches und analytisches Überlegen. Um die drei Kontrollaufgaben durchführen zu können, müßte man in einer Person ein Technokrat, ein Analytiker und ein Stratege sein – eigentlich ein Alleskönner. Die Durchführung der mehr methodischen Aufgaben und die Zusammenstellung der Ergebnisse können Sie an einen qualifizierten Mitarbeiter delegieren, so daß Sie mehr Zeit haben, sich auf den analytischen und strategischen Teil dieser Aufgabe zu konzentrieren, was der Qualität Ihrer Entscheidungen zugute kommt.

FAZIT *Die Kontrolle ist ein notwendiges und wichtiges Führungsinstrument. Ohne Kontrolle sind Sie wie ein Kapitän auf hoher See, der keine Navigationsinstrumente an Bord hat. Die Kontrolle in Ihrem Unternehmen sollten Sie so organisieren, daß sie folgenden Zweck erfüllt:*
- *Sie muß Ihnen Fehlentwicklungen in den einzelnen Unternehmensbereichen rechtzeitig zeigen, damit Sie Verluste und Ertragseinbußen durch entsprechende Maßnahmen verhindern können.*
- *Sie müssen ständig wissen, wo Ihr Unternehmen steht. Je frühzeitiger Sie Informationen über Plan- und Zielabweichungen erhalten, um so eher und leichter können Sie Gegenmaßnahmen einleiten.*
- *Die Kontrolle muß Ihnen Schwachstellen im Unternehmen aufdecken.*
- *Erst durch eine Kontrolle können Sie die Leistung Ihrer Mitarbeiter feststellen und entsprechend beurteilen.*

8. Schritt:

8.6 Die Arbeitsplatzverbesserungsmethode (APV-Methode)

Schon mehrfach haben wir mit Nachdruck darauf hingewiesen, welch positive Bedeutung einem Mangel zukommt. Mit der *Aktionsplanung* haben Sie ein Hilfsmittel kennengelernt, mit dem Sie praktisch alle Probleme und Schwierigkeiten lösen können. Sie wissen also, wie Sie einen Mangel in einen Erfolg verwandeln können!

Von Jedermann werden die durch Menschen verursachten Mängel als etwas Negatives angesehen. Aus diesem Grunde werden Mängel auch häufig „unter den Teppich gekehrt", sie werden vertuscht und nicht beseitigt. Dabei sollte in jedem Unternehmen der Grundsatz praktiziert werden, daß jeder Mitarbeiter das Recht hat, Fehler zu begehen, es aber verboten ist, diese zu vertuschen.

Kennen Sie nicht auch folgende Situation: Sie befragen einen Mitarbeiter nach den Gründen, warum eine bestimmte Arbeit bei ihm noch nicht zum gewünschten Erfolg geführt hat. Als Entschuldigung hören Sie dann eine Reihe von Ausreden. Bei weiterem Nachfassen erfahren Sie dann, daß die vielen Ausreden *Mängel* sind wie z. B. fehlerhafte oder verspätete Unterlagen, zeitaufwendiges Sammeln von Informationen oder unzureichende Arbeitsmittel.

Zur ökonomischen Betriebsführung gehört deshalb auch eine methodische Verbesserung der Arbeitsplätze und der Aufgabendurchführungen jedes Mitarbeiters. Um dieses Ziel zu verwirklichen, sollten Sie in Ihrem Unternehmen eine sog. „Arbeitsplatzverbesserungsmethode" – die *APV-Methode* – einführen. Durch die regelmäßige Anwendung dieser Methode werden Ihre Führungskräfte und Mitarbeiter angehalten, sich als Rationalisierungsspezialisten an ihrem eigenen Arbeitsplatz umzusehen und Verbesserungsvorschläge zu erarbeiten. Sie erhalten damit die Chance, aber auch die Pflicht, ihren Verantwortungsbereich unter Berücksichtigung der Unternehmensziele zu optimieren. Die Anzahl und Qualität der eingereichten Verbesserungsvorschläge ist ein Maßstab für die Kreativität eines Mitarbeiters.

Wie funktioniert nun diese *APV-Methode?* Sie ist sehr einfach und setzt sich aus drei Arbeitsschritten zusammen:

1. Erstellen eines APV-Vorschlages
2. Abteilungsweise Diskussion der vorgetragenen Mängel und Entscheidung über die Abhilfemaßnahmen auf einer APV-Sitzung
3. Durchführung der Abhilfemaßnahmen

zu 1: *Erstellen eines APV-Vorschlages*
Die Aufgabenanalyse (Arbeitsblatt Nr. 2.04) und die Aufgabenbeschreibung (Arbeitsblatt Nr. 2.03) sind die Ausgangspunkte jedes APV-

Ökonomische Betriebsführung

Vorschlages. Die erkannten und neu auftretenden Probleme, Mängel und Schwierigkeiten werden von den Mitarbeitern in ihrer Aktionsliste (Arbeitsblatt Nr. 2.07) gesammelt. Damit beim Auftauchen eines Mangels dieser sofort notiert werden kann, sollte sich dieses Arbeitsblatt stets griffbereit im Arbeitshandbuch befinden.

Monatlich wertet der Mitarbeiter seine Aktionsliste aus und beschreibt daraus den Mangel mit der höchsten Priorität. Diese Beschreibung erfolgt auf dem Arbeitsblatt Nr. 8.08.

Damit diese Beschreibung bei Ihren Mitarbeitern nicht zu einer reinen „Stänkerliste" wird, muß der Mitarbeiter in seinem APV-Vorschlag auch genau mitteilen, *wie* er diesen Mangel oder diese Schwierigkeit an seinem Arbeitsplatz lösen würde. Diese Beschreibung wird also zu einem echten *APV-Vorschlag*.

Wenn Sie Ihre Mitarbeiter anhalten, monatlich einen APV-Vorschlag vorzulegen, erreichen Sie, daß sich alle an der APV-Methode Beteiligten wenigstens einmal monatlich mit dem Zweck ihrer Tätigkeit und den bei der Durchführung der Aufgabe auftretenden Schwierigkeiten auseinandersetzen.

Wie ein Ziel meistens auf verschiedenen Wegen erreicht werden kann, so können auch Mängel und Schwierigkeiten auf verschiedene Arten abgestellt werden. Bei der Abfassung eines APV-Vorschlages sind deshalb gleich alternative Möglichkeiten der Mangelbeseitigung mit aufzuzeigen.

Die Durchführung der beschlossenen Maßnahmen zur Mangelbeseitigung muß überwacht werden. Diese Aufgabe wird demjenigen übertragen, der den Mangel vorgetragen hat. Bei der Abfassung jedes neuen APV-Vorschlages ist deshalb auf dem Berichtsbogen auch anzugeben, ob der zuletzt genannte Mangel inzwischen durch die beschlossenen Maßnahmen beseitigt wurde oder nicht.

Des weiteren sollte sich Ihr Mitarbeiter bei der Abfassung seines APV-Vorschlages überlegen, welche finanziellen Einsparungen (Zeiteinsparung kann auch in Geld ausgedrückt werden) durch die jeweilige Mangelbeseitigung erzielt werden können. Da die Durchführung einer Maßnahme meistens einen Aufwand verursacht, muß sich Ihr Mitarbeiter auch diese Frage überlegen und die entsprechenden Angaben machen.

8. Schritt:

zu 2: *Diskussion und Entscheidung*
Die APV-Vorschläge werden in einzelnen Sitzungskreisen diskutiert. Ein APV-Sitzungskreis kann z. B. bestehen aus der Geschäftsleitung und allen Führungskräften, ein anderer aus einem Abteilungsleiter mit seinen Mitarbeitern. Auf diesen Sitzungen wird entschieden, durch welche der vorgeschlagenen Maßnahmen der jeweilige Mangel abgestellt werden soll.

Die gemeinsame Diskussion der APV-Vorschläge in den einzelnen Sitzungskreisen dient dem Zweck, sich einerseits über die anstehenden Sorgen und Probleme der Kollegen zu informieren und andererseits um festzustellen, ob die Beseitigung eines Mangels an einem Arbeitsplatz nicht gleichzeitig einen Mangel an einem anderen Arbeitsplatz hervorruft.

Die APV-Vorschläge sind jeweils drei Arbeitstage vor dem Termin der APV-Sitzung beim Leiter des jeweiligen Sitzungskreises abzugeben, damit sich dieser schon mit den Berichten auseinandersetzen kann, um bestimmte Entscheidungen vorzubereiten bzw. weitere Informationen einzuholen.

Über jede APV-Sitzung wird ein Protokoll angefertigt, von dem jeder der Sitzungsteilnehmer eine Kopie erhält. In diesem Protokoll wird der Mangel jedes Teilnehmers festgehalten. Unerledigte Mängel erscheinen immer wieder im Protokoll, bis sie erledigt sind. Auf diese Weise wird sichergestellt, daß kein aufgezeigter Mangel unerledigt untergeht.

Im Protokoll werden auch die Entscheidungen darüber festgehalten, welche Maßnahmen nach der Diskussion der einzelnen Mängel durchgeführt werden sollen. Die durchzuführenden Maßnahmen werden eindeutig mit den für die Durchführung Verantwortlichen notiert.

zu 3: *Durchführung*
Jeder Mitarbeiter ist für die Durchführung und Kontrolle der festgelegten Abhilfemaßnahmen verantwortlich. Je nachdem was beschlossen wurde, muß er für die Durchführung der Abhilfemaßnahmen selber Sorge tragen oder aber nur die Durchführung kontrollieren.

Protokoll der APV-Vorschlagssitzung

Nr. 5/88 vom: 16. 05. 1988

Teilnehmer: *We, Br, Ul, Mü, Nb, Bh, Sch*
Termin der nächsten APV-Vorschlagssitzung: 22. 06. 1988
Termin für die Abgabe der nächsten APV-Vorschläge: 19. 06. 1988

Folgende Mängel sind noch nicht erledigt:

Sch   2/88
Ul   3/88
Br   1/88

Protokoll:

Mü 5/88   1. Unsere Forderungsausfälle belaufen sich jährlich auf DM 20.000,–, weil wir „faule Kunden" immer wieder beliefern. Eine verstärkte Mahnung schafft keine Abhilfe.

2. Entscheidung: Die Buchhaltung stellt eine Liste von „faulen Kunden" zusammen. Diese Liste wird in der Versandabteilung aufgehängt. Die GL erläßt eine Anweisung, daß Aufträge an Kunden, die auf dieser Liste stehen, nicht ausgeliefert werden dürfen.

3. Einsparung DM 10.000,– p. a.

Zusammenfassung
Die Institution der APV-Methode müssen Sie in Ihrem Unternehmen von oben nach unten einführen. Das heißt, daß zuerst Sie und Ihre Mitarbeiter der obersten Führungsebene einen Sitzungskreis bilden. Wenn sich in diesem Kreis der Ablauf eingespielt hat, das ist etwa nach sechs Monaten der Fall, können die APV-Sitzungen von den Abteilungsleitern in deren Abteilungen eingeführt werden. Nach und nach werden so diese Sitzungskreise im ganzen Unternehmen eingeführt, wie nachstehende Abb. 5 zeigt.

8. Schritt:

Arbeitsblatt Nr. 8.07: Arbeitsplatzverbesserungs-Vorschlag Nr. 5/88

1. Einer optimalen Nutzenerfüllung steht mir in meinem Aufgabenbereich folgender Mangel im Wege:

   Unsere Forderungsausfälle belaufen sich jährlich auf DM 20.000,–, weil wir „faule" Kunden immer wieder beliefern. Eine verstärkte Mahnung schafft keine Abhilfe und erfordert einen hohen Aufwand.

2. Zur Beseitigung dieses Mangels schlage ich folgende Maßnahme vor:
   Alternative A:

   Die Buchhaltung stellt eine Liste von „faulen" Kunden zusammen. Diese Liste wird im Versand aufgehängt. Die GL erläßt eine Anweisung, daß Kunden auf dieser Liste nicht beliefert werden dürfen.

   Alternative B:

   Jeder Vertreter erhält monatlich einen Auszug der Debitorenstände seiner Kunden mit der Auflage, die Kunden persönlich anzusprechen.

3. Durch die Realisierung meines Verbesserungsvorschlages entsteht folgende(r)
   Einsparung: A) ca. 10.000,–   p. a. Aufwand: A) –
                   B) ca. 10.000,–   B) –

4. Die Mängel aus folgenden Verbesserungsvorschlägen wurden noch nicht erfüllt:
   Nr. *4/88*   Nr.   Nr.   Nr.   Nr.

Bearbeiter: *Müller*   Datum: *05. 06. 1988*

Ökonomische Betriebsführung

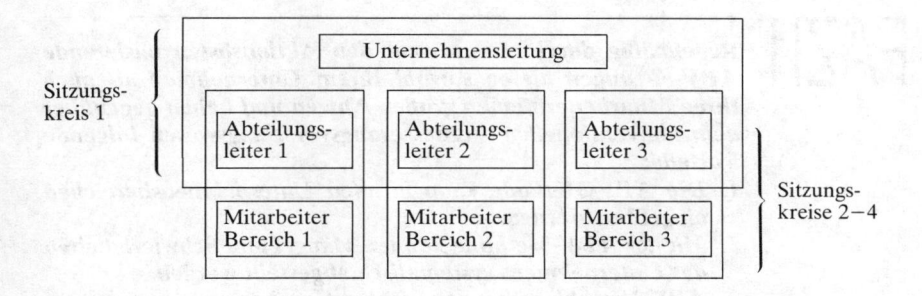

Abb. 5: Bildung von Sitzungskreisen

Sind die APV-Sitzungen in die unteren Verantwortungsbereiche Ihres Unternehmens eingeführt, erhält der jeweilige Vorgesetzte eines Sitzungsleiters zu seiner Information ein Protokoll der Sitzungen. Auf diese Weise wird erreicht, daß auch Sie als Unternehmensleitung von den Problemen und Schwierigkeiten Ihrer Mitarbeiter auf den unteren Hierarchiestufen erfahren.

Reicht für eine Entscheidung die Kompetenz der Sitzungsteilnehmer einmal nicht aus, trägt der Sitzungsleiter den APV-Vorschlag auf der Sitzung der nächsthöheren Ebene vor, so daß ein Mangel oder ein Problem nicht durch Entscheidungsmangel untergehen kann.

Die sonst als „Verbesserungsvorschlagswesen" bekannte Methode zielt zwar auch darauf ab, Produkte oder Produktionsabläufe zu verbilligen. Ein Verbesserungsvorschlag ist dabei jedoch meistens das Ergebnis eines zufälligen Einfalls eines Mitarbeiters. Die hier beschriebene APV-Methode ist dagegen eine Methode, um Mängel systematisch sowohl in der Verwaltung als auch in der Fertigung abzustellen.

Auch Ihr Außendienst sollte seine APV-Sitzungen abhalten. Gerade die Vorschläge der Mitarbeiter aus dem Außendienst, die einen engen Kontakt zu den Kunden haben, könnten mit ihren Vorschlägen wesentlich zum Erfolg Ihres Unternehmens beitragen.

8. Schritt:

FAZIT

Regelmäßig durchgeführte, auf den Aktionslisten basierende APV-Sitzungen bieten sowohl Ihrem Unternehmen als auch Ihren Mitarbeitern einen großen Nutzen und haben gegenüber dem konventionellen Verbesserungsvorschlagswesen folgende Vorteile:
1. Die APV-Methode kann in allen Unternehmensbereichen eingeführt werden.
2. Mit der APV-Methode können Mängel und Schwierigkeiten des Unternehmens systematisch abgestellt werden.
3. APV-Vorschläge können nicht untergehen.
4. Die Teilnahme der Mitarbeiter an der APV-Methode steigert ihre Kreativität.
5. Die durch die Mangelbeseitigung verursachten Erfolgserlebnisse erhöhen die Zufriedenheit der Mitarbeiter und verbessern dadurch das Betriebsklima.
6. Mit jeder Mangelbeseitigung wird der Erfolg Ihrer Mitarbeiter und damit der Erfolg Ihres Unternehmens vergrößert.

9. Schritt: Ihr persönliches Zeitmanagement

9.1 Die Zeit – eine kostbare Ressource

Am Jahresanfang, wenn noch 365 Tage vor uns liegen, glauben viele mit ihrer Zeit aasen zu können wie mit einem Gut, das nichts kostet. Spätestens zur Jahresmitte stellen wir fest, wie schnell doch diese Zeit verrinnt. Es ist wohl unstrittig, daß die *Zeit* eines der kostbarsten Güter ist, das wir besitzen. Sie ist unweigerlich verloren, wenn wir sie falsch oder überhaupt nicht nutzen. Zeit kann auch nicht wie Geld gehortet werden. Benjamin Franklin (1706 bis 1790), der amerikanische Schriftsteller, Staatsmann und Physiker (Erfinder des Blitzableiters), sagte einmal:

„Ist die Zeit das Kostbarste von allem,
so ist die Zeitverschwendung
die allergrößte Verschwendung."

Im Rahmen Ihrer Führungsaufgaben ist die Zeit deshalb eine so kostbare Ressource, weil ihr eine wichtige Verstärkerwirkung zukommt. So nimmt z. B. die Vorbereitung und das Treffen einer bedeutsamen Entscheidung vielleicht nur wenige Stunden Ihrer Management-Zeit in Anspruch. Wenn diese Zeit aber nutzlos verschwendet wird, steht sie Ihnen für diese Entscheidung, durch die Sie vielleicht einen Betrag in Millionenhöhe hätten gewinnen können, nicht mehr zur Verfügung, und die Chance ist vertan.

Durch eine optimale Zeitgestaltung sind Sie auch in der Lage, Ihre Aufgaben im Unternehmen und im Privatleben ohne Streß und Angst durchzuführen. Es muß deshalb Ihr Ziel sein, durch ein besseres Zeitmanagement mehr Zeit für die wichtigen Dinge zu bekommen.

Diesem Ziel stehen oft die sog. *Zeitdiebe* als Hindernisse im Wege. Zeitdiebe sind z. B. Mitarbeiter, die Fragen mit Ihnen diskutieren wollen, die sie sich auch selber beantworten könnten. Zeitdiebe sind auch unvorbereitete, und deshalb unnötig lange Besprechungen oder unangemeldete Kunden und Lieferanten, Geschäftsessen, Empfänge, Einladungen, Behördengänge und natürlich Anrufer.

Möglichst vielen Zeitdieben das Handwerk zu legen, muß Ihr Bestreben sein. Nachstehend haben wir einige Hinweise zusammengestellt, deren Befolgung dem Wirken der Zeitdiebe nachhaltig Einhalt gebietet. Wenn Sie diese Hinweise einhalten, haben die Zeitdiebe kaum eine Chance, bei Ihnen ihr Unwesen zu treiben.

9. Schritt:

Zehn Grundsätze, Zeit zu gewinnen:

1. Arbeiten Sie zielgerichtet und methodisch, und investieren Sie Zeit nur in Aktivitäten, die diesen Zielen dienen.
2. Halten Sie Ordnung, auch in Ihren Gedanken. „Ordnung ist Intelligenz", sagte Goethe. Suchen kostet unnötige Zeit.
3. Verzichten Sie auf Perfektionismus, und beachten Sie die Angemessenheit zeitlicher Investitionen.
4. Besinnen Sie sich auf Ihre eigenen Stärken, und machen Sie nicht alles selber, was vielleicht andere besser können. Delegieren Sie die richtigen Aufgaben.
5. Führen Sie keine unvorbereiteten Besprechungen, und vermeiden Sie die sog. „Blabla-Gespräche". Empfangen Sie nicht jeden Besucher.
6. Erledigen Sie schwierige und Kreativität verlangende Aufgaben nach Möglichkeit nur in guter Stimmung. Führen Sie störungsarme Zeiten ein.
7. Entlasten Sie Ihr Gedächtnis durch entsprechende Gedächtnishilfen, die dafür sorgen, daß Sie nichts vergessen.
8. Fassen Sie sich beim Telefonieren kurz.
9. Erstellen Sie sich für jeden Tag einen Tagesplan, und kontrollieren Sie die Erledigungen.
10. Führen Sie für Ideen immer ein Notizblatt mit sich, damit Sie alles notieren können und nichts verlorengeht.

FAZIT *Die Zeit ist unsere kostbarste Ressource. Wir brauchen sie wie die Luft zum Leben. Sie läßt sich nicht horten, und vertane Zeit ist irreparabel verloren. Befolgen Sie diese Hinweise, die dazu beitragen, daß Sie die Ihnen zur Verfügung stehende Zeit nicht verschwenden.*

9.2 Die praktische Arbeit mit der Zeitplanung

Wenn ein Vertreter seine Besuchstouren ohne Planung durchführt, hat das zur Folge, daß er die Besuche bei den einzelnen Kunden nicht aufeinander abstimmt. Wahllos und zu unbestimmter Zeit fährt er die einzelnen Kunden an, mit dem Ergebnis, daß er von manchen gar nicht empfangen wird, weil er zur unpassenden Zeit kommt. Neben der geringen Erfolgsquote seiner Gespräche entstehen erhebliche und unnötige Fahrtkosten. Lange Fahr- und Wartezeiten fressen einen großen Teil seiner kostbaren Arbeitszeit auf. Am Beispiel dieses erfolglosen und sicherlich auch frustrierten Vertreters wird deutlich, wie nützlich eine gute Zeitplanung ist.

Eine nutzenbringende Zeitplanung ist nicht nur eine einfache Terminplanung, sondern vor allem eine zeitliche Planung aller Aufgaben und Tätigkeiten, die Sie durchführen müssen. Neben den Terminen müssen Sie vor allem Ihre Aktivitäten in die Zeitplanung mit einbeziehen. Das sind briefliche oder telefonische Kontakte, Besprechungen, Aktivitäten aus der Aktionsplanung und alle sonstigen Erledigungen.

Für die Zeitplanung benötigen Sie ein Zeitplanbuch, das im Handel in zahlreichen Versionen angeboten wird (z. B. „Time/system" oder „HelfRecht-Zeitplanbuch"). Es gibt solche im DIN A5- und im DIN A4-Format. Ihre Entscheidung sollten Sie davon abhängig machen, wieviel Information Sie neben der Tagesplanung noch in dem Ringbuch abheften wollen. Besonders zweckmäßig sind die Zeitplanbücher, für die Sie sich durch einfaches Kopieren individuelle Arbeitsblätter selbst erstellen können. Die angebotenen Zeitplanbücher haben alle eine Ringmechanik, so daß Sie einzelne Blätter leicht austauschen oder ergänzen können.

Eine Zeitplanung läuft in drei Stufen ab:

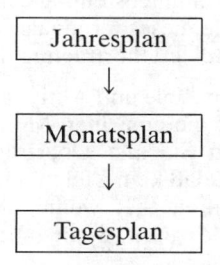

$$\boxed{\text{Jahresplan}}$$
$$\downarrow$$
$$\boxed{\text{Monatsplan}}$$
$$\downarrow$$
$$\boxed{\text{Tagesplan}}$$

Entsprechend dieser Einteilung enthält ein Zeitplanbuch ein Jahresplanblatt (es können natürlich auch mehrere Blätter sein), zwölf Monatsplanblätter und 365 Tagesplanblätter. Damit das Zeitplanbuch nicht zu dick und unhandlich wird, sollten Sie immer nur max. 45 Tagesplanblätter im Zeitplanbuch einheften und die übrigen in einer Vorratsbox aufbewahren, in der Sie auch die abgelaufenen Tagesplanblätter ablegen und aufbewahren.

9. Schritt:

a) Die Jahresplanung

Als wir bei der Erläuterung des 1. Schrittes über die Terminierung Ihrer Lebensziele und der daraus abgeleiteten Maßnahmen gesprochen haben, haben wir bereits auf den *Jahreszielplan* (Arbeitsblatt Nr. 9.01) hingewiesen. Dieser Jahreszielplan ist ein Grobplan, eine Zusammenstellung aller Ziele und Aktivitäten, die in dem vor Ihnen liegenden Jahr realisiert werden sollen. Zweckmäßigerweise erstellen Sie für Ihren privaten und beruflichen Bereich je einen getrennten Jahreszielplan.

Die Jahresplanung beginnt mit der Aktualisierung aller persönlichen, beruflichen und geschäftlichen Ziele (Arbeitsblatt Nr. 1.01 und Nr. 6.04) sowie der Maßnahmen aus Ihren Aktionsplänen. Als Vorarbeit hierzu müssen Sie alle privaten, beruflichen und geschäftlichen Analysen überarbeiten und die daraus resultierenden Maßnahmepläne (Arbeitsblatt Nr. 1.03) und Aktionslisten (Arbeitsblatt Nr. 2.07 und Nr. 4.07) zusammenstellen. Aus diesen Auflistungen stellen Sie dann Ihren Jahreszielplan zusammen.

Wenn Sie die Zusammenstellung Ihres Jahreszielplanes betrachten, stellen Sie fest, daß es eine ganze Reihe von Aufgaben gibt, die sich jährlich wiederholen wie z. B. die Durchführung der Unternehmensanalyse, die Durchführung von Mitarbeiterbeurteilungsgesprächen usw. Damit Sie keine dieser teilweise sehr wichtigen Aufgaben vergessen, tragen Sie diese Aufgaben in einen „Original-Jahreszielplan" ein. Für die Zusammenstellung der jeweils aktuellen Jahresziele verwenden Sie dann eine Kopie dieses Originals. Auf diese Weise ersparen Sie sich die sonst jedesmal notwendige Übertragung dieser Aufgaben.

Ihre im Jahreszielplan notierten Ziele und Aktivitäten werden dann im weiteren Verlauf Ihrer Zeitplanung auf die einzelnen Monatspläne und von da auf die Tagespläne übertragen. Wenn Sie alle Übertragungen immer gewissenhaft durchführen, ist gewährleistet, daß kein Ziel und keine Aktivität verloren geht. Eine Kontrolle darüber erhalten Sie, wenn Sie jede Übertragung in den Monatsplan mit einem [X] in der „O.k.-Spalte" bestätigen.

b) Die Monatsplanung

Wenn Sie Ihre Jahresplanung abgeschlossen haben, müssen Sie alle Ziele, Aufgaben und Maßnahmen auf die entsprechenden Monatsplanblätter verteilen. Die zwölf Monatsplanblätter (Arbeitsblatt Nr. 9.02) haben die Aufgabe einer Zwischenspeicherung, bevor Sie die Aktivitäten und Maßnahmen in Ihre Tagesplanung übernehmen. Die Monatsplanblätter heften Sie im Zeitplanbuch zwischen den Tagesplanblättern und den Jahresplanblättern ein.

Arbeitsblatt Nr. 9.01: Jahreszielplan *1989*

Jahresziele/Aktivitäten	o. k.
1. Lebensziele aktualisieren	
2. Unternehmensanalyse durchführen	
3. Unternehmensziele mit den Mitarbeitern besprechen	
4. Bekanntgabe der Unternehmensziele	
5. Unternehmensphilosophie auf Realisierbarkeit prüfen	
6. Tätigkeitsanalyse aktualisieren	
7. *Jahresgewinn auf TDM 1.250 erhöhen*	
8. *Mitarbeiterbeurteilungsgespräch mit HAL*	
9. *Neues Produkt XY entwickeln und auf den Markt bringen*	
10. *Firma Weber + Co. als neuen Kunden gewinnen*	
11.	
12.	
13.	
14.	
15.	
16.	
17.	
18.	
19.	
20.	
21.	
22.	
23.	
24.	
25.	
26.	
27.	

9. Schritt:

Arbeitsblatt Nr. 9.02: **Monatsplan für** *Mai 1989*

Monatsziele/Aktivitäten	o. k.
1. *Stand der Unternehmensziele kontrollieren*	
2. *Gesellschafter schriftlich informieren über Unternehmensentwicklung*	
3. *Unerledigte Aktionspläne durcharbeiten*	
4. *Zwei wichtige Kunden besuchen*	
5. *Firma Weber + Co. besuchen*	
6. *Testgespräch mit wichtigsten Kunden über Produkt XY*	
7. *Position in der Buchhaltung ausschreiben*	
8. *Reklamationsberichte analysieren*	
9. *Verkaufsniederlassung in Hamburg gründen*	
10.	
11.	
12.	
13.	
14.	
15.	
16.	
17.	
18.	
19.	
20.	
21.	
22.	
23.	
24.	
25.	
26.	
27.	

Zeitmanagement

Jeweils am Monatsende übertragen Sie alle Aktivitäten aus dem Monatsplan des Folgemonats auf die entsprechenden *Tagesplanblätter*. Die erfolgte Übertragung kennzeichnen Sie wieder mit einem [X] in der „O.k.-Spalte", so daß sichergestellt ist, daß keine Aktivität unerledigt bleibt.

Analog zum Jahreszielplan stellen Sie sich in einem Original-Monatsplan alle monatlich wiederkehrenden Aufgaben zusammen. Diese Aufgaben kopieren Sie dann in jedes der zwölf Monatsplanblätter ein, so daß Sie sich eine monatliche Übertragung ersparen.

c) Tagesplanung

Die *Tagesplanung* ist zum einen eine Feinplanung Ihrer Zielplanung und zum anderen eine zeitliche Kapazitätsplanung. Jeder Tag hat ein einzelnes Tagesplanblatt, in das Sie dann die ganz konkreten Maßnahmen und Aktivitäten aus Ihrem jeweiligen Monatsplan übertragen, die Sie an diesem Tag durchführen wollen.

Mit der Tagesplanung verteilen Sie auch die Ihnen zur Verfügung stehende Zeit eines Tages. Die Qualität dieser Planung entscheidet deshalb darüber, ob Sie Ihre Zeit verschwenden oder sie sinnvoll nutzen. Beachten Sie deshalb bei der Aufstellung des Tagesplanes auch die Hinweise, die wir im vorigen Abschnitt aufgelistet haben. Wenn Sie Probleme mit Ihrer Zeiteinteilung haben, schreiben Sie sich diese Punkte auf ein Blatt und heften dieses vor die Tagesplanblätter ein, um sie sich immer wieder vor Augen zu führen.

Die volle Ausschöpfung aller Möglichkeiten der Tagesplanblätter bringt Ihnen folgenden Nutzen:

- Sie werden an die Erledigung bestimmter Aktivitäten (Zielplanung) erinnert.
- Sie erhalten eine Planung der zeitlichen Kapazität Ihres Tages (Überblick).
- Sie schaffen sich eine Ordnung, die Zettelwirtschaft hört auf.
- Sie erziehen sich zur Zuverlässigkeit (nichts wird vergessen).

Die Tagesplanblätter der angebotenen Zeitplanbuchsysteme sind unterschiedlich aufgeteilt. Die zweckmäßigste Arbeit mit den Tagesplanblättern ist in den Anwendungshinweisen der jeweiligen Verlage beschrieben, so daß wir uns hier auf einige allgemeine Hinweise und bewährte Tips aus der Praxis beschränken können:

- Tragen Sie in einer besonderen Spalte die Priorität jeder Aufgabe ein. Die Priorität [1] bedeutet, daß diese Aufgabe an diesem Tag unbedingt erledigt werden muß. Die Aufgaben mit der Priorität [2] sollten an diesem Tag und die mit der Priorität [3] müssen nicht unbedingt an diesem Tag erledigt werden.

9. Schritt:

Beispiel Tagesblatt

Januar								Februar							
Wo.	M	D	M	D	F	S	S	Wo.	M	D	M	D	F	S	S
01		1	2	3	4	5	6	05					1	2	3
02	7	8	9	10	11	12	13	06	4	5	6	7	8	9	10
03	14	15	16	17	18	19	20	07	11	12	13	14	15	16	17
04	21	22	23	24	25	26	27	08	18	19	20	21	22	23	24
05	28	29	30	31				09	25	26	27	28			

Tagesplan — Donnerstag

3

Woche 1 Tag 3 — Januar 1985

Zeit	⊙	Termine	OK
08			
09	▨	VKL-Besprechung	
10			
11			
12			
13	▨	Essen Dr. Krohn	
14	▨		
15	▨		
16			
17			
18			
20.00		Theater	

✉ ☎		Kontakt	OK
	1	Dr. Krohn 37 70 21	×
	2	Fa. Müller Termin	×
	2	R. Herms 07 11-52 11 44	O
	3	H. Weber Angebot	O
	1	Hann. Messe Vertrag	1

Priorität	Aufgaben	OK
1	Werbekonzeption vorbereiten	×
2	Skireise buchen	×
1	Preisliste festlegen	×

Statistik	
Umsatz	80.000.—

Privat		
2	Dr. Knoblauch Termin	O
1	Blumen	×

Unerledigtes übertragen →

TS-form 1085/© Copyright 1981 by Time/system® G.m.b.H., Germany. ☐ Time/system® International. Denmark. All rights reserved.

- Kennzeichnen Sie die erledigten Aufgaben wie Telefonate, Briefe und alle sonstigen Maßnahmen aus Ihrer Zielplanung mit einem [X].
- Übernehmen Sie auch Ihre privaten Erledigungen in den Tagesplan, damit Sie auch im privaten Bereich zur Zuverlässigkeit angehalten werden.
- Um den Platz der einzelnen Zeilen besser ausnutzen zu können, sollten Sie Ihre persönlichen Kurzzeichen verwenden. Wenn Sie für die einzelnen Aktivitäten mehr Platz benötigen, können Sie für weitere Notizen noch die linke Seite (die Rückseite des Vortages) verwenden. Auf dieser Seite notieren Sie sich z. B. auch die Fragen, die Sie bei einem Telefongespräch klären wollen.
- Um unvorhergesehene, aber wichtige Arbeiten immer sinnvoll einfügen zu können, sollten Sie Ihre Zeitplanung immer mit Pufferzeiten versehen, eine Vorkehrungsmaßnahme, die für alle Planungsarbeiten gilt.
- Alle Aktivitäten, die Ihnen während des Jahres einfallen und die nicht termingebunden sind, notieren Sie auf einem Blankoblatt. Zu Ihren monatlich wiederkehrenden Aufgaben gehört dann auch, daß Sie diese Liste überprüfen und die einzelnen Aktivitäten dann in Ihre Tagesplanung übernehmen.
- Wenn Sie für die Aufzeichnung einer bestimmten Aktivität reichlich Platz benötigen, verwenden Sie zweckmäßigerweise ein separates Blatt und heften dieses entsprechend Ihrer Terminplanung entweder beim entsprechenden Monats- oder Tagesplan ab.
- Bei allen Eintragungen in Ihrer Zeitplanung sollten Sie stets einen Bleistift verwenden, damit Sie Änderungen, die immer wieder vorkommen, problemlos vornehmen können, ohne die Übersichtlichkeit Ihrer Eintragungen zu verlieren.
- Arbeiten Sie jeden Tag nach und übertragen Sie alle Aktivitäten, die Sie nicht erledigt haben, auf eines der nächsten Tagesplanblätter. Wenn Sie eine unerledigte Aktivität übertragen haben, fügen Sie eine „0" an. Wenn alle Aktivitäten und Aufgaben mit einem „X" oder einer „0" versehen sind, erkennen Sie auf einen Blick, ob Sie eine Aktivität vergessen haben.
- Wenn Sie sich für ein größeres Zeitplanbuch entschieden haben, das nicht in Ihre Jackentasche paßt, empfehlen wir Ihnen für die eigentliche Planung von Terminen einen handelsüblichen „Leporello-Terminkalender" zu verwenden. Dieser Kalender, den Sie immer mit sich führen sollten, reicht in der Regel aus, um alle Termine in übersichtlicher Form festzuhalten.

9. Schritt:

FAZIT

Durch die konsequente Anwendung einer Zeitplanung und der Ausschöpfung aller Möglichkeiten des jeweiligen Systems können Sie bei sich folgende Verbesserungen feststellen:
- *Durch eine genaue Koordination von Terminen und Aktivitäten erreichen Sie, daß Ihre Leerlaufzeiten auf ein Minimum reduziert werden.*
- *Die zeitliche Planung und Anpassung der Durchführung der Aktivitäten entsprechend Ihren persönlichen Gegebenheiten steigert Ihre Produktivität und damit Ihren Erfolg.*
- *Diese Wirkung beeinflußt Ihre Stimmung positiv, und Sie strahlen Zufriedenheit und gute Laune aus.*
- *Mit der Anwendung der Zeitplanung verbessern sich Ihre Pünktlichkeit und Zuverlässigkeit, was sich in steigender Wertschätzung bei Ihren Mitmenschen auswirkt.*
- *Durch einen guten Überblick über Ihre zu erledigenden Aufgaben und Termine, durch eine Einplanung von Zeitreserven und die Gewißheit, nichts vergessen zu haben, verringert sich Ihre Streßbelastung.*

10. Schritt: Führen und motivieren Sie Ihre Mitarbeiter

10.1 Grundsätze der Mitarbeiterführung

Ihr Unternehmen ist wie seine Mitarbeiter. Sind diese engagiert, flexibel, sachkundig und erfolgreich, dann ist auch das ganze Unternehmen leistungsfähig und erfolgreich. Die Mitarbeiter sind die wichtigste Voraussetzung zur Durchführung aller geplanten Maßnahmen und Aktivitäten in Ihrem Unternehmen, ohne sie können Ihre Unternehmensziele nicht realisiert werden. Wenn Sie es verstehen, Ihre Mitarbeiter richtig zu motivieren und zu führen, brauchen Sie um den Erfolg Ihres Unternehmens nicht bange zu sein.

„Führen" heißt allgemein, Menschen so anzuleiten, daß sie eine vorgegebene Leistung erbringen oder ein gesetztes Ziel erreichen. In einem Unternehmen heißt „Führen", Mitarbeitern zu Erfolg zu verhelfen oder sie in die Lage zu versetzen, eigene wirtschaftliche Ergebnisse vorzuweisen.

Personalberater berichten übereinstimmend, daß bei der Einstellung von Führungskräften die Fähigkeit der Menschenführung gegenüber den fachlichen Fähigkeiten eine immer größere Bedeutung erlangt. Die Führung und Motivation der Mitarbeiter ist zur wichtigsten, aber auch schwierigsten Unternehmeraufgabe geworden. Menschenführung ist der Schlüssel zum Unternehmenserfolg.

In den zurückliegenden Jahren konnten wir alle einen tiefgreifenden Wertewandel in der Bevölkerung feststellen. Dieser Wandel ist gekennzeichnet durch eine wachsende Freizeitorientierung, steigende Distanz zur Berufsarbeit und schrumpfende Leistungsmotivation. Diesen Wandel muß der heutige Unternehmer und Manager als Herausforderung annehmen. Er muß die Mitarbeiter wieder dazu bringen, daß sie Sinn in ihrer Arbeit finden, um dadurch auch entsprechend motiviert zu sein.

Der Erfolg der Mitarbeiterführung basiert einerseits auf der bewußten Anwendung bestimmter Führungsinstrumente und -techniken und andererseits auf der Persönlichkeit des Führenden. Während die Handhabung der Führungsinstrumente und -techniken erlernbar ist, kann die Persönlichkeit eines Menschen nur sehr schwer verändert werden. Hierin liegt das besondere Problem der Mitarbeiterführung.

Unabhängig von den Führungsinstrumenten und der Persönlichkeit des Führen-

10. Schritt:

den müssen vier Voraussetzungen gegeben sein, um Mitarbeiter erfolgreich führen zu können:

1. *Interesse* des Mitarbeiters an der gemeinsamen Zielerreichung des Unternehmens oder der Abteilung
2. *Konfliktfreie Arbeit* in der Gemeinschaft
3. Gleichbehandlung aller im Unternehmen Tätigen und *gerechte Verteilung von Lasten und Lohn*
4. *Vorbildliches Verhalten* des Unternehmers

zu 1: Jeder Mitarbeiter strebt in einer mehr oder weniger ausgeprägten Form seine Selbstverwirklichung an, was Maslow mit seiner Bedürfnis-Pyramide dargestellt hat. Das heißt, daß der Mitarbeiter durch seine Arbeit seine persönlichen Ziele realisieren und seine Bedürfnisse befriedigen möchte.

Die persönlichen Ziele des Mitarbeiters dürfen zu den Zielen des Unternehmens nicht konträr sein. Sie müssen deshalb versuchen, die Ziele Ihrer Mitarbeiter in die Ziele Ihres Unternehmens zu integrieren. Jochen Kienbaum sagt in diesem Zusammenhang: „Die erfolgreiche Führungskraft bringt es fertig, ein Klima aufzubauen, in dem die Mitarbeiter sich identifizieren mit ihrer Arbeit und mit den Zielen des Unternehmens."

Stimmen die persönlichen Ziele nicht mit den Unternehmenszielen überein, spricht man von einer *inneren Kündigung,* der früher oder später die richtige Kündigung folgen wird. Der Mitarbeiter betrachtet seine Tätigkeit nur als Job, den er zur Finanzierung seiner persönlichen Interessen benötigt.

Damit diese erste Voraussetzung in Ihrem Unternehmen erfüllt wird, müssen Sie dafür Sorge tragen, daß Ihre Mitarbeiter über den Sinn und Zweck ihrer Aufgaben und über Ihre Unternehmensziele informiert werden. Sie müssen Ihre Mitarbeiter nicht nur informieren, sondern sie auch von der Richtigkeit dieser Informationen überzeugen.

zu 2: Kreatives Denken und schöpferisches Wirken kann nicht befohlen werden, sondern kann nur in einer positiven Umgebung gedeihen. Das gilt sowohl für den Unternehmer als auch für die Mitarbeiter. Aus diesem Grunde müssen Sie dafür sorgen, daß in Ihrem Unternehmen ein konflikt- und spannungsfreies Umfeld besteht.

In Unternehmen oder Abteilungen, wo Intrigen gesponnen werden, kann kein arbeitsförderndes Klima entstehen. Während Leistungsstreß in gewissem Maße durchaus förderlich ist, wirkt Konfliktstreß negativ auf die Leistung. Er vergiftet das Betriebsklima und macht die Mitarbeiter krank.

Intrigen sind die häufigste Ursache von Konfliktstreß. Sie sind die Grabenkriege, um beruflich zu überleben, und absorbieren viel von der Arbeitsenergie. Eine wichtige und schwierige Führungsaufgabe ist es deshalb, die Ursachen der Intrigen abzustellen, oder noch besser, sie gar nicht erst aufkommen zu lassen.

Folgende Ursachen, denen Sie Ihre Aufmerksamkeit schenken sollten, können für Intrigen verantwortlich sein:
- In der Zusammenarbeit zwischen Vorgesetzten, Mitarbeitern und Kollegen fehlt die Vertrauensbasis.
- Vorgesetzte fühlen sich in ihrer Position gefährdet.
- Mitarbeiter sind nicht sinnvoll ausgelastet.
- Konflikte werden nicht offen ausgetragen. Diese Ursache ist kennzeichnend für Unternehmen, die autoritär geführt werden und wo Mitarbeiter mit offener Kritik an Mißständen schlechte Erfahrung gemacht haben.
- Mangelhafte Organisationszustände und unklare Informationswege.
- Fehlende Zielvorgaben und unklare Beurteilungskriterien.

zu 3: Mitarbeiter sind sehr sensibel, was ihre Belastung und Belohnung im Vergleich zu ihren Kollegen anbelangt. Wird in einem Unternehmen nicht der Grundsatz der Gerechtigkeit und Gleichbehandlung eingehalten, wird unnötigerweise der Grundstein für Unzufriedenheit und für Intrigen gelegt.

So wie die Mitarbeiter für gleiche Leistung gleichen Lohn erwarten, so gehört zur Gleichbehandlung auch, daß einzelne Mitarbeiter nicht bevorzugt behandelt werden dürfen. „Lieblinge" des Chefs darf es nicht geben.

Mit steigendem materiellem Wohlstand verwischen sich zwangsläufig die Grenzen zwischen Arbeiter und Angestellten, zwischen Arbeitgebern und Arbeitnehmern. Der Wunsch nach Anerkennung und Gleichberechtigung wird immer größer. Ihre Mitarbeiter dürfen Sie nicht mehr als „Mit-Arbeiter", sondern Sie müssen Sie als „Geschäftspartner" behandeln.

Im Zuge dieser Entwicklung ist es nur natürlich, daß Sie auch alte Grenzen und Privilegien über Bord werfen müssen. Es ist z. B. nicht einzusehen, daß die Mitarbeiter in der Produktion ungepflegte Toiletten oder weiter entfernte Parkplätze benutzen sollen als die Angestellten. Speziell abgetrennte Räume in der Kantine für die leitenden Angestellten sollte es in Ihrem Unternehmen ebenfalls nicht geben, denn sie entsprechen nicht dem Grundsatz der Gleichbehandlung. Diese Reihe könnte beliebig fortgesetzt werden. Listen Sie einmal alle Beispiele

10. Schritt:

            dieser Art aus Ihrem Unternehmen auf, und stellen Sie sie nach und nach ab!

zu 4:   Sie müssen sich immer vor Augen halten, daß Sie als Unternehmer oder Manager der wichtigste „Vormacher" und das wichtigste Vorbild für Ihre Mitarbeiter sind. Sie können von Ihren Mitarbeitern nicht mehr verlangen, als Sie selbst bereit sind zu geben.

            Im Abschnitt „Unternehmeranalyse" haben wir bei der Auflistung der Eigenschaften des Unternehmers darauf hingewiesen, wie wichtig es ist, daß der Unternehmer – das gilt selbstverständlich auch für jede Führungskraft – nicht launisch sein darf. Sie als Unternehmer oder Manager müssen für Ihre Mitarbeiter immer berechenbar sein.

            Auch auf eine weitere Eigenschaft haben wir schon hingewiesen: Der Unternehmer muß Optimismus ausstrahlen! Ein immer zweifelnder Chef kann seine Mitarbeiter nicht begeistern und motivieren. Wenn Sie als Unternehmer schon nicht optimistisch in die Zukunft schauen, wieviel weniger können Sie dies dann von Ihren Mitarbeitern erwarten.

Auf einen Punkt möchten wir bei diesem Thema noch hinweisen: Nicht nur Sie an der Spitze des Unternehmens sind für das Betriebsklima in Ihrem Unternehmen verantwortlich, sondern vor allem auch Ihre Führungskräfte. Aus diesem Grunde muß jede Führungsposition mit einem Könner besetzt sein. Achten Sie darauf, daß jede Führungskraft auch wirklich Führungsqualitäten hat.

FAZIT *Die Führung und Motivation der Mitarbeiter ist zur wichtigsten, aber auch schwierigsten Aufgabe jedes Unternehmers und jeder Führungskraft geworden. Bedenken Sie, daß Sie der wichtigste Vormacher in Ihrem Unternehmen sind und Sie nur so viel von Ihren Mitarbeitern verlangen können, wie Sie selbst bereit sind zu geben.*

10.2 Die Aufgaben der Mitarbeiterführung

Im Abschnitt 2.3.1 haben wir die Grundaufgaben des Unternehmers/Managers behandelt und dabei die „Mitarbeiterführung" als die 4. Grundaufgabe bezeichnet. Diese Grundaufgabe setzt sich wie jede Aufgabe wie ein Mosaikbild aus vielen Einzelaufgaben zusammen. Zu den wichtigsten Einzelaufgaben der Mitarbeiterführung zählen:

1. Organisieren, d. h. Festlegen, wer was wie zu erledigen hat
2. Informieren der Mitarbeiter
3. Kontrollieren der Arbeitsergebnisse der Mitarbeiter
4. Beurteilen der Leistung der Mitarbeiter
5. Weiterbilden, d. h. permanente Verbesserung der Qualifikation Ihrer Mitarbeiter
6. Motivieren der Mitarbeiter

10.2.1 Organisieren

Zur 1. Einzelaufgabe der Mitarbeiterführung gehört, daß Sie genau festlegen, welcher Ihrer Mitarbeiter welche Aufgabe durchzuführen hat. Welche Aufgabe Sie an welchen Mitarbeiter zu delegieren haben ergibt sich aus dem Organisationsplan. Aus diesem Grunde ist es sehr wichtig, daß Sie einen Organisationsplan erstellen, der alle Funktionen Ihres Unternehmens aufzeigt.

Damit Sie Ihren Mitarbeitern auch erklären können, wie sie die Aufgaben zu erledigen haben, müssen Sie den Sinn und Zweck, d. h. das Ziel jeder Aufgabe, festlegen. Sie müssen den Mitarbeitern erklären, welche Ergebnisse mit jeder Aufgabe erreicht werden müssen.

Auf den Zweck der Vorgabe von eindeutigen Zielen und deren Akzeptanz durch die Mitarbeiter haben wir schon mehrfach hingewiesen. Die Zielsetzung ist das wichtigste Führungsinstrument. In den 60er Jahren wurde dieses Führungsinstrument von zahlreichen amerikanischen Management-Wissenschaftlern als sog. Führungsmodell unter der Bezeichnung „Management by objective" (MBO) nach Europa exportiert.

Die Wirtschaftsakademie in Bad Harzburg hat zur selben Zeit unter ihrem Leiter Prof. Höhn das „Harzburger Modell" entwickelt, in dessen Mittelpunkt das Führungsinstrument „Zielsetzung" steht. Danach sollen an Stelle der zahlreichen Vorschriften, wie es beim autoritären Führungsstil üblich ist, dem Mitarbeiter nur Ziele vorgegeben werden. Dem Mitarbeiter bleibt dabei überlassen, wie er diese Ziele erreicht. Diese Art der Mitarbeiterführung bezeichnet man auch als „kooperativen Führungsstil".

10. Schritt:

Unternehmensführung durch Zielsetzung bedeutet klar definierte Leistungsziele für jeden mit viel Freiraum für Eigeninitiative. Die Mitarbeiter werden dadurch angehalten, unternehmerisch zu denken und zu handeln. Wenn in Ihrem Unternehmen ein kooperativer Führungsstil praktiziert wird, fördert das gleichzeitig den Erfolg Ihres Unternehmens und die Zufriedenheit Ihrer Mitarbeiter.

Ziele sind der einzige Maßstab zur Bewertung der Leistung Ihrer Mitarbeiter. Die Leistung einer Arbeit kann nur im Verhältnis zu einem vorgegebenen Ziel definiert werden. Nur wenn das Ziel bekannt ist, das einer Ihrer Mitarbeiter mit seiner Tätigkeit erreichen soll, können Sie seine Leistung objektiv beurteilen.

Psychologen weisen immer wieder darauf hin, daß Erfolgserlebnisse der größte Motivationsfaktor sind. Ein Erfolgserlebnis setzt aber eine Zielvorgabe voraus, denn wie kann man einen Erfolg erzielen, wenn man vorher nicht weiß, wofür man seine geistigen und körperlichen Anstrengungen einsetzen soll.

Schon diese beiden Feststellungen zeigen, warum die Zielsetzung eines der wichtigsten Instrumente moderner Mitarbeiterführung ist.

Ziele wirken nur dann als Führungsinstrument, wenn sie drei Bedingungen erfüllen:
1. Sie müssen Ihre Ziele inhaltlich so eindeutig und zweifelsfrei formulieren, daß für Ihre Mitarbeiter keine Interpretationsmöglichkeiten bestehen. Verbal formulierte Ziele müssen deshalb möglichst durch quantifizierte Ziele ersetzt werden. Nehmen wir z. B. das Ziel eines Werbeleiters, dem vorgegeben wird, die Werbung zu verbessern. Wenn ihm nicht klar vorgegeben wird, z. B. die Werbekosten im kommenden Jahr auf einen bestimmten Betrag zu reduzieren, werden seine Aktivitäten sicherlich in die falsche Richtung gehen.
Nur wenn Ihre Ziele diese Bedingungen erfüllen, können sie auch kontrolliert werden. Ein Ziel das nicht kontrolliert werden kann, brauchen Sie Ihren Mitarbeitern gar nicht erst bekanntzugeben.
2. Ziele müssen zeitlich fixiert sein. Wenn ein Ziel keinen festen Termin hat, bis zu dem es erreicht sein muß, besteht kein Handlungszwang.
3. Für jedes Ziel muß der für die Realisierung Verantwortliche festgelegt werden. Erst wenn Roß und Reiter bekannt sind, besteht die Chance, daß das Ziel über eine entsprechende Maßnahmenplanung realisiert wird.

Wenn Sie die Jahreszielpläne mit Ihren Mitarbeitern besprochen und verabschiedet haben, dürfen Sie diese nicht ständig umwerfen. Ihre Mitarbeiter dürfen nicht durch ständig neue Ideen oder Ziele von der Realisierung der einmal festgelegten Ziele abgehalten werden, weil sonst schnell Unmut und Enttäuschung entstehen. Ziele wirken auf Ihre Mitarbeiter nur dann motivierend, wenn sie auch realisiert werden, wenn sie Erfolgserlebnisse vermitteln.

Ein Unternehmer, der alle Führungsaufgaben auf sich konzentriert, leidet ständig unter Zeitnot (s. Managementfehler Nr. 1 und Nr. 2) und schwächt naturgemäß seine Führungskräfte. Außerdem ist eine auf eine einzige Persönlichkeit abgestellte Unternehmensorganisation sehr riskant, wir haben schon darauf hingewiesen.

Eine planmäßige Delegation von Aufgaben an Ihre Führungskräfte ist deshalb notwendig. Auf der einen Seite fördern Sie damit die Leistungs- und Verantwortungsbereitschaft Ihrer Mitarbeiter und entlasten sich selbst auf der anderen Seite. Bei der Anfertigung Ihrer „Aufgabenbeschreibung" haben Sie jeder einzelnen Aufgabe bzw. Einzeltätigkeit eine Priorität gegeben mit dem Ziel, Aufgaben mit niederer Priorität herauszufinden, um Sie an entsprechend qualifizierte Mitarbeiter delegieren zu können.

Das Ziel, das Sie mit der Delegation an einen bestimmten Mitarbeiter verfolgen, erreichen Sie nur dann, wenn Sie für die Erfüllung folgender Voraussetzungen Sorge tragen:

1. Der Mitarbeiter muß alle Angaben erhalten, wie er die Aufgabe durchführen soll. Insbesondere müssen Sie ihm den Sinn und Zweck der Aufgabe klarmachen, damit Sie, aber auch er selbst, seine Arbeit an dieser Vorgabe messen können.
2. Der Mitarbeiter muß für die Aufgabe entsprechend qualifiziert sein, ggf. müssen Sie ein Weiterbildungsprogramm aufstellen, um ihn mit dem erforderlichen Wissen und den notwendigen Fähigkeiten auszustatten.
3. Der Mitarbeiter muß mit den entsprechenden Arbeitsmitteln ausgestattet sein. Dazu zählen die notwendigen technischen Hilfsmittel und Informationen.
4. Sie müssen dem Mitarbeiter die volle Verantwortlichkeit für die Durchführung der Aufgabe übertragen. Eine Rückdelegation der Entscheidungen dürfen Sie nicht zulassen. Dem Mitarbeiter müssen Sie klarmachen, welche Verantwortlichkeit und welche Befugnisse er hat, indem Sie diese an der entsprechenden Stelle in der Aufgabenbeschreibung festhalten.
5. Als Vorgesetzter dürfen Sie kein Pedant sein, der den Mitarbeiter immer kritisiert und ihn nichts richtigmachen läßt.
6. Sie dürfen auch nicht den Eindruck vermitteln, daß nur Sie alles richtig machen. Dem Mitarbeiter müssen Sie auch Fehler zugestehen (er darf allerdings einen Fehler nicht begehen, nämlich einen Fehler zu vertuschen). Wenn diese Voraussetzung nicht erfüllt ist, bekommen Sie zwangsläufig das Problem der Rückdelegation.
7. An den Mitarbeiter müssen Sie möglichst solche Aufgaben delegieren, die in sich einen geschlossenen Regelkreis bilden. Das heißt, daß die Aufgabe

10. Schritt:

> ausgehend von der Zielvorgabe neben den Schritten Planung und Durchführung auch die Kontrolle durch den Mitarbeiter enthalten muß.

Bei der Delegation einer Führungsaufgabe können Sie Probleme bekommen, wenn der entsprechende Mitarbeiter noch keine Führungserfahrung hat. Wenn sich ein Mitarbeiter als hervorragender Fachmann seines Gebietes bewährt hat, muß er noch lange nicht auch Führungsqualitäten besitzen. Vielfach stellt man in der Praxis fest, daß ein guter Fachmann, der in eine Führungsposition befördert wurde, in dieser Position kläglich versagt. Der typische Fachmann wird sich nämlich auch in einer Führungsposition immer sachbezogenen Aufgaben zuwenden und die Führungsaufgaben vernachlässigen.

Um nicht in diese Situation zu kommen, müssen Sie dem Mitarbeiter, der vom Fachmann zur Führungskraft befördert werden soll, entsprechend der o. g. zweiten Voraussetzung erst die notwendigen Fähigkeiten und Kenntnisse vermitteln.

Die Delegation einer Aufgabe, bei der der Mitarbeiter überfordert ist, wirkt nicht motivierend, sie erzeugt Streß. Diese Tatsache sollten Sie vor einer Aufgabendelegation auch bedenken.

FAZIT
Die Zielsetzung, und zwar die kooperative und nicht die autoritäre, ist das wichtigste Führungsinstrument. Beachten Sie dabei, daß ein Ziel immer genau definiert und der Realisierungstermin festgelegt sein müssen.
Die Delegation ist im Rahmen der Organisationsaufgabe ein weiteres wichtiges Führungsinstrument. Durch eine richtige und konsequente Anwendung der Delegation, d. h. durch Schaffen bestimmter Voraussetzungen, entlasten Sie einerseits sich selbst und motivieren andererseits Ihre Mitarbeiter.

10.2.2 Informieren

Die Qualität der Arbeitsergebnisse Ihrer Mitarbeiter hängt von ihren Fähigkeiten ab, aber auch von den Informationen, die ihnen für ihre Aufgaben zur Verfügung gestellt wurden. Nur ein informierter Mitarbeiter kann ein guter Mitarbeiter sein! Informationen sind für einen Mitarbeiter aber nicht nur eine der wichtigsten Voraussetzungen, um eine Aufgabe im Sinne der Zielvorgabe durchführen zu können, sondern sie sind auch für Sie ein wirkungsvolles Führungs- und Motivationsinstrument.

Führung und Motivation

Offene und umfassende Informationen führen zu interessierten Mitarbeitern und zu einer guten Zusammenarbeit. Sie sind Voraussetzung für gegenseitiges Vertrauen und ein gutes Betriebsklima. Nichts ist schlechter für die Arbeitsmoral als unzureichende Informationen. In einem Informationsvakuum entstehen Gerüchte, die einen Arbeitsablauf erheblich stören können.

Peters und Waterman haben in ihrem Buch „Auf der Suche nach Spitzenleistungen" festgestellt, daß Finanzinformationen, die Mitarbeitern der unteren Ebene mitgeteilt werden, wesentlich zur Überbrückung der Kluft zwischen Management und Belegschaft beitragen. Keine andere Maßnahme würde so deutlich das Vertrauen und den Willen zu einer guten Partnerschaft zum Ausdruck bringen.

In Deutschland ist es nur in wenigen Betrieben üblich, die Belegschaft auch über die betriebswirtschaftlichen Zahlen des Unternehmens zu informieren. Zu sehr herrscht die Angst vor, daß diese Informationen mißverstanden werden und sogar in einen falschen „Kanal" gelangen könnten. Wie können Sie aber bei Ihren Mitarbeitern Verständnis wecken für unangenehme Maßnahmen in einer schlechten Zeit, wenn Sie sie nicht laufend über die Entwicklung und die Aussichten Ihres Unternehmens informiert haben? Wir sind der Meinung, daß eine gute und offene Information der Mitarbeiter jedem Unternehmen immer mehr nutzt als schadet.

Immer wieder stellen wir fest, daß sich Mitarbeiter in Unternehmen erst die Informationen zusammensuchen müssen, die sie für die Durchführung der ihnen übertragenen Aufgabe benötigen. Unter dieser Situation leidet das Arbeitsergebnis. Außerdem wird der Zeitaufwand für die Durchführung nicht nur unnötig hoch, sondern der Mitarbeiter weiß auch nicht, ob er alle notwendigen Informationen zusammengetragen hat. Deshalb sollten Sie in Ihrem Unternehmen die Regel einführen, daß Informationen „Bringschulden" sind.

Bei der Kommunikation und Information innerhalb Ihres Unternehmens spielen Ihre Führungskräfte eine zentrale Rolle. Sie sind der Mittler der Informationen von oben nach unten und umgekehrt. Sie müssen den Mitarbeitern in ihren Bereichen nicht nur die Unternehmensziele erläutern und die für die Aufgabendurchführung notwendigen Informationen geben, sondern sie müssen auch die Informationen von der Basis an die Unternehmensleitung weiterleiten.

Im folgenden wollen wir Ihnen drei Arbeitsmittel bzw. Arbeitstechniken erläutern, die Ihnen helfen, in Ihrem Unternehmen die Kommunikation und Information zu verbessern:

1. Die schriftliche Information
2. Den Besprechungsplan
3. Den Aktendurchlauf

10. Schritt:

zu 1: *Die schriftliche Information*
Informationen können Sie bekanntlich schriftlich oder mündlich weitergeben. Die schriftliche Form wenden Sie besonders dann an, wenn die Information für die Durchführung der Aufgabe von großer Bedeutung ist oder wenn die Information den Charakter einer Anweisung hat.
Mit Aktennotizen oder Gesprächsnotizen informieren Sie Ihre Mitarbeiter schriftlich, wenn Sie entweder gerade nicht zu erreichen sind oder wenn die Information eine gewisse Bedeutung hat und sie auch dokumentiert werden soll. Im Handel gibt es eine Vielzahl von Vordrucken, die Sie für diesen Zweck einsetzen können.

zu 2: *Der Besprechungsplan*
Bei Informationen, die von Ihnen eine persönliche Interpretation erfordern, ist das Gespräch der schriftlichen Form vorzuziehen. Aus diesem Grunde sollten Sie Informationen, bei denen Sie den Empfänger überzeugen müssen, mündlich vortragen. Für die mündliche Informationsübermittlung im Unternehmen gibt es zwei Möglichkeiten:

a) Das Mitarbeitergespräch
b) Die Mitarbeiterbesprechung

zu a) Das Mitarbeitergespräch ist eine Besprechung zwischen Vorgesetztem und Mitarbeiter. Bei diesem Gespräch werden vorwiegend persönliche Angelegenheiten besprochen. Leistungsbeurteilung, Kritik und Anerkennung sind Themen eines Mitarbeitergesprächs. Mitarbeitergespräche finden in der Regel unter vier Augen statt. Sie sind selten geplant, sondern werden bei Bedarf angesetzt. Sowohl der Vorgesetzte als auch der Mitarbeiter können der Initiator dieses Gesprächs sein.

zu b) Die Mitarbeiterbesprechungen sind geplante Zusammenkünfte von Vorgesetzten mit ihren Mitarbeitern. Sie dienen einerseits der gegenseitigen Information und andererseits der Kontrolle. Mitarbeiterbesprechungen werden außerdem angesetzt, um gemeinsam Entscheidungen oder Problemlösungen vorzubereiten.
Oft werden Besprechungen als störend empfunden, weil sie die Besprechungsteilnehmer in ihrem momentanen Arbeitsgang unterbrechen. Aus diesem Grunde sollten Sie nach Möglichkeit sporadische, sog. Feuerwehrbesprechungen nur in Ausnahmefällen ansetzen. Geplante Besprechungen erzeugen weniger Störungen im Arbeitsablauf, weil sich der einzelne auf den Termin rechtzeitig einstellen kann. Außerdem führen geplante Besprechungen durch die Vorbereitungsmöglichkeit (z. B. mit einem Aktionsplan) zu einem besseren Ergebnis.
Damit die Mitarbeiterbesprechung in Ihrem Unternehmen zu einem

Führung und Motivation

effizienten Führungsinstrument wird, sollten Sie folgende Hinweise berücksichtigen:
1. Führen Sie eine Mitarbeiterbesprechung regelmäßig und zu einem Zeitpunkt durch, an dem möglichst alle tangierten Mitarbeiter teilnehmen können. Legen Sie die Termine einmal pro Jahr fest, damit sie anschließend in die Zeitplanung übernommen werden können.
2. Für eine Mitarbeiterbesprechung sollten Sie nie mehr als eine Stunde vorsehen. Halten Sie Anfang und Ende pünktlich ein. Jeder muß sich auf die vorgesehenen Termine verlassen können.
3. Geben Sie vor jeder Besprechung eine Tagesordnung bekannt, und händigen Sie später das Protokoll allen Teilnehmern aus.

Damit Sie einen Überblick über die unterschiedlichsten, regelmäßig durchzuführenden Besprechungen erhalten, sollten Sie für Ihr Unternehmen einen individuellen Besprechungsplan (Arbeitsblatt Nr. 10.01) aufstellen. Mit diesem Besprechungsplan legen Sie schon am Jahresanfang das Datum und die Uhrzeit für alle periodischen Besprechungen fest. Ein Besprechungsplan für Ihr Unternehmen könnte etwa wie das Beispiel auf der folgenden Seite aussehen.

1. Die *GL-Sitzung* ist eine Besprechung, auf der Sie Ihre wichtigsten Mitarbeiter einmal monatlich über die Entwicklung des Unternehmens informieren und mit ihnen Maßnahmen zur Lösung von Problemen erörtern oder die Auswirkung von verschiedenen Entscheidungen diskutieren.
Im Rahmen der GL-Sitzung erarbeiten Sie auch mit Ihren Führungskräften die Formulierungen Ihrer Unternehmensziele sowie die wichtigsten Maßnahmenplanungen.
2. Die *Finanzbesprechung* ist eine monatlich stattfindende Besprechung mit dem Leiter Ihrer kaufmännischen Abteilung oder mit Ihrem Controller. Auf dieser Besprechung informieren Sie sich hauptsächlich über die finanzielle Entwicklung des Unternehmens und diskutieren mit Ihrem Gesprächspartner eventuelle Planabweichungen. Diese Besprechung ist eine der wesentlichsten Aktivitäten im Rahmen Ihrer Kontrollaufgabe.
3. Auf der *Produktionsbesprechung* informieren Sie sich über alle Sie interessierenden Fragen aus dem Produktionsbereich. Andererseits informieren Sie den Produktionsleiter bei dieser Gelegenheit z. B. über besondere Aufträge oder aufgetretene Reklamationen.
4. Die *Konstruktionsbesprechung* dient der gegenseitigen Information von Unternehmensleitung, Konstruktions- und Vertriebsleitung. Der Vertriebsleiter berichtet über Marktentwicklungen, die bei der

10. Schritt:

Arbeitsblatt Nr. 10.01: Besprechungsplan
der Firma BEISPIEL GmbH

Besprechung	Teilnehmer	RHYTHMUS		
		jährlich	monatlich	Uhrzeit
1. Geschäftsleitung Sitzung	Unternehmer + Abteilungsleiter		jeden 1. Dienstag	14.00
2. Finanzbesprechung	Unternehmer + kfm. Leiter		jeden 2. Mittwoch	11.00
3. Produktionsbesprechung	Unternehmer + Produktionsleiter		jeden letzten Do.	14.00
4. Konstruktionsbesprechung	Untern. + Konstr.-leiter + Vertr.l.		jeden 1. Freitag	15.00
5. Vertriebsbesprechung	Unternehmer + Vertriebsleiter		jeden 1. Freitag	13.30
6. Meisterbesprechung	Produktionsl. + Meister		jeden 1. Freitag	15.00
7. Verkäuferbesprechung	Vertriebsleiter + alle Verkäufer		jeden 1. Montag	8.00
8. Kreativitätssitzung I	Unternehmer + Abteilungsleiter		jeden 1. Dienstag	15.00
9. Kreativitätssitzung II	Abteilungsleiter + Mitarbeiter		jeden 2. Dienstag	15.00
10. Betriebsversammlung	Unternehmer + alle Mitarbeiter	1. 3., 7. 6., 9. 12.		14.00
11. Wirtschaftsausschußsitzung	Unternehmer + Wirt.ausschuß	18. 2., 3. 6., 11. 10.		9.00

Entwicklung neuer Produkte Berücksichtigung finden müssen. Konzeptionen für neue Produkte oder Produktverbesserungen werden diskutiert. Bei Bedarf können Sie auch den kaufmännischen Leiter oder den Kalkulator hinzuziehen, wenn es um die Kosten der Produkte geht.

5. Die *Vertriebsbesprechung* ist primär eine Besprechung zwischen der Unternehmensleitung und dem Vertriebsleiter, ggf. unter Hinzuziehung des kaufmännischen Leiters. Themen dieser Besprechungen sind die Umsatzentwicklung, die Monatsberichte der Außendienstmitarbeiter, die Entwicklung von Marketing- oder Werbekonzeptionen, Aussagen von Kunden etc.

6. Auf der *Meisterbesprechung* werden die Meister vom Produktionsleiter ausführlich informiert über die Entscheidungen der Unternehmensleitung, die Geschäftsentwicklung und die weiteren Erwartungen. Auf dieser Besprechung werden auch allgemeine Themen diskutiert und Probleme mit einzelnen Mitarbeitern behandelt.

7. Die *Verkäuferbesprechung* ist ein Gedanken- und Informationsaustausch zwischen der Verkaufsleitung und den Verkäufern, ggf. wird auch die Unternehmensleitung an diesen Besprechungen teilnehmen. Themen wie Marktentwicklung, neue Produktentwicklungen, Kundenreklamationen, Wettbewerbssituation usw. stehen auf der Tagesordnung. Bei diesen Besprechungen werden auch neue Marketingkonzeptionen und deren Realisierung mit den Verkäufern diskutiert und evtl. gemeinsam verabschiedet.

Da die Verkäufer nicht ständig im Hause sind, ist ein konzentrierter Informationsaustausch notwendig. Die Verkäuferbesprechung ist die Ergänzung der monatlichen Verkäuferberichte.

8. und 9. Die *Verbesserungsvorschlagssitzung* (APV-Sitzung) als regelmäßige Besprechung haben wir bereits ausführlich behandelt.

10. Die *Betriebsversammlung* bietet der Unternehmensleitung die Möglichkeit, alle Mitarbeiter über die Entwicklung des Unternehmens zu informieren. Eine offene Information ist Voraussetzung für ein vertrauensvolles Verhältnis zwischen Unternehmensleitung und Mitarbeitern. Nur wenn die Mitarbeiter Ihren Informationen vertrauen, haben sie Verständnis, wenn Sie auch einmal weniger erfreuliche Maßnahmen durchführen müssen.

Die Betriebsversammlung ist auch die Plattform, von der aus Sie am Jahresende Ihre Mitarbeiter als Gesamtheit über die wichtigsten, für das kommende Jahr geplanten Unternehmensziele informieren.

11. Die *Wirtschaftsausschußsitzung* ist eine für bestimmte Betriebsgrößen tarifvertraglich festgelegte Informationsveranstaltung, auf der

10. Schritt:

der von dem Betriebsrat bestellte Wirtschaftsausschuß hauptsächlich über die wirtschaftliche Situation des Unternehmens zu informieren ist. Mit einer breiten, offenen und rechtzeitigen Information des Wirtschaftsausschusses kann dieser auch für unpopuläre Maßnahmen gewonnen werden, und so können Spannungen zwischen der Unternehmensleitung und der Belegschaft vermieden werden.

zu 3: *Der Aktendurchlauf*
Jeder Brief und jedes im Unternehmen eingehende Telex muß von bestimmten Stellen oder Mitarbeitern bearbeitet werden, wenn es sich nicht um nutzlose Werbebriefe handelt. Um sicherzustellen, daß die einzelnen Vorgänge die richtigen Mitarbeiter erreichen, müssen sie von der Posteingangsstelle auch an den richtigen Adressaten weitergeleitet werden. Zu diesem Zweck wird zunächst jedes eingehende Schriftgut mit einem *Posteingangsstempel* versehen werden, der etwa folgendermaßen aussehen kann:

Bearbeitung		
Erledigt		
2 0. JUNI 1985		
Rücksprache	bei	
Erledigt		

Wenn der Posteingangsstempel auf dem Schriftgut angebracht ist, wird in die oberste Zeile das Kurzzeichen des oder der Mitarbeiter eingetragen, die für die Bearbeitung des Vorganges verantwortlich sind. Kann die Posteingangsstelle nicht festlegen, wer die Bearbeitung durchzuführen hat, wird diese Entscheidung vom Abteilungsleiter getroffen.
Die Bearbeitung bestätigt der Mitarbeiter, indem er sein Kurzzeichen mit Datum in das entsprechende Kästchen in der Erledigungszeile einträgt. Wenn noch weitere Mitarbeiter den Vorgang bearbeiten müssen, wird das Schriftstück entsprechend den Bearbeitungsvermerken weitergereicht, bevor es dann zur Ablage wandert.
Der Stempelaufdruck hat im unteren Teil noch eine „Rücksprachezeile". In diese Zeile können Sie oder ein Vorgesetzter das Kurzzeichen des Mitarbeiters eintragen, der zu diesem Vorgang gehört werden soll. Nach Erledigung der Rücksprache tragen Sie bzw. der Vorgesetzte sein Kurzzeichen mit Datum in die Erledigungszeile ein.

Erst wenn die entsprechenden Erledigungszeichen auf dem Stempelaufdruck eingetragen sind, darf das Schriftstück oder der Vorgang in der Registratur abgelegt werden.

FAZIT *Nur ein informierter Mitarbeiter ist ein guter Mitarbeiter. Deshalb müssen Sie in Ihrem Unternehmen ein systematisches Informations- und Kommunikationssystem organisieren. Informationen sind Bringschulden. Gewinnen Sie das Vertrauen Ihrer Mitarbeiter, indem Sie sie offen und umfassend informieren. Vertrauen ist Voraussetzung für gegenseitiges Verständnis und ein gutes Betriebsklima.*

10.2.3 Kontrollieren

Gerade im Rahmen der kooperativen Mitarbeiterführung kommt der Kontrolle eine besondere Bedeutung zu. Ohne Kontrolle können Sie nicht feststellen, ob Ihre Mitarbeiter ihre Aufgaben zielkonform ausführen oder ob Sie eventuell bestimmte Maßnahmen zur Gegensteuerung einleiten müssen, damit die Ziele noch erreicht werden. Da wir dieses Thema schon im Abschnitt 8.5 ausführlich behandelt haben, wollen wir in diesem Abschnitt die *Kontrolle* nur unter dem Gesichtspunkt eines Führungsinstrumentes betrachten.

Die Kontrolle als Führungsinstrument verfolgt den Zweck, die Eigenverantwortlichkeit des Mitarbeiters zu entwickeln. Dazu gehört, daß Sie Ihren Mitarbeitern auch die Möglichkeit geben, Fehler selbst festzustellen und Vorschläge zur Abstellung dieser Fehler zu machen.

Damit die Kontrolle zu einem wirkungsvollen Führungsinstrument wird, müssen Sie außerdem folgende Hinweise berücksichtigen.

- Die Handhabung der Kontrolle als Führungsinstrument ist außerordentlich schwierig. Neben dem eigentlichen methodischen Vorgang müssen Sie auch vor allem die psychologische Seite berücksichtigen. Mitarbeiter stehen einer Kontrolle in der Regel skeptisch gegenüber, weil sie fürchten, Fehler begangen zu haben, die durch die Kontrolle aufgedeckt werden. Diesen Widerstand können Sie abbauen, wenn Sie die Kontrolle mit den jeweils betroffenen Mitarbeitern gemeinsam durchführen. Die gemeinsame Feststellung der Fehler und Planabweichungen und Analyse der Ursachen schafft Vertrauen und regt die Kreativität Ihrer Mitarbeiter an.

10. Schritt:

– Voraussetzung jeder Kontrolle ist die absolute Sachlichkeit. Persönliche Sympathie oder Antipathie dürfen das Ergebnis Ihrer Kontrolle nicht beeinflussen. Wenn Sie Ihren Mitarbeitern eindeutige Ziele vorgeben, schaffen Sie die Voraussetzung zu einer objektiven Beurteilung der Leistung Ihrer Mitarbeiter.

FAZIT *Erst durch eine Kontrolle können Sie die Leistung Ihrer Mitarbeiter feststellen und entsprechend beurteilen. Damit die Kontrolle aber zu einem echten Führungsinstrument wird, müssen Sie bestimmte „Spielregeln" berücksichtigen.*

10.2.4 Beurteilen

Jeder Mensch möchte wissen, wie seine Leistung beurteilt wird. Mit der Beurteilung verfolgen Sie aber nicht nur den Zweck, Ihren Mitarbeitern aufzuzeigen, wie Sie mit ihrer Leistung zufrieden sind, sondern die Beurteilung soll Ihnen auch zeigen, wie Sie Ihre Mitarbeiter fördern und weiterentwickeln können.

Sie müssen zu den Leistungen und dem Verhalten Ihrer Mitarbeiter Stellung nehmen, um einerseits die verdiente Anerkennung auszusprechen, und damit das Selbstbewußtsein Ihrer Mitarbeiter zu stärken, und andererseits Kritik zu üben, wo dies notwendig ist.

Ein Mitarbeiter wird beurteilt, indem man sein Arbeitsergebnis dem Ziel seiner Aufgabenstellung gegenüberstellt. Hierin zeigt sich, daß eine Beurteilung ohne die Anwendung der Führungsinstrumente „Zielsetzung" und „Kontrolle" nicht möglich ist.

Wenn Sie die Mitarbeiterbeurteilung als Führungsinstrument einführen, müssen Sie und Ihre Führungskräfte in regelmäßigen Abständen mit Ihren Mitarbeitern deren Leistung, deren Stärken, aber auch deren Schwächen besprechen sowie Maßnahmen zur Behebung von Fehlern diskutieren. Durch diese Besprechung erfahren Ihre Mitarbeiter, ob ihr jeweiliger Vorgesetzter mit ihnen zufrieden ist. Sie bekommen dadurch Klarheit über ihre Situation im Unternehmen.

Als Hilfsmittel für die Mitarbeiterbeurteilung dient dessen Aufgabenbeschreibung. Als weiteres Hilfsmittel leistet Ihnen die *Beurteilungsanalyse* (Arbeitsblatt Nr. 10.02) bei dieser Führungsaufgabe wertvolle Dienste. Dieses Arbeitsblatt haben Sie als Fähigkeitenanalyse schon im Abschnitt 2.4.1 kennengelernt. Das

Führung und Motivation

Arbeitsblatt Nr. 10.02: Beurteilungsanalyse: *Leiter der Buchhaltung*

Fähigkeit, Erfahrung des Bewerbers →	unge-nügend	aus-reichend	befriedi-gend	gut	sehr gut		Analyse-zeitpunkt
1. *Bilanzierungskenntnisse*						1	
						2	
						3	
2. *Buchhaltungsorganisation mit EDV-Einsatz*						1	
						2	
						3	
3. *Kenntnisse in Gesellschafts- und Steuerrecht*						1	3 = 19..
						2	
						3	
4. *Planung und Überwachung der Liquiditätsentwicklung*						1	
						2	
						3	
5. *Kenntnisse in Kostenrechnung*						1	
						2	
						3	
6. *Verhandlungsgeschick mit Banken, Lieferanten und Kunden*						1	2 = 19..
						2	
						3	
7. *Mitarbeiterführung*						1	
						2	
						3	
8. *Integrität, Zuverlässigkeit Loyalität*						1	
						2	
						3	
9. *Kenntnis der verschiedenen Zahlungsmodalitäten*						1	
						2	
						3	
10. *Kreativität (Anzahl und Qualität der abgegebenen Verbesserungsvorschläge)*						1	1 = 19..
						2	
						3	
Bedeutung der Fähigkeiten und Erfahrungen für den Unternehmenserfolg	un-wichtig	gering	mittel-mäßig	stark	sehr stark	←	

(linke Randbeschriftung: *vom Mitarbeiter geforderte Fähigkeiten u. Erfahrungen*)

10. Schritt:

Beispiel einer ausgeführten Beurteilungsanalyse finden Sie auf der vorherigen Seite.

Die Beurteilungsanalyse müssen Sie jedes Jahr wiederholen. Das Ergebnis der ersten Beurteilung tragen Sie in die Zeile [1] und die Ergebnisse der Folgejahre jeweils in die Zeilen [2] und [3] ein. Auf diese Weise können Sie sehr gut die Entwicklung Ihrer Mitarbeiter in ihren einzelnen Fähigkeiten und Kenntnissen und die Wirksamkeit der Fortbildungsmaßnahmen verfolgen.

FAZIT *Mit der Beurteilungsanalyse verschaffen Sie sich Klarheit über die Fähigkeiten und Leistungen Ihrer Mitarbeiter. Nutzen Sie dieses Führungsinstrument auch zu deren Förderung und Weiterentwicklung.*

10.2.5 Weiterbilden

Kreative Mitarbeiter erwarten von Ihnen einen kooperativen Führungsstil. Mit klar definierten Leistungszielen wollen sie in die Verantwortung mit einbezogen werden. Wenn Ihre Mitarbeiter Verantwortung übernehmen sollen, müssen Sie sie aber im Sinne der Mitbestimmung aufgrund von Qualifikation und Leistung am unternehmerischen Entscheidungsprozeß beteiligen.

Voraussetzung für die Wirksamkeit dieses Führungsstiles ist die Aufrechterhaltung und ständige Verbesserung des Leistungsniveaus Ihrer Mitarbeiter durch gezielte Weiterbildung. Durch Weiterbildung werden Ihre Mitarbeiter in ihrem Gedeihen gefördert und ihr persönlicher Erfolg gesteigert.

Da engagierte und qualifizierte Mitarbeiter einer der wichtigsten Erfolgsfaktoren Ihres Unternehmens ist, ist die Aus- und Weiterbildung eine der rentabelsten Zukunftsinvestitionen, auch wenn deren Ertrag nicht in Mark und Pfennig ausgedrückt werden kann.

Im Rahmen der Weiterbildung müssen Sie besonders der Ausbildung Ihrer Jugendlichen große Beachtung schenken, denn die Jugendlichen sind Ihre Führungskräfte von morgen. Mit der Ausbildung Jugendlicher haben Sie als Unternehmer eine große und verantwortungsvolle Aufgabe übernommen. Die Jahre zwischen dem 15. und 20. Lebensjahr dienen nicht nur der Wissensvermittlung, sondern sie tragen ganz entscheidend zur Entwicklung der Persönlichkeit bei. Somit ist die Ausbildung Jugendlicher auch eine wichtige gesellschaftspolitische Aufgabe.

Führung und Motivation

Als Unternehmer müssen Sie den Kontakt zu den Jugendlichen suchen und pflegen. Das fachliche Wissen wird ihnen vom entsprechenden Ausbilder vermittelt, das unternehmerische Denken können aber nur Sie selbst ihnen beibringen. Sie müssen darauf achten, daß die Jugendlichen möglichst früh in den Zielfindungsprozeß des Unternehmens einbezogen werden und ihnen Verantwortung übertragen wird. Auch ist darauf zu achten, daß die Auszubildenden im Unternehmen kein Eigenleben führen, sondern in die Belegschaft und in den Betriebsablauf integriert werden.

FAZIT *Die Aus- und Weiterbildung Ihrer Mitarbeiter ist eine Ihrer rentabelsten Zukunftsinvestitionen.* **Durch Aus- und Weiterbildung werden Ihre Mitarbeiter nicht nur in ihrer Qualifikation gefördert, sondern diese Maßnahmen tragen ebenso zur Motivation bei.**

10.2.6 Motivieren

Die Überlebensfrage in vielen Unternehmen, und nicht nur in mittelständischen, lautet: Wie läßt sich das „Humankapital", ein bisher noch weitgehend ungenutztes Erfolgspotential, zum Nutzen aller Beteiligten besser erschließen? Oder anders ausgedrückt: Wie kann durch gezielte Maßnahmen und Mittel die Denkweise der Mitarbeiter positiv gestimmt und damit ihre Leistungsbereitschaft erhöht werden?

Alle Wissenschaftler und Praktiker sind sich darüber einig: Ohne Arbeitsfreude kommt nichts zustande. Was man mit Spaß und Freude macht, macht man gerne, und was man gerne macht, macht man gut. Deshalb könnte man die Frage auch so formulieren: Wie kann in den Mitarbeitern eine Begeisterung geweckt werden, die dafür sorgt, daß es den Mitarbeitern weiterhin Spaß macht, für das Unternehmen zu arbeiten?

Den gezielten Einsatz bestimmter Maßnahmen und Mittel, der diese Begeisterung erzeugt, nennt man *Motivation*. Ein Unternehmer kann nur auf glaubhafte und natürliche Weise die Mitarbeiter motivieren und diese Stimmung erzeugen. Motivation darf keine Manipulation sein, die mit Hilfe von Tricks versucht, die Mitarbeiter zu höherer Leistung anzutreiben. Mitarbeiter lassen sich nur motivieren, wenn sie sich mit den Zielen identifizieren, für die sie sich einsetzen sollen.

10. Schritt:

Was können Sie als Unternehmer oder Manager tun, um Ihre Mitarbeiter zu einem begeisterten Handeln zu bewegen? Damit Sie sich diese Frage beantworten können, müssen Sie die Vorstellungen und Bedürfnisse Ihrer Mitarbeiter kennen.

Dale Carnegie sagte einmal: „Das größte Bedürfnis des Menschen ist, bedeutend zu sein." Bedeutend zu sein heißt aber, von anderen Menschen geachtet und geschätzt zu werden. Wie kann man aber besser Achtung und Wertschätzung erlangen als durch Erfolge? Der Erfolg ist die beste Motivation. Aus diesem Grunde müssen Sie sich ständig überlegen, wie Sie Ihren Mitarbeitern zu Erfolgen verhelfen können.

Neben diesem wichtigsten Bedürfnis haben Ihre Mitarbeiter aber noch eine Vielzahl weiterer Bedürfnisse. Um diese zu erkennen, müssen Sie wissen, was Ihre Mitarbeiter von ihrem Arbeitsplatz, von ihrem Vorgesetzten und von Ihrem Unternehmen erwarten. Zu diesem Zweck haben Sie im Abschnitt 4.4 die Bedürfnisse Ihrer Mitarbeiter analysiert.

Die Motivation durch Befriedigung der Bedürfnisse ist deshalb besonders schwierig, weil die Bedürfnisse nicht bei allen Mitarbeitern gleichermaßen vorhanden sind. Außerdem ist es Ihnen sicherlich auch aus finanziellen Gründen nicht möglich, alle Bedürfnisse Ihrer Mitarbeiter zu befriedigen. Deshalb müssen Sie die wichtigsten, nachstehend aufgeführten Motivationsfaktoren individuell bei jedem Mitarbeiter und unter Berücksichtigung der Möglichkeiten Ihres Unternehmens einsetzen.

1. Gute Bezahlung

Die Bezahlung ist der wichtigste Motivationsfaktor. Zu diesem Faktor zählen neben dem eigentlichen Lohn und Gehalt auch alle anderen geldwerten Vorteile wie Erfolgs- oder Gewinnbeteiligung, Vermögens- oder Kapitalbeteiligung, Altersversorgung u. ä.

2. Angenehmer Arbeitsplatz

Zu diesem Faktor zählen die Gestaltung des Arbeitsplatzes ebenso wie das soziale Umfeld, nämlich das Verhältnis zu den Kollegen und das Betriebsklima. Auf die Bedeutung eines spannungsfreien Umfeldes haben wir schon hingewiesen.

In diesem Zusammenhang möchten wir nochmals auf die psychologische Wirkung der „APV-Methode" hinweisen. Durch diese Methode erhält der Mitarbeiter ja die Möglichkeit, durch eigene Ideen zu einem für ihn angenehmen Arbeitsplatz beizutragen.

Führung und Motivation

Auch die Gleitzeit oder die flexible Arbeitszeit gehört bei diesem Faktor erwähnt. Wenn der Mitarbeiter seine Arbeitszeit seinen persönlichen Bedürfnissen und Interessen anpassen kann, trägt dies sicherlich zu seiner Zufriedenheit bei.

3. Interessante Arbeit

Die Arbeit muß interessant und abwechslungsreich sein, sie muß vor allem den Sinn und Zweck erkennen lassen. Die Aufgabe muß den Mitarbeiter fordern, sie muß seiner Qualifikation entsprechen.

4. Anerkennung

Nichts ist für den Erfolg Ihres Unternehmens so wichtig wie kreative Mitarbeiter. Kreative Mitarbeiter, die nicht nur Ideen haben, sondern die auch den Mut zur Courage aufbringen, ihre Vorstellungen durchzusetzen. Es bedarf nur sehr wenig, um diese Eigenschaften zu stimulieren und zu fördern, nämlich Anerkennung und Belohnung.

Jeder Mensch sehnt sich nach Anerkennung, doch einmal ehrlich, wie wenig kommen Sie diesem Bedürfnis Ihrer Mitarbeiter nach. Kann man von Ihren Mitarbeitern auch etwa folgende Aussage hören? „Wenn ich meine Arbeit richtig mache, sagt keiner ein Wort. Das wird als Selbstverständlichkeit betrachtet. Wenn ich aber einen Fehler mache, bekomme ich ein Donnerwetter zu hören."

Kommen Sie diesem wichtigen Bedürfnis Ihrer Mitarbeiter nach und anerkennen Sie entsprechend eine wirklich gute Leistung. Vielleicht sollten Sie sich diesen Vorsatz in die Liste Ihrer monatlich wiederkehrenden Aufgaben aufnehmen.

Wenn Sie einem Mitarbeiter eine Anerkennung aussprechen wollen oder ihn kritisieren müssen, müssen Sie ganz konkret die anzuerkennende Leistung oder das Fehlverhalten beim Namen nennen. Erst wenn der Mitarbeiter weiß, wofür er eine Anerkennung erhält oder wofür er kritisiert wird, kann er sein zukünftiges Handeln entsprechend ändern.

Damit Sie mit diesem Führungsinstrument auch die gewollte motivierende Wirkung erzielen, müssen Sie unbedingt folgende Grundsätze befolgen:

- Kritik dürfen Sie im Gegensatz zur Anerkennung nur unter vier Augen aussprechen.
- Der Mitarbeiter darf nur be- und nicht verurteilt werden.
- Sie dürfen nicht nachtragend sein. Nach einem Kritikgespräch müssen Sie die Angelegenheit vergessen, es sei denn, daß Anlaß zu wiederholter Kritik besteht.

10. Schritt:

- Kritik oder Zurechtweisung müssen Sie sobald wie möglich nach dem Anlaß anbringen.
- Ihre Kritik muß auch konstruktive Vorschläge enthalten.

5. *Aufstiegsmöglichkeit*

Jeder Mitarbeiter möchte im Laufe seines Berufslebens immer wieder höhere Stufen auf der sog. „Karriereleiter" erklimmen. Nicht nur der materielle Aufstieg sind für dieses Motiv maßgebend. Mit jedem Aufstieg werden die Aufgaben interessanter und anspruchsvoller. Je höher die Position ist, die ein Mitarbeiter einnimmt, um so höher ist auch seine Achtung und Wertschätzung.

Damit ein Mitarbeiter überhaupt die Qualifikation für einen Aufstieg erwirbt, müssen Sie ihm im Unternehmen Möglichkeiten zu seiner Weiterbildung bieten. Wir haben darüber schon im Abschnitt 10.2.5 gesprochen.

6. *Betreuung und Behandlung durch den Vorgesetzten*

Die Behandlung durch den Unternehmer bzw. den Vorgesetzten und die Zusammenarbeit mit ihm sind für viele Mitarbeiter zwei der wichtigsten Motivationsfaktoren. Die persönlichen Eigenschaften, wie gerecht, nicht launisch, konsequent, zuverlässig, optimistisch usw., müssen sowohl für Sie als auch für jede Führungskraft (s. Abschnitt 2.4.2) eigentlich selbstverständlich sein. Bevor Sie eine Führungskraft einstellen oder einen Mitarbeiter in diese Position befördern, müssen Sie sich deshalb auch ein Bild über dessen Führungseigenschaften machen.

Sie als Unternehmer oder Manager und Ihre Führungskräfte müssen auch bereit und in der Lage sein, Mitarbeiter zu betreuen, d. h. ihnen bei Bedarf auch bei persönlichen Problemen mit Rat und Tat zur Seite stehen.

7. *Führungsstil*

Für die Motivation der Mitarbeiter ist neben diesen genannten Faktoren vor allem der Führungsstil, der vom Unternehmer und den Führungskräften im Unternehmen praktiziert wird, von entscheidender Bedeutung.

Als Führungsstil bezeichnet man die Art, wie der Unternehmer oder Manager und die Führungskräfte die Mitarbeiter führen. Man unterscheidet dabei in „autoritären" und in „kooperativen" Führungsstil.

Bei autoritärem Führungsstil werden die Führungsinstrumente *Zielsetzung* und *Information* kleingeschrieben, während sie beim kooperativen Führungsstil der Mittelpunkt sind.

Es ist eine Erfahrung, daß in einem Unternehmen, das autoritär geführt wird, Mitarbeiter anzutreffen sind, die sich gerne anweisen lassen und selber nicht sehr kreativ sind. Nicht umsonst sagt man: „Zeige mir Deine Mitarbeiter und ich sage Dir, was Du für ein Unternehmer bist". Ein kooperativ führender Unternehmer wird immer kreative, mitdenkende Mitarbeiter um sich haben.

In einem autoritär geführten Unternehmen beschäftigen sich die Mitarbeiter, wenn wir das Schaubild des kybernetischen Regelkreises der Unternehmensführung betrachten, nur mit der Durchführung. Bei einem kooperativ geführten Unternehmen dagegen werden die Mitarbeiter schon in die Analysephase mit eingeschaltet.

FAZIT *Durch Motivation schaffen Sie sich begeisterte Mitarbeiter, die Spaß an ihrer Arbeit haben und deshalb wesentlich zum Erfolg Ihres Unternehmens beitragen. Setzen Sie gezielt die Motivationsfaktoren ein. Praktizieren Sie einen kooperativen Führungsstil, indem Sie Ihren Mitarbeitern klare Ziele mit viel Freiraum für deren Realisierung vorgeben.*

10.3 Die Analyse Ihrer Führungsqualität

Der Erfolg Ihres Unternehmens hängt in sehr hohem Maße davon ab, wie Ihre Mitarbeiter geführt werden. Ihre Führungsqualitäten und die Führungsqualitäten Ihrer Mitarbeiter sind deshalb ein sehr wesentlicher Erfolgsfaktor Ihres Unternehmens. Im Abschnitt 2.2 haben Sie sich mit den wichtigsten *Managementfehlern* beschäftigt, im folgenden wollen wir Ihnen die wichtigsten Führungsfehler aufzeigen, die von Unternehmern, Managern und Führungskräften begangen werden.

1. Festhalten an Sachaufgaben und dadurch *Vernachlässigen der eigentlichen Führungsaufgaben*. Dieser Fehler wird häufig von den Führungskräften begangen, die im Unternehmen von einer Sachbearbeiterposition in eine Führungsposition aufgestiegen sind. Ohne eine entsprechende Weiterbildung wird ein „Aufsteiger" sich immer lieber mit Sachaufgaben beschäftigen, weil er sich bei diesen Aufgaben sicher fühlt.
2. *Fehlende Bereitschaft zur Weiterbildung* (s. Abschnitt 10.2.5).
3. Keine *Zielvorgaben* für die Mitarbeiter, ungenügende *Informationen* und keine konsequente Kontrolle der Leistung der Mitarbeiter. Da wir diese

10. Schritt:

    Punkte schon von mehreren Gesichtspunkten beleuchtet haben, können wir auf eine weitere Erörterung dieses Fehlers verzichten (er ist auch identisch mit dem Managementfehler Nr. 1 in Abschnitt 2.2).

4. *Falsche Versprechungen und Nichteinhalten von Zusagen.* Gerade Führungskräfte müssen besonders auf diesen Punkt achten, denn wie wollen sie Zuverlässigkeit von ihren Mitarbeitern verlangen, wenn sie selbst unzuverlässig sind.
5. *Ungerechtigkeit* bei der Behandlung und Beurteilung der Mitarbeiter.
6. *Launische und wechselhafte Stimmungen* erschweren es den Mitarbeitern, Sie einzuschätzen. Dies ist aber für eine vertrauensvolle Zusammenarbeit zwischen Vorgesetzten und Mitarbeitern unbedingt notwendig.
7. *Pessimismus* kann keine Motivation bewirken.
8. *Hang zum Perfektionismus;* versuchen Sie nicht alles besser machen zu wollen als Ihre Mitarbeiter.
9. *Kritisieren* Sie Ihre Mitarbeiter nicht ständig, sondern geizen Sie nicht mit Loben (s. Abschnitt 10.2.6).
10. *Kein persönlicher Kontakt* zu den Mitarbeitern und kein Ohr für deren persönliche Probleme.

Damit Sie sich ein Bild davon machen können, ob Sie einen dieser Führungsfehler begehen, sollten Sie eine *Analyse der Führungsfehler* (Arbeitsblatt Nr. 10.03) durchführen (lassen Sie dieses Arbeitsblatt auch einmal von Ihren Führungskräften ausfüllen!). Gehen Sie dabei selbstkritisch vor und bedenken Sie, daß jede erkannte Lücke für Sie gleichzeitig eine Chance zur Verbesserung Ihrer Führungsaufgaben darstellt. Führen Sie diese Analyse auch einmal mit Ihren Führungskräften durch mit dem Ziel, sie bei der Weiterentwicklung ihrer Führungsqualitäten zu fördern.

Wenn Sie die eine oder andere Frage mit „mittel" oder schlechter beurteilt haben, sammeln Sie auf einem separaten Blatt Papier detailliert alle Ursachen, die zu dieser schlechten Bewertung geführt haben. Am besten beteiligen Sie an dieser Arbeit auch Mitarbeiter, die Ihnen gegenüber loyal, offen und ehrlich sind. Sie werden staunen, welche Erkenntnisse Sie aus diesen Diskussionen erhalten. Um glaubwürdig zu bleiben und mit dieser Diskussion auch eine Motivation zu erzielen, müssen Sie zur Beseitigung dieser Ursachen auch konkrete Maßnahmen einleiten. Ihre in die Analyse mit einbezogenen Mitarbeiter müssen spüren, daß Sie es Ernst mit dieser Analyse meinen.

Arbeitsblatt Nr. 10.03: Analyse der Führungsfehler

Wie stark treten diese Führungsfehler bei mir auf? →	überhaupt nicht	kaum	mittel	stark	sehr stark	Analysezeitpunkt ↓
1. Festhalten an Sachaufgaben, Vernachlässigen der Führungsaufgaben	▨	▨	▨			1
						2
						3
2. Fehlende Bereitschaft zur Weiterbildung	▨	▨	▨			1
						2
						3
3. Falsche Versprechungen Nichteinhalten von Zusagen	▨	▨				1
						2
						3
4. Unzuverlässigkeit, Nichteinhalten von Terminen	▨					1
						2
						3
5. Ungerechtigkeit, ungleiche Behandlung der Mitarbeiter	▨					1
						2
						3
6. Launisch, wechselhafte Stimmungen	▨	▨				1
						2
						3
7. Pessimistisch, Verbreiten einer gedrückten Stimmung	▨					1
						2
						3
8. Hang zu Perfektionismus, selbst alles besser machen wollen	▨	▨	▨			1
						2
						3
9. Nur Kritisieren, nie Loben	▨	▨	▨			1
						2
						3
10. Kein Ohr für die persönlichen Probleme der Mitarbeiter	▨	▨	▨			1
						2
						3
11. Keine Zielvorgaben für die Mitarbeiter und keine Kontrolle	▨	▨				1
						2
						3

Führung und Motivation

Analysezeitpunkte: 3 = 19.., 2 = 19.., 1 = 19..

10. Schritt:

FAZIT *Die Anwendung der Motivationsfaktoren und Führungsinstrumente ist erlernbar, so daß Sie Ihre Führungsqualität laufend verbessern können. Sie müssen wissen, wo Sie an sich arbeiten müssen, um bei Ihren Mitarbeitern Begeisterung zu wecken und sie damit auch zu besserer Leistung zu führen. Je gewissenhafter und ehrlicher Sie die einzelnen Fragen beantworten, um so wertvoller sind Ihre Erkenntnisse und um so größer sind Ihre Verbesserungschancen.*

Literaturhinweise

1. Thomas J. Peters und Robert H. Watermann jr.:
„Auf der Suche nach Spitzenleistungen". Landsberg 1984

2. Dietrich Strasser:
„Abschied von den Wunderknaben – Die Krise der deutschen Manager und Unternehmer". München 1985

3. Napoleon Hill:
„Denke nach und werde reich". Genf 1984

4. Lee Iacocca und William Novack:
„Iacocca – eine amerikanische Karriere". Düsseldorf, Wien 1985

5. Cuno Pümpin:
„Management strategischer Erfolgspositionen". Bern, Stuttgart 1983

6. Michael E. Porter:
„Wettbewerbsvorteile, Spitzenleistungen erreichen und behaupten". Frankfurt 1986

7. Gerd Ammelburg:
„Die Unternehmenszukunft". Freiburg 1985

8. Thomas J. Peters und Nancy Austin:
„Leistung aus Leidenschaft". Landsberg 1986

9. Harry Schröder:
„Marketing systematisch planen". Planegg/München 1987

10. Armin Ziegler:
„Annahmen über zukünftige Entwicklungen
– Entscheidungsgrundlagen für morgen". Nürnberg 1986

Stichwortverzeichnis

Aktendurchlauf 231
Aktionsliste 51, 90
Aktionsplan 126
Anerkennung 238
Angebotserweiterung horizontal 136
Angebotserweiterung vertikal 136
Arbeitshandbuch 184
Arbeitsordner 186
Arbeitsplatzverbesserungsmethode 202
Aufgabenanalyse 42
Aufgabenbeschreibung 37

Bedürfnisanalyse 61
Bedürfnisprofil einer Zielgruppe 63
Besprechungsplan 228
Besprechungsvorbereitung 130
Beurteilungsanalyse 233
Bilanzanalyse 85

Controlling 192

Debitorenlaufzeit 88
Delegation 39, 224
Diversifikation 138

Eigenkapitalquote 88, 115
Eigenschaftenanalyse 48
Erfolg 11
Erfolgschancenverwertung 51
Erfolgskontrolle 195
Erfolgspotentialanalyse 72

Fähigkeitenanalyse 45
Fertigungsflußfaktor 150
Fertigungstechnologie 150
Führungsfehler 221, 240

Führungsinstrument 223
Führungsstil 223, 239

Gemeinkosten 151
Gewinn als Ziel 115
Grundaufgaben des Unternehmers 34
Grundbedürfnis 137

Innovation 30, 172
Insolvenzursachen 28

Jahreszielorganigramm 122
Jahreszielplan 25, 122, 211

Kapazitätsauslastung 148
Kaufkraftpotential 75
Kernergebnis einer Aufgabe 37
Konstruktion als Kostenverursacher 151
Kontrollieren 192, 232
Kostendegression 147
Kostenführerschaft 146
Kündigung, innere 219
Kundenorientierung 29, 95
Kybernetischer Regelkreis 13

Lagerumschlagshäufigkeit 90
Lebensbereich 17
Lebensziel-Maßnahmenplan 23
Liquiditätskontrolle 197
Liquiditätsplan 192
Liquiditätsverhältnis 88
Luxus 32

Managementfehler 28
Management-Qualifikation 31
Mangel − Bedürfnis 62

Stichwortverzeichnis

Marketingkonzeption 79
Marktanalyse 55
Materialaufwandsquote 87
Mitarbeiterbesprechung 227
Monatsbericht 199
Monatsplan 211
Motivationsfaktoren 237

Numerische Distribution 77
Nutzenprofil eines Angebotes 65

Objektiver Angebotswert 152
Ordnung am Arbeitsplatz 186
Organisationsplan 180

Personalaufwandsquote 87
Planerfolgsrechnung 190
Planungsrechnung, betriebliche 188
Portfolio-Matrix 68
Posteingangsstempel 231
Postein- und -ausgangskorb 187
Preisführerschaft 146
Prioritätenbilden 51
Problemlösungstechnik 126
Produktivität 150
Produktplanung 174

Qualitätszirkel 173

Rentabilität 88
Risiko-Analyse 82

Selbstverwirklichung 219
Slogan (Firmen-) 96
Spannungsverhältnis Kunde –
 Unternehmen 55
Spezialisierung 135
Standort 149
Stellenbeschreibung 181
Stellvertreter 39
Strategierelevante Voraussetzungen 160

Strategisches Geschäftsfeld 60
Strategisches Management 36
Strategische Wettbewerbsvorteile
 164
Sparen 33
Subjektiver Angebotswert 152

Tagesplanung 214
Terminüberwachung 187

Umsatzplan 192
Umsatzrendite 87
Unternehmensanalyse 71
Unternehmensziele, langfristige 119
Unternehmensziele, operationale 119
Unternehmensziele, strategische 114
Unternehmenszweck 94

Verbesserungsvorschlagswesen 207
Verhandlungsmacht als Abnehmer
 149
Verkäuferschulung 77
Vertriebsweg 77

Wachstum 117, 140
Wertanalyse 151, 173
Wertesystem 96
Wettbewerbsstrategie 146
Wettbewerbsvorteil 153
Wiedervorlagemappe 187
Wunsch – Ziel 15
Wunschanalyse 20

Zeitdiebe 209
Zeitplanung 211
Zielformulierung 15, 111
Zielgruppengliederung 59
Zielgruppensegmentierung 57
Zielkontrolle 197
Zielorientierte Mitarbeiter 112